HOMO HISTORICUS

Christophe Charle

HOMO HISTORICUS

Reflexões
sobre a história,
os historiadores
e as ciências sociais

UFRGS EDITORA

FGV EDITORA

INSTITUT FRANÇAIS

Título original: *Homo Historicus: Réflexions sur l'histoire, les historiens et les sciences sociales*, de Christophe Charle

ARMAND-COLIN é uma marca da editora DUNOD
5, rue Laromiguière – 7500, Paris

Cet ouvrage a bénéficié du soutien des Programmes d'aides à la publication de l'Institut Français.
Este livro contou com apoio à publicação do Institut Français.

Tradução: Angela Xavier de Brito
Revisão técnica da tradução: Rodrigo da Rosa Bordignon
Revisão da tradução: Julia da Rosa Simões
Revisão editorial: Lucas de Andrade
Capa: Carla M. Luzzato
Editoração eletrônica: Cláudio Marzo da Silva

A grafia desta obra foi atualizada conforme o Acordo Ortográfico da Língua Portuguesa, de 1990, que entrou em vigor no Brasil em 1º de janeiro de 2009.

Christophe Charle é professor de história contemporânea na Universidade Paris I Panthéon--Sorbonne, membro do conselho editorial da revista *Actes de la recherche en sciences sociales* e presidente da associação que fundou com Pierre Bourdieu em 1992, a Areser, voltada para a reflexão sobre o ensino superior e a pesquisa.

C474h Charle, Christophe

Homo historicus: reflexões sobre a história, os historiadores e as ciências sociais / Christophe Charle; tradução de Angela Xavier de Brito. – Porto Alegre: Editora da UFRGS; Rio de Janeiro: FGV, 2018.

414 p. : il. ; 14x21cm

Tradução de: Homo Historicus: réflexions sur l'histoire, les historiens et les sciences sociales. Paris: Armand Colin, 2013.

Inclui quadros.

Inclui bibliografia e referências históricas ou bibliográficas do capítulo.

1. História. 2. Ciências Sociais. 3. Historiadores – França. 4. Sociologia – Intelectuais – Universidades. 5. Sociologia – História. 6. História social – História cultural. 7. História nacional – História comparada. 8. Biografia coletiva. I. Brito, Angela Xavier de. II. Título.

CDU 930.1

CIP-Brasil. Dados Internacionais de Catalogação na Publicação.
(Jaqueline Trombin – Bibliotecária responsável CRB10/979)

ISBN 978-85-386-0422-8 (Editora da UFRGS)
ISBN 978-85-225-1742-8 (FGV)

Associação Brasileira
das Editoras Universitárias

Este livro é dedicado à memória
de Pierre Bourdieu (1930-2002)
e de Eric Hobsbawm (1917-2012)

Sumário

TERCEIRA PARTE – HISTORIADORES ENGAJADOS DE ONTEM E DE HOJE, DA FRANÇA E DE OUTROS LUGARES

Os trabalhos de reflexão sobre a história e os historiadores se dividem em duas grandes categorias. A primeira se filia a uma reflexão teórica e global sobre o "ofício" de historiador, sobre os pressupostos da disciplina, sobre suas relações com as disciplinas conexas que a podem transformar (as denominadas "ciências auxiliares") ou sobre as ciências vizinhas que a influenciam ou lhe fazem concorrência.[1] A segunda se limita a debates mais específicos de método que dividem os historiadores ou relatam a evolução de suas orientações em função das "viradas" historiográficas, para buscar, através da genealogia, as origens das questões historiográficas do momento.[2]

Este livro participa dos dois gêneros, dependendo dos capítulos ou das partes em questão, com uma nuance importante. As teorias gerais da história ou as competências historiográficas, tomadas em si mesmas, parecem-me na verdade apresentar um grave defeito. Elas com frequência fazem generalizações com base em uma experiência específica do ofício próprio de cada autor, e isso de maneira cada vez mais flagrante à medida que se aprofunda a divisão do trabalho entre os historiadores, com a especialização dos objetos e a diversificação das fontes de acordo com os períodos históricos

[1] O livro de Marc Bloch *Apologie pour l'histoire ou le métier d'historien* é o exemplo mais famoso.

[2] *Combats pour l'histoire,* de Lucien Febvre, é o exemplo típico desta outra tendência.

e os lugares. Como mais nenhum historiador pode pretender ter enfrentado, em sua prática de pesquisa, a diversidade das questões propostas pelas fontes segundo os métodos e as temáticas dos diferentes ramos históricos, as generalizações que ele propõe sempre podem ser recusadas por especialistas de outros métodos ou domínios. Assim, melhor assumir sua idiossincrasia e avaliar os efeitos deformadores que ela inevitavelmente acarreta, sem aspirar a um universalismo metodológico ou a uma competência ilusória ou impossível através dos séculos, dos continentes e dos múltiplos tipos de fontes.

O vácuo assim criado pela abstenção da maioria dos historiadores ativos é frequentemente preenchido pelos filósofos ou pelos especialistas de outras ciências sociais que têm a pretensão de indicar aos historiadores como eles devem ser ou agir. O descompasso existente entre os que gostam de dar essas lições de história e o saber prático de cada membro da profissão histórica torna-se assim ainda mais flagrante. Ele só é tolerado porque que o *habitus* do *homo historicus* comum se baseia no comedimento e na submissão – aparente – às disciplinas que têm uma pretensão teórica. Esta reverência cortês é puramente formal, na verdade, pois se olharmos de perto, ela vai afetar muito pouco o curso real dos trabalhos, sempre conduzidos em função da lógica crescente da especialização e do distanciamento dos debates mais vivos. Animados por uma lógica de "território" (seja ele geográfico, cronológico ou temático), a maioria dos historiadores só muito raramente empreende guerras de fronteiras; há muito tempo eles escolheram, para regular suas relações intra e interdisciplinares, o modelo confederado suíço ou a estratégia periférica da "guerra esquisita": cada cantão da historiografia se responsabiliza por sua polícia interna para garantir a paz perpétua, única atmosfera propícia ao trabalho obstinado perante uma massa de fontes cada vez mais abundante. Os conflitos declarados não chegam jamais a extremos, diferentemente das disciplinas dedicadas à polêmica permanente; e são, na verdade, reservados a um pequeno grupo de profissionais da discussão historiográfica amplamente afastados tanto do trabalho empírico quanto de qualquer influência real sobre a massa dos historiadores ativos.

Todos esses procedimentos generalizadores são, com efeito, privados daquilo que compõe a própria dinâmica do trabalho do historiador, o confronto com o veredito da interpretação dos dados e com o manejo das fontes que resistem, a proposta de alternativas às questões encerradas nas problemáticas aceitas pela historiografia, cada vez mais isoladas da pesquisa viva. Para escapar a esses obstáculos, adotei posicionamentos diferentes. A reflexão sobre a disciplina só é globalmente interessante quando coloca questões metodológicas e históricas aos trabalhos anteriores, mobilizando materiais ou conceitos novos; caso contrário, ela rapidamente se perde na glosa do trabalho dos outros, correspondendo ao que o comentário de texto ou os volumes de crítica literária são para a verdadeira literatura. Reciprocamente, a volta ao passado dos debates ou das controvérsias só tem sentido se servir de bússola a questões de atualidade historiográfica e só é frutífera se pensada como uma ginástica para elaborar boas questões para a atualidade, não para conseguir vitórias fáceis em combates já travados em que se defende, por certo, os vencedores designados pela posteridade.

Os textos aqui reunidos foram escolhidos, entre todos os que redigi nos últimos quinze anos, segundo o critério de coerência que apresentam uns com os outros e sobretudo para responder a inquietações anteriores, disciplinares ou metodológicas: sempre conectar reflexão teórica e modalidades práticas de sua utilização no trabalho historiográfico concreto.

Embora tenham sido escritos durante um período relativamente longo e abordem temas bastante diversos, as continuidades metodológicas, temáticas e teóricas que caracterizam, apesar de tudo, meus sucessivos trabalhos, permitem que eles repercutam uns sobre os outros. Ao longo de minha carreira, tive a sorte de dialogar com colegas criativos, alunos exigentes e inovadores e sobretudo com mestres estimulantes[3] a respeito de temáticas que marcaram renovações duradouras da historiografia contemporânea e em diálogo contínuo com outras historiografias ou com as ciências humanas e sociais. Os textos reflexivos produzidos por todos esses encontros intelectuais podem apresentar, portanto, um valor mais geral de compreensão da evolução de diversos campos historiográficos ou disciplinares e de resposta a certos debates ainda atuais. Reivindico um único mérito, limitado, mas ao menos produtivo a médio e longo prazo: a fidelidade a certas orientações iniciais, a crença persistente nas virtudes do trabalho coletivo, o interesse pelo que está acontecendo, não apenas em sociologia, graças a meu encontro precoce com Pierre Bourdieu (1971a), mas também nas formas de história ligadas às disciplinas humanistas com as quais a história em geral, e a história sociocultural em particular, tem o dever de intercambiar e de trabalhar permanentemente – história das literaturas francesa e estrangeira, história do teatro, história da arte, história da música, história da arquitetura etc.

Os discursos programáticos despertam em mim uma desconfiança instintiva quando fundados em panoramas

---

[3] Aproveito aqui a ocasião para saudar estes mestres (visíveis ou indiretos): M. Agulhon, P. Bourdieu, G. Duby, M. Godelier, J. Le Goff, D. Roche, J.-P. Vernant, P. Vidal-Naquet, P. Vilar. Saúdo também estes colegas abertos a um diálogo produtivo: F. Barbier, B. Belhoste, A. Boschetti, Ph. Boutry, P. Casanova, J.-F. Chanet, J.-C. Caron, S. Collini, A. Corbin, M. Espagne, E. François, L. Jeanpierre, S. Juratic, H. Kaelble, D. Kalifa, V. Karady, B. Lacroix, J. Lalouette, A. Lempérière, M. Malatesta, Ph. Nord, P. Ory, G. Pécout, L. Pinto, A. Prost, V. Robert, G. Sapiro, C. Soulié, A.-M. Thiesse. Sem esquecer alguns antigos alunos que se tornaram com frequência colegas com quem o trabalho coletivo continua e que permitem que eu me renove em diferentes temas, por vezes afastados dos meus: B. Agnès, A. Bravard, P. Boudrot, L. Bihl, N. Delalande, F. Jarrige, Y. Jablonka, H. Joly, B. Joyeux-Prunel, V. Long, X. Mauduit, J. Moisand, P. Olivera, C. Paolacci, R. Pawin, C. Reynaud Paligot, P. Singaravelou, J. Solchany, J. Vincent, M.-B. Vincent, B. Wilfert-Portal.

historiográficos e bibliográficos impressionantes vistos de longe, os quais pouco conseguem esconder, sob a retórica bem ensaiada e o *name dropping* prestigioso e astuciosamente calculado segundo as tendências do dia, o caráter frequentemente inaplicável, incerto ou falsamente complicado de perspectivas de pesquisa que costumam ficar em estado virtual, uma vez passado o leve frêmito levantado no pequeno mundo acadêmico por algumas trocas ritualizadas em torno de etiquetas rapidamente obsoletas. Como escrevia com humor meu primeiro mestre, Pierre Vilar (1973, p. 165):

> O comércio da história se assemelha ao comércio dos detergentes na medida em que de bom grado se faz a novidade passar por inovação. Eles diferem, no entanto, pelo fato de no primeiro, as marcas serem muito mal protegidas.

Fiel a essa advertência, nunca me submeti ao rito das profissões de fé ou aos artigos programáticos, contentando-me em organizar o colóquio Histoire Sociale, Histoire Globale (1989), em participar de alguns debates da Société d'Histoire Moderne, da revista *Actes de la recherche en sciences sociales*[4] ou de inúmeras mesas-redondas,[5] com frequência pouco midiatizadas e realizadas fora dos lugares centrais. Para reconstituir meu itinerário, bastaria ler as introduções e as conclusões de meus principais livros, ou seus posfácios quando eles foram reeditados.[6] No entanto, a evolução do clima intelectual geral e a retomada de uma temática em outro âmbito ou a pedido de

---

[4] Ver Charle (1993, 1999).

[5] Por exemplo, a mesa redonda Passeurs, Douaniers et Cerbères: la Construction de Modèles Interprétatifs dans les Sciences Humaines en France et en Allemagne 1870-1945, realizada no Centro Marc Bloch, nos dias 16 e 17 de junho de 2001, e o colóquio L'Inconscient Académique, realizado na Universidade de Genebra, nos dias 11 e 12 de março de 2005.

[6] Ver, por exemplo, o posfácio da 3.ª edição da *Histoire sociale de la France au XIXe siècle*, o da edição de bolso de *Les intellectuels en Europe au XIXᵉ siècle* ou o posfácio à 2.ª edição de *Les élites de la République*.

outras publicações levaram-me a reformular, revisar e completar as primeiras afirmações feitas em publicações isoladas. Eu, sem dúvida, não escreveria mais da mesma forma a conclusão de *Naissance des "intellectuels"* (1990), depois de ter praticado por duas décadas a história comparativa, modalidade à qual, naquela época, eu aspirava de maneira bastante hesitante, sem tê-la ainda efetivamente implementado. Do mesmo modo, depois de ter mobilizado, em relação a populações bastante diferentes e em outros contextos nacionais, a biografia coletiva que eu só testara antes com grupos bastante específicos (os escritores, as elites, os universitários) dentro de marcos nacionais, continuo convencido de sua fecundidade fora de seus campos iniciais de utilização. Ao mesmo tempo, depois de tê-la experimentado com respeito à Alemanha, à Inglaterra, à Áustria, à Itália, e de tê-la aplicado a categorias sociais apreendidas com dificuldade pelas classificações usuais da história social, como os diretores de teatro ou os atores, tornei-me cada vez mais consciente de que é preciso evitar transformá-la em fórmula geral mecânica ou escolástica.[7]

O interesse que os trabalhos e os métodos franceses suscitaram em outras historiografias também me levou a voltar a essas considerações de método, independentemente dos trabalhos iniciais que as tinham originado, diante de auditórios estrangeiros com outras referências intelectuais. Precisei então refletir sobre sua possível extensão a outras categorias e a outros contextos ou espaços. O resultado foi a redação de um certo número de retificações que completam ou corrigem os excursos liminares ou conclusivos de meus livros anteriores. O leitor encontrará aqui algumas delas, revistas e corrigidas para medir o caminho percorrido, por mim e por outros.

---

[7] Ver Charle (2008c).

O mais importante, sobretudo, é que essas reflexões visam sempre estabelecer a ligação entre o trabalho histórico e os limites frequentemente invisíveis ou inconscientes que pesam sobre o *homo historicus*, na linha do conjunto de meus trabalhos sobre a *République des universitaires*. Entendo aqui por *homo historicus* não apenas o historiador profissional (*scholar*, em inglês), mas sobretudo o historiador que está à escuta da história viva, ainda que tenha escolhido distanciar-se dela ao trabalhar sobre objetos mais longínquos. Tais limites não são apenas aqueles, sempre repisados, do difícil distanciamento crítico em relação à sociedade global e ao horizonte temporal e memorial. São antes aqueles que frequentemente não levamos em conta, da herança das práticas próprias a cada sistema acadêmico, dos efeitos induzidos pela posição relativa da história em relação às outras ciências sociais e humanas, da demanda social e cultural variável que fixa o *status* simbólico desigual dos trabalhos no tempo e no espaço segundo suas temáticas, seus modos de difusão, suas opções empíricas e discursivas, ou ainda segundo a receptividade desigual do(a)s historiadore(a)s a essas demandas.

Conduzidas a partir de dentro, sempre com o auxílio do olhar das disciplinas vizinhas e concorrentes, essas análises pretendem igualmente combater um certo discurso de descrédito ou um catastrofismo franco-francês,[8] cada vez mais difundido, quanto ao estado da história e das ciências humanas e sociais.[9] O estado real do campo historiográfico em nada justifica tais visões negativas, senão na imaginação de tecnocratas mal-intencionados e de historiadores que se tornaram pessimistas devido ao acúmulo de reformas institucionais bem pouco felizes,

[8] Nota do autor à edição brasileira: Catastrofismo franco-francês refere-se à tendência dos franceses a ter uma visão dramática de seu passado.

[9] Ver Pomian (2010).

que por sorte não esterilizaram completamente a criatividade das gerações jovens ou menos jovens – longe disso.[10]

Certos profissionais especializados em comentar o trabalho dos outros chegaram mesmo a construir um discurso maniqueísta que opõe uma suposta idade de ouro da história e das ciências humanas e sociais a uma crise recente[11] e atual que não cessa de se agravar. Ela resultaria tanto de um esgotamento intelectual dos pesquisadores e dos crescentes limites impostos pela vida universitária às novas gerações esterilizadas e normalizadas por modos de avaliação absurdos e minuciosos quanto de uma crise da edição e das oportunidades editoriais que impediria os projetos inovadores de atingir o público cultivado de outrora, cujo tempo livre, cada vez mais restrito, é absorvido não mais pela leitura de "verdadeiros livros", mas pela contemplação compulsiva e hipnótica das telas e pelo envio de mensagens eletrônicas ou de documentos "anexados". Enfim, para acrescentar uma nota crepuscular a esse *Kulturpessimismus* que lembra as reflexões da escola de Frankfurt diante da "cultura de massa", a invasão dos modelos "anglo-saxões" ameaçaria não apenas a "identidade nacional", como querem os porta-vozes da direita e da extrema direita, mas a própria alma dessa historiografia que "o mundo invejava".

Longe de ser um turiferário da ordem acadêmica que se estabelece, várias vezes tomei posição, pessoal e coletivamente,

---

[10] A expressão mais recente disso é o opúsculo de J.-F. Sirinelli (2011), que retoma um artigo (Sirinelli, 2010) sobre o tema publicado em *Le Débat*, cujas análises parciais e sectárias estão em profundo desacordo com meu entendimento, por serem pouco dignas de um historiador, aliás reconhecido, mas visivelmente perturbado por um mundo que não corresponde mais à sua juventude, como veremos mais adiante. Para uma resposta a esse discurso de descrédito feita por um antropólogo, autor de inúmeros relatórios marcantes sobre o estado dessas disciplinas, ver Godelier (2007, p. 221-248) e Godelier (2002).

[11] Nem tão recente assim, pois já diagnosticada em 1986 por Roche (1986, p. 3-20) e revisitada por Noiriel (1996) dez anos mais tarde. Ver também o capítulo 1.

ao fazer balanços críticos e opor-lhe outras propostas.[12] Mas os discursos excessivos sobre a "crise da história" não propõem nem um diagnóstico correto, nem remédios credíveis ao mal-estar universitário, atravesse ele a história ou as demais ciências humanas e sociais. Com efeito, esse despertar tardio das Cassandras diante das derivas do mundo intelectual ou acadêmico contemporâneo é em geral acompanhado por uma defesa anacrônica de formas de história e de métodos historiográficos que já eram obsoletos na época da suposta idade de ouro.

O que é preciso deplorar, nas reformas da pesquisa em curso e na instauração de formas de trabalho copiadas das ciências experimentais, não é seu suposto "modernismo", mas, ao contrário, sua normatividade positivista, que favorece a estandardização e a reprodução dos procedimentos e dos métodos mais rotineiros na história e nas ciências sociais. Em vez de combater certos antigos maus hábitos da profissão, elas os reforçam, induzindo a uma economia da reflexividade e aos temas social e politicamente importantes. Mais grave ainda, elas desestimulam os trabalhos ambiciosos e as comparações de longo alcance, visto que as técnicas de quantificação dos resultados a curto prazo que satisfaçam às repetidas avaliações estabelecem como imperativos a rapidez, a visibilidade, a aplicabilidade ou mesmo seu impacto social imediato.[13]

Diante dessas derivas, que poderiam ser combatidas se os representantes das diferentes gerações se mobilizassem em nível nacional e internacional em prol de um programa não

[12] Conferir Charle e Soulié (2007) e meus editoriais no *Bulletin de l'ARESER* ou meus diversos artigos na imprensa ou em revistas mais acadêmicas: (Charle, 2008a, 2009b, 2010b).

[13] Ainda não chegamos lá nem mesmo em história contemporânea; no Reino Unido, porém, onde a gestão universitária tem vinte anos de avanço (talvez fosse melhor dizer "de atraso"), o governo conservador acabou de introduzir o indicador de impacto econômico e social nas normas de avaliação das pesquisas, qualquer que seja o campo de estudo, na medida em que a rentabilidade de todo investimento público deve ser demonstrável a curto prazo, como se faz em qualquer empresa, acadêmica ou não – ver Collini (2012).

apenas defensivo, a republicação de textos de reflexão que defendam essencialmente os princípios e os métodos inversos a essa *doxa* parece-me decorrer daquilo que Julien Gracq chamava com justeza "a higiene das letras", que é igualmente uma higiene do espírito crítico, fundamento de todo procedimento próprio à história.

Em segundo lugar, parece-me igualmente salutar relembrar a necessidade de estabelecer cooperações entre disciplinas vizinhas das ciências humanas e sociais, cuja fecundidade seria demonstrada com base em exemplos de trabalho concreto. Seria enfim necessário inspirar-se nos conceitos, nos modelos ou nos exemplos das gerações anteriores, que jamais separaram a ambição teórica das realizações práticas, o que permitiria talvez encontrar uma saída à pretensa "crise da história". Crise que é sobretudo uma crise de crença na história, na história real, em que o historiador está mergulhado e que ele deve procurar esclarecer, como a história reconstituída que ele tenta fazer reviver em sintonia com o presente e o futuro.[14]

Da mesma forma, os percursos de historiadores engajados analisados na terceira parte deste livro foram escolhidos por demonstrarem a possibilidade e a fecundidade do engajamento em terrenos intelectuais arriscados, a preocupação em dar testemunho das funções que a história e os historiadores assumem nos combates cívicos de seu tempo assim como na defesa de formas culturais ligadas a valores duradouros. Tais temáticas, presentes nas outras partes do livro, constituem uma maneira de propor, não a volta à suposta idade de ouro, mas saídas realistas para os impasses reais ou imaginários do presente.

A história viva e os historiadores que queiram permanecer fiéis às heranças mais frutíferas de sua disciplina e de seus mestres só terão um futuro se explicarem às gerações mais

---

[14] Para diferentes propostas convergentes sobre esse ponto, produzidas por historiadores ou historiadoras de diferentes gerações, ver Laurentin (2010).

jovens, cujo porvir é bem mais sombrio que era o nosso há trinta ou quarenta anos, de onde nós viemos, como manter o rumo e por que a aventura deve continuar a partir dos resultados mais esclarecedores a que as ciências históricas e sociais puderam chegar. Eis a função que gostariam de preencher estas reflexões – resultantes da cooperação ou do diálogo com outros pesquisadores que partilham das mesmas convicções ou inspiradas por outras épocas comparáveis –, as quais propõem uma defesa crítica e autocrítica do *homo historicus* nesta segunda década do século XXI.

Preâmbulo

Antes de examinar diversos métodos que permitiriam transgredir os recortes convencionais e arbitrários das especialidades históricas, tentarei levar a crítica mais adiante, ao próprio seio do inconsciente do *homo historicus* e de sua encarnação profissional, o historiador acadêmico.

Com exceção dos períodos antigos e gloriosos, os próprios historiadores pouco se preocuparam em explorar seus hábitos profissionais (que estão ligados às tradições, mas também, e sobretudo, aos limites institucionais do exercício deste "ofício"), como se isso fosse algo impensado ou uma falta de tato para com os "colegas". As obras clássicas sobre a história gostam de empregar a metáfora artesanal, esquecendo-se de que, pelo menos desde o século XIX, a história que se quer científica não é mais produzida por indivíduos isolados trabalhando por conta própria, como na época dos "republicanos das letras" (Daniel Roche) ou das personalidades eruditas. Os historiadores fazem parte de um universo institucionalizado cada vez mais hierarquizado e interdependente, mas também em competição com outros espaços intelectuais: outras comunidades disciplinares, historiadores de outros países, relações de força instáveis entre as disciplinas no seio dos estabelecimentos, mundo da edição e da mídia. Tudo isso remete às contingências ou é resumido pelo vocabulário pobre da "profissionalização". As condições de possibilidade de trabalho histórico singular intervêm apenas marginalmente na explicação dos constrangimentos que pesam sobre as escolhas intelectuais ou metodológicas de um grupo que ainda se concebe como uma "corporação" para as coisas subalternas, mas, no entanto, se vê como uma série de "autores" originais no que diz respeito aos mais nobres e mais célebres deles, que sonham ser Voltaire, Chateaubriand ou Renan. A atração precária da história do ensino e das universidades, como especialidade, é uma das origens desse recalque persistente do inconsciente acadêmico dos historiadores, sobretudo quando comparada à situação de outros países, onde essas especialidades merecem muito mais estima dentro da hierarquia implícita dos objetos dignos de história.

A segunda razão deste impensado é o fato de que, curiosamente, os sociólogos, que poderiam ter isso como uma de suas tarefas, preferiram afrontar profissões acadêmicas mais prestigiosas (filósofos, cientistas, matemáticos, juristas) ou mesmo seu próprio universo, para levar a cabo as lutas simbólicas por sua existência. Criou-se assim um hiato e uma espécie de esquizofrenia: a história da historiografia é uma disciplina puramente intelectual, a história dos historiadores não passa de uma galeria de grandes figuras, analisadas o mais das vezes independentemente de seus "colegas" menos ilustres e da história mais geral da pesquisa e das condições concretas de trabalho dos historiadores dentro da instituição universitária. Tentamos preencher parcialmente esse déficit nos capítulos 1 e 2. Um outro limite artificial que os historiadores fixaram a seu trabalho (a mesma observação é reciprocamente válida para as disciplinas vizinhas) é o de decretar *a priori* sua incompatibilidade com os métodos dessas disciplinas, para poder recusar qualquer cooperação e cultivar um *habitus* disciplinar distinto, supostamente irredutível a qualquer outro (que nos projeta assim ao registro mítico da "vocação"). Esforçamo-nos aqui, ao contrário, com relação à sociologia dos intelectuais e do teatro, em sublinhar o enriquecimento recíproco que podem trazer as questões levantadas por certos instrumentos conceituais elaborados por Bourdieu, sempre adaptados às exigências de cada temática. Da mesma forma, para combater o complexo de inferioridade que os historiadores parecem com frequência demonstrar diante da suposta vontade de dominação teórica dos sociólogos, tentarei mostrar a profunda necessidade da sociologia (sobretudo a de Bourdieu) de contar com o aporte dos historiadores, para tornar mais eficaz sua própria pesquisa e integrar a dinâmica da discordância dos tempos à modelização e aos conceitos sociológicos, em nome do caráter relacional e interativo das três noções centrais à teoria desse autor, o campo, o *habitus* e as formas de capital próprias aos diferentes campos.[1]

[1] O curso de Bourdieu (2012) sobre o Estado, recentemente publicado, demonstra amplamente esse diálogo indispensável, mas difícil, com a história sob todas as suas formas. Ver também Charle e Roche (2002b), Bourdieu e Chartier (2010), Bourdieu et al. (1995) e também minha intervenção inédita na jornada do Collège de France consagrada ao livro de Bourdieu sobre o Estado (Charle, 2012).

1 Ser historiador na França: uma nova profissão?[1]

Durante o último meio século, a profissão de historiador conheceu na França uma importante mutação qualitativa. Essa ruptura se originou simultaneamente das transformações das estruturas universitárias e de pesquisa e das novas relações estabelecidas entre a história, parte integrante da cultura francesa, e a sociedade contemporânea. Esses dois temas levantam uma terceira questão ainda mais delicada: quais são os fatores explicativos da especificidade do ofício de historiador e da função da história na França? Em síntese, em que medida o curso singular da história da França durante o trágico século XX lhe conferiu, mais que a outros países europeus, uma responsabilidade específica em relação à disciplina histórica? Em outras palavras, como se opera a articulação entre a história enquanto atividade científica e a memória coletiva dos franceses, parcialmente modelada e organizada pelo Estado central desde o advento da República? Há muito tempo – pelo menos desde a Revolução [Francesa (1789-1799)] – os historiadores hesitaram entre essas duas posições. Apoiados, por um lado, sobre as regras do ofício, paulatinamente elaboradas desde o século XVII, eles buscaram inovar e destruir as crendices constantemente secretadas pelas instituições ou pela memória coletiva dos grupos. Por outro lado, foi-lhes preciso responder, de bom ou mau grado, às necessidades sociais de um gênero literário que colocava em cena as paixões políticas e humanas e buscava dar sentido

[1] Versão corrigida de Charle (1995a).

ao presente. A contradição que esse duplo jogo encerrava foi solucionada de diversas maneiras ao longo do tempo, mas continua no centro do trabalho histórico na França. Ela foi certamente agravada pelos traumas que a sociedade francesa viveu nos anos 1940, pelos dramas da descolonização e, de maneira insidiosa, nos anos 1950-1970, pela rápida mutação de uma sociedade ainda marcada pelas raízes rurais do século XIX.

O entrelaçamento desses diversos fatores sugere que esse capítulo não poderá passar de um esboço. Com efeito, o tema tratado exigiria, por si só, um livro inteiro e muitas informações de base ainda não disponíveis. Partiremos do que é mais simples e mais fácil de delimitar, os historiadores como um grupo em mutação numa sociedade que está ela mesma em mudança, antes de abordá-los em seu papel social (novo? teremos que decidir), de buscar as causas mais profundas de seu sucesso social como guardiães da memória (nacional? outro ponto a discutir) e de avaliar os riscos que incorrem nessa função, que pode levá-los a perder sua razão de ser.

Os historiadores: um novo grupo social?

O historiador deveria ser a pessoa mais apta a saber que o uso dos mesmos termos aplicados a períodos históricos diferentes conduz a ilusões nominalistas e a anacronismos. O que recobriria o termo historiador no limiar dos anos 1950, antes da grande transformação universitária? Excluamos, por uma questão de comodidade – já que, no fundo, este setor foi o que menos mudou no período –, todos os historiadores não universitários, os membros da academia, os vulgarizadores ou os fornecedores de historietas ou ensaios históricos, tipos que têm precursores desde a Restauração [Francesa (1814-1830), quando foi restituída a soberania monárquica no país] e cuja prosperidade não foi desmentida. Os historiadores profissionais, aqueles pagos pelo Estado,[2] professores do ensino secundário (mais raramente, professores primários),[3] professores universitários, pesquisadores do Centro Nacional de Pesquisa Científica (CNRS, na sigla em francês) ou dos grandes estabelecimentos e escolas de erudição eram, nessa época, menos de 3 mil. Em 1967, ano para o qual dispomos de dados mais detalhados, esse número mais que dobrou (cerca de 8 mil), em consequência da expansão do ensino secundário e, mais tarde, universitário.[4] No início dos anos 1990, depois de uma conjuntura diferenciada (estagnação dos recrutamentos na segunda metade dos anos 1970 e na primeira metade dos anos 1980), a expansão é retomada para renovar um corpo em que as aposentadorias massivas de gerações inteiras dos anos 1960 provocaram um vácuo, enquanto o prolongamento dos estudos secundários e superiores impõem um enquadramento mais amplo. Se nos limitarmos ao ensino superior e à pesquisa,[5] havia, em 1991, 1.155 professores-

---

[2] Essa definição estatutária é igualmente aproximativa na medida em que existem alguns bons historiadores fora do ensino secundário e superior. Diferentemente dos escritores da história, anteriormente citados, eles na verdade aplicam as regras ditadas pela corporação oficial e obtêm mesmo, por vezes depois de um percurso atípico, o reconhecimento parcial de sua *Alma mater*, como é o caso de Philippe Ariès, "historiador de domingo" eleito para a Escola de Estudos Avançados em Ciências Sociais (EHESS, na sigla em francês) depois de ter feito uma carreira nos negócios e escrito alguns livros marcantes. Ver Ariès e Winock (1980).

[3] O exemplo mais ilustre desse grupo é Jean Maîtron, que mais tarde se tornou *maître-assistant* na Sorbonne, depois de sua tese clássica sobre o movimento anarquista.

[4] Esse número foi obtido acrescentando-se aos 7.173 professores de história do ensino secundário (público) os 527 professores do ensino superior (em todos os níveis hierárquicos) e os cerca de 200 pesquisadores ou professores das seções IV, V e VI da Escola Prática de Estudos Avançados (EPHE, na sigla em francês), da École des Chartes e das duas comissões de história do CNRS (1967, 1968) (Roche, 1986, p. 9).

[5] Aproximação injusta na medida em que inúmeros aprendizes-pesquisadores, por falta de cargos no ensino superior, foram obrigados a redigir seus trabalhos (sobretudo nos anos 1970-80) dando paralelamente aulas no ensino secundário. Infelizmente, as estatísticas disponíveis não permitem distinguir, dentro do ensino secundário, aqueles e aquelas que continuam a fazer pesquisa independentemente de suas tarefas de professor.

-pesquisadores titulares, aos quais se somavam algumas centenas que trabalhavam nos outros estabelecimentos de ensino superior e de pesquisa (CNRS, EPHE, EHESS etc.), mais o pessoal temporário (realizando uma tese ou já doutores) afastado ou não de um cargo no ensino secundário – ATER (Attaché temporaire d'enseignement et de recherche),[6] monitores etc. (Langlois, 1992). Em resumo, pode-se estimar que, nos anos 1990, os historiadores mais profissionais e os mais "acadêmicos", no sentido anglo-saxão do termo, tinham se tornado tão numerosos quanto o conjunto de professores de história de todas as categorias no período que se seguiu à guerra.

Essa mutação quantitativa implica mudanças qualitativas notórias: a crescente dispersão em subespecialidades para marcar "territórios", a separação cada vez mais sensível entre o ensino oferecido como professor a estudantes iniciantes e o campo específico de pesquisa de cada um, o que ratifica a diferenciação dos ciclos de estudos ao longo do período; a separação, também cada vez mais nítida, entre um setor de pesquisa praticamente autônomo e um setor de ensino e de iniciação, que tem certa dificuldade em se comunicar. Contrariamente aos regulamentos oficiais, atualmente os historiadores da França não têm duas missões (ensino e pesquisa), mas no mínimo três ou quatro, entre as quais é difícil se definir. Quando são universitários do tipo clássico, devem fornecer uma cultura geral a estudantes para quem a história é, via de regra, uma opção secundária, dando continuidade ao que a princípio já era feito no liceu. Essa função, negligenciada por alguns por ser muito elementar, é, no entanto, essencial para o futuro da história e para que essa disciplina mantenha sua posição dentro das ciências humanas. Com relação a seus colegas dessas ciências, os historiadores têm, desde o início, o privilégio de dar aulas a jovens dos dois sexos que dispõem, a princípio, de uma cultura histórica apreciável, se

[6] Nota do revisor técnico da tradução: ATER refere-se, *grosso modo,* a um cargo de contrato temporário no ensino superior francês.

comparada aos conhecimentos de sociologia, etnologia ou economia de um estudante médio de liceu (exceto se escolheu uma dessas três últimas opções no *baccalauréat*).[7] O sucesso da história, seja como disciplina dominante ou como disciplina de apoio nos primeiros ciclos, medido por diversas pesquisas junto aos estudantes dessa matéria, marca a importância da continuidade pedagógica entre o ensino secundário e o ensino superior, que não é garantida pela maioria dos outros sistemas europeus de ensino.

Em segundo lugar, função antiga e inevitável devido ao peso dos concursos de recrutamento na França, os historiadores universitários formam os futuros professores do secundário dentro de sua especialidade. Em terceiro lugar, função nova, que não existia no início do período sob a forma organizada de que se reveste atualmente, com a criação do Diploma de Estudos Aprofundados (DEA) – hoje em dia chamado *master* – e das escolas doutorais, eles procuram fazer com que as vocações de professores-pesquisadores eclodam e se afirmem para garantir sua própria reprodução enquanto grupo. Por fim, eles devem estar em constante comunicação com o "colegiado invisível" formado pelos pares da mesma especialidade, que são cada vez menos seus colegas mais próximos, através de seminários para pesquisadores, colóquios, congressos, grupos de trabalho, redes e conferências. A essas quatro funções de base (que existem em medida variável na maior parte das comunidades universitárias nacionais – exceto talvez a segunda, devido à menor autonomia da história como disciplina do ensino secundário em muitos países) acrescenta-se uma função midiática, específica à França e à situação cultural

---

[7] Nota do revisor técnico da tradução: No caso do sistema de ensino francês, *baccalauréat* designa ao mesmo tempo o diploma e o exame final do segundo ciclo do ensino secundário, permitindo um conjunto variado de possibilidades de inserção profissional e/ou a continuidade da formação no ensino superior; igualmente, é requisito para o acesso às classes preparatórias destinadas aos concursos das *grandes écoles*.

da história em nosso país, por longo tempo negligenciada durante o período precedente, que os universitários disputam com os profissionais da mídia (jornalistas, escritores de história etc.), com sucesso cada vez maior, desde o fim dos anos 1960.

Uma outra maneira de medir a função social de um grupo intelectual é estudar o que ele produz. O crescimento da produção historiográfica acontece na mesma medida da multiplicação dos historiadores? Limitar-nos-emos aqui a indicadores bibliográficos resumidos e imperfeitos, pois não existem dados detalhados disponíveis. O primeiro indicador que retivemos se refere à produção principalmente científica recenseada pela *Bibliographie annuelle de l'histoire de France* de maneira quase exaustiva desde 1953 (Albert-Samuel, 1953-1993). Não poderemos evidentemente contar com a produção dos historiadores franceses trabalhando sobre países estrangeiros, sobre a Antiguidade ou sobre o período mais recente (posterior a 1958, segundo o recorte adotado por essa fonte). Mas, como veremos adiante, trata-se de uma minoria. As grandes tendências evidenciadas para a história da França têm todas as chances de ser válidas para as demais especialidades não recenseadas pelo instrumento utilizado. Para os anos de 1953 e 1954, a obra citada inclui 16.063 referências, ou seja, 8.031 artigos de revistas ou livros por ano. Dez anos mais tarde, constata-se apenas um aumento de 10 % na produção sobre a história da França, com 8.909 referências. É preciso esperar as décadas seguintes para que a expansão do corpo universitário repercuta sobre o crescimento das bibliografias históricas. Em 1992, chegamos a 15.486 referências, ou seja, quase o dobro do primeiro ano de referência (mas o grupo potencial de autores certamente mais do que triplicou). O número de periódicos analisados para esse recenseamento evoca mais ainda a crescente especialização dos historiadores franceses. De cerca de 1.200 periódicos no início do período, passamos para 2.151, aos quais é preciso acrescentar 400 volumes de miscelâneas (atas de colóquios, obras coletivas), o que reflete a mudança de suportes na transmissão dos conhecimentos. Como em todas as disciplinas científicas, o livro, obra de um único autor, se tornou minoritário em relação aos artigos e às coletâneas.[8] Quando publica, o/a historiador/a é cada vez menos um produtor isolado e deve se pensar em relação a um campo especializado ou a uma problemática mais vasta. Devemos igualmente observar que o ritmo de crescimento da população de autores potenciais – que foi aqui limitado àqueles que exercem a profissão no ensino superior ou na pesquisa – é muito superior ao da produção científica já mencionada, ainda mais que essa inclui os trabalhos de "amadores" publicados em revistas locais e os trabalhos feitos no exterior, que representam, sem dúvida, no mínimo um terço do total. Essa indicação confirma a dissociação existente entre as diversas funções dos historiadores que enunciamos anteriormente, entre uma minoria que publica regularmente e uma maioria que só publica de maneira episódica ou não publica, absorvida por suas diversas responsabilidades. Esse quiasma pode ter uma outra explicação. Apesar da extensão do trabalho efetuado pelos bibliógrafos, uma parte crescente da produção científica foge a esse recenseamento. Referimo-nos a todos os trabalhos inéditos, dissertações de mestrado – apenas algumas chegam a ser transformadas em artigo –, trabalhos de DEA, teses de terceiro ciclo ou novo regime, habilitações etc., sem falar numa parte apreciável das atas de colóquios, dada a inflação dessa prática nos anos mais recentes. O aumento dos créditos de auxílio à publicação (subvenções a revistas, editores e editoras universitárias) não acompanhou, com efeito, a multiplicação das teses defendidas e dos encontros organizados. Tudo isso não deixa de incrementar a concorrência pela

[8] A quantidade de coletâneas oscilava entre 233 e 306 (1998-2000), mas a partir de 2002 sempre é superior a 300, chegando a 389 no ano de 2009, último ano disponível.

visibilidade, ainda que mínima. Os malthusianos encararão esse fenômeno como um fator positivo de seleção dos melhores trabalhos. Mas os realistas corrigirão essa ideia, ao lembrar que os critérios editoriais de venda não se referem unicamente à qualidade do trabalho científico, mas também ao período escolhido e aos assuntos tratados, como os anos comemorativos mostram de forma quase caricatural.

Os "territórios" dos historiadores franceses

Essa primeira conclusão, menos otimista do que convém quando se fala na "escola histórica francesa", deve ser afinada por uma análise profunda das temáticas e práticas dos historiadores franceses, que pode ajudar a esclarecer sua relação com o contexto social e cronológico. Não pretendemos negar que esses quarenta anos foram um período importante, no qual algumas estrelas de primeira grandeza inspiraram escolas e conquistaram até mesmo uma audiência internacional – coisa rara nas ciências humanas. Mas um balanço não é uma distribuição de prêmios e há perigo em fixar um momento excepcional numa lei histórica eterna. Faz alguns anos que os historiadores franceses se questionam sobre as crescentes disfunções que afetam sua disciplina. Uma parte delas não é específica à história, mas remete aos ritmos bruscos dos recrutamentos universitários e às múltiplas funções, já evocadas, que os universitários têm que assumir, sejam eles historiadores ou não (Roche, 1986, p. 5-9). Mas a parte mais importante tem a ver com os tropismos culturais e as escolhas científicas que reduzem e podem mesmo limitar a influência da "escola histórica francesa", se é que essa expressão tem outro sentido que não o estenográfico. Para colocar em evidência essas tendências, analisaremos simultaneamente as reflexões dos organismos de avaliação desde os anos

1960 e os resultados de uma pesquisa sobre os historiadores da época moderna e contemporânea (Charle, 1992c).

A leitura dos relatórios de conjuntura do CNRS dos anos 1960 evidencia que um certo número de escolhas intelectuais da comunidade dos historiadores apresenta uma certa constância no tempo, até os dias de hoje. Durante essa década, os relatores lamentaram uma polarização excessiva nas pesquisas sobre a história da França, que constituem, segundo eles, cerca de três quartos do total (CNRS, 1963, p. 373). Inúmeros países estrangeiros são deixados de lado, em particular os Estados Unidos, a Grã-Bretanha, a Europa do Danúbio e dos Bálcãs, a Polônia e o Extremo-Oriente. A Rússia é o único país que concentra um número significativo de teses de Estado (CNRS, 1963, p. 375). Os relatórios seguintes retomam esse *leitmotiv* do franco-centrismo (CNRS, 1963, 1969). Mais de trinta anos depois, apesar do enorme crescimento dos recursos e da desaparição da tese de Estado como marco obrigatório, deve-se forçosamente constatar que essa concentração sobre o Hexágono[9] não chegou a ser verdadeiramente abalada. Em 1985, entre os 102 pesquisadores da comissão de história moderna e contemporânea do CNRS, teoricamente os em melhor condição de fazer escolhas audaciosas, na medida em que estão livres da maior parte das limitações geográficas ligadas ao ensino universitário, 53, ou seja, um pouco mais da metade, trabalhavam unicamente sobre a história da França (Roche, 1986, p. 10). A proporção fornecida pelas rubricas do *Répertoire des historiens de l'époque moderne et contemporaine* é de cerca de 55 %, tanto em 1982 quanto em 1991 (Charle, 1992c).

Essa constatação não espanta, mas é paradoxal, na medida em que, na mesma época, uma parte dos líderes da historiografia francesa estabelecia seu renome mediante espessas

[9] Nota do revisor editorial: A França também é conhecida como Hexágono por sua forma geográfica lembrar vagamente um polígono de seis lados.

teses que cruzavam as fronteiras: do Mediterrâneo de Braudel ao Atlântico de Chaunu, passando pela Catalunha de Vilar. A história comparativa elogiada por Marc Bloch, a história sem margens ilustrada por L. Febvre e F. Braudel e reclamada pelas comissões do CNRS, só fazia parte das boas intenções. As circunstâncias institucionais explicam amplamente esse fato. Era mais fácil realizar em casa o rito da tese de Estado, a menos que se dispusesse de condições de trabalho excepcionais ou de um espírito de perseverança e uma vocação pouco comuns. Não é por acaso que, entre os países estrangeiros mais frequentados pelos historiadores da época moderna e contemporânea, a classificação das nações mais estudadas é explicada mais pela existência de antigas relações culturais ou pela implantação de institutos franceses do que pela proximidade objetiva ou pela importância intrínseca dos países (Tabela 1).

Tabela 1 – As zonas geográficas de estudo escolhidas pelos historiadores franceses da época moderna e contemporânea (1982-2000)

Zona geográfica (1)	1982	1991	2000
Europa	623 nível 1	685 nível 1	847 nível 1
África do Norte e África Ocidental	110 nível 2	103 nível 3	129 nível 3
América do Norte	94 nível 3	107 nível 2	104 nível 4
Ásia	75 nível 3	86 nível 5	140 nível 2
América do Sul	73 nível 5	64 nível 4	50 nível 5
Oceano Índico	26 nível 6	16 nível 6	11 nível 6
Oceano Pacífico e Oceania	9 nível 7	8 nível 7	5 nível 7
África Austral e África Oriental	6 nível 8	3 nível 8	19 nível 5
Países da Europa	**1982**	**1991**	**2000**
Itália	138 nível 1	158 nível 1	194 nível 1
Alemanha e Áustria	133 nível 2	150 nível 2	163 nível 2
Ilhas Britânicas	79 nível 3	98 nível 3	118 nível 5
Países ibéricos	78 nível 4	95 nível 4	134 nível 3
Noroeste da Europa	72 nível 5	83 nível 5	130 nível 4
Europa eslava, Hungria e Rússia	58 nível 6	53 nível 6	56 nível 6

continua...

continuação

Países da Europa	1982	1991	2000
Países balcânicos	41 nível 7	29 nível 7	38 nível 7
Escandinávia	24 nível 8	19 nível 8	14 nível 8

Fonte: Charle (1992), conforme índices geográficos de Faugères e Ferré (1982), Faugères (1991) e Roche (2000).

Nota do revisor técnico da tradução: Os níveis são as ordens de "objetos" de estudo, ou seja, as regiões estudadas pelos historiadores. O objetivo é demonstrar, a partir da primeira hierarquia, como mudam os focos geográficos ao longo do período.

(1) Sem a França.

A Europa, ou seja, a pequena Europa do tratado de Roma, pesa, sozinha, nas escolhas dos historiadores, mais do que todas as demais partes do mundo reunidas. No interior da Europa, os historiadores franceses são "continentais": atravessa-se quando muito o Reno ou os Alpes, mas a Mancha já é mais do que um obstáculo geográfico; e isso cada vez mais, pois, em 2000, as Ilhas Britânicas foram menos estudadas do que os países ibéricos e o Noroeste da Europa. A "irmã latina" fica em primeiro lugar nas três datas, com a ajuda da École Française de Roma (Itália: 138, 158 e 194 menções); a Alemanha vem logo em seguida (133, 150 e 163 menções), graças ao apoio da Mission Historique em Gœttingen e do Centre Marc Bloch de Berlim, enquanto o progresso da Espanha na classificação se deve essencialmente à Casa de Velasquez e à antiga tradição hispanista das universidades meridionais. Os países do Benelux[10] conservam seus adeptos, sobretudo na época moderna, onde estão particularmente bem colocados (83 e 130 menções). Passados a linha Oder-Neisse e os contrafortes dos montes da Boêmia, encontramo-nos já em terras de missão (o "mundo eslavo", a

[10]Nota do revisor editorial: Benelux refere-se a um acordo de cooperação intergovernamental entre Bélgica, Holanda e Luxemburgo, o qual é considerado um marco no processo de integração europeia. Em 1944, o Benelux – acrônimo de BElgique, NEderland e LUXemburg – foi estabelecido como uma união aduaneira, sendo que posteriormente, mediante a instituição da União Econômica Benelux, houve um alargamento e aprofundamento da cooperação econômica no bloco. Em 2008, um novo tratado constituiu então a União Benelux, a qual propõe a cooperação em três temas principais: mercado interno; união econômica, desenvolvimento sustentável e justiça; assuntos internos.

Rússia e a Hungria merecem cerca de cinquenta menções), mais ainda para os países balcânicos, enquanto as terras geladas do Norte paralisam os mais audaciosos (os países escandinavos são citados apenas 19 vezes em 1991 e 14 vezes em 2000, ou seja, menos do que a África Austral e a África Oriental ou as Antilhas e a Guiana). Fora da Europa, a América do Norte – sobretudo os Estados Unidos – é a única zona que tem peso significativo, atingindo o mesmo nível de popularidade das Ilhas Britânicas, com a ajuda da anglofonia e do prestígio acadêmico. Da mesma forma, a falta de imaginação dos africanistas faz com que se conformem aos antigos tropismos coloniais: os únicos verdadeiros terrenos de estudo bem abarcados são o Magreb e a África negra (do oeste). Os mesmos vestígios dos antigos engajamentos da França na Ásia justificam em parte o lugar do Oriente Próximo (lembrança dos mandatos da Liga das Nações?) e do Sudeste Asiático, que atraem mais vocações do que os grandes países do continente. Há, por exemplo, menos menções acumuladas da China e do Japão (11 menções para os dois) do que escolhas das Antilhas ou da Guiana como objetos de estudo: mais do que a visibilidade objetiva das referidas zonas, o que evidentemente se esconde por trás dessas orientações privilegiadas é a distância cultural.

Seria então necessário limitar-se a uma constatação de autodescrédito e de crítica de um certo eurocentrismo temeroso? É bem provável que um mapa análogo construído pelos historiadores de outros países europeus ainda revele os contornos subjacentes de impérios passados: o antigo Império para os ingleses, a *Mitteleuropa* e o *Ostforschung* para os alemães.[11] Fica claro, no entanto, que o decalque que os

[11]Nota do autor à edição brasileira: *Mitteleuropa* refere-se à Europa Central, espaço que engloba uma parte da Alemanha, da Áustria e da República Tcheca, o qual certos teóricos da expansão alemã pretendiam organizar como entidade política e econômica supranacional; pode significar também os países de cultura alemã ou germanizada no centro da Europa. *Ostforschung* designa a corrente historiográfica alemã que se utiliza da pesquisa histórica para justificar as reivindicações territoriais alemãs no leste da Europa.

historiadores franceses fazem de um mundo que se perdeu (no sentido político estrito) não prepara de maneira alguma as sendas do futuro, que eles abandonam aos pesquisadores autóctones ou – na hipótese menos sombria – às outras ciências humanas ou aos especialistas das áreas culturais.

Se restringimos a análise ao espaço nacional, as regiões de estudo escolhidas pelos historiadores padecem de maneira análoga de tropismos de longa duração. Os fatores essenciais das escolhas intelectuais são a centralidade da parte do território em questão, mas também a desigualdade de equipamento universitário e, assim, da presença de equipes de pesquisa nas proximidades. A dominação parisiense perdura como na época da Terceira República Francesa (Dumoulin, 1983; Charle, 1994a), pois a maioria dos historiadores recenseados residem ou trabalham na Île-de-France, e Paris e sua região (tanto na época contemporânea quanto na moderna) são as partes do território nacional mais estudadas. Esse fenômeno se acentua ao longo do último período, uma vez que a Île-de-France, região que ocupava a quinta posição das escolhas dos modernistas, em 1982, passa ao segundo lugar, nove anos mais tarde.

O mesmo fenômeno pode ser encontrado entre os historiadores da época contemporânea, o que confirma a explicação por meio do dispositivo de pesquisa e das mudanças temáticas. Em contraposição, à exceção da região parisiense, as escolhas das outras regiões não se hierarquizam de maneira idêntica nos dois períodos. Na época contemporânea, os nove primeiros lugares traçam uma linha Le Havre-Marseille que, exceção feita à Bretanha, recobre a França urbana, a França da linha Saint-Malo-Genebra e a França industrial dos séculos XIX e XX, temas dominantes dos especialistas do período contemporâneo, como veremos com relação a certos assuntos específicos. Os historiadores modernistas fazem suas escolhas sobretudo em função da personalidade definida das regiões e, assim, da autonomia provincial que elas mantêm.

Da mesma forma, os "pays d'état", as províncias periféricas do sul, ainda não neutralizadas pelo poder central, ocupam uma posição honrosa como objeto de estudo. Em troca, as regiões do Midi que lhes sucedem na época contemporânea são claramente distanciadas pelo triângulo da França da modernidade econômica, sempre excluindo a Bretanha.

Essa cartografia das escolhas geográficas não é, no entanto, constante no tempo. Nove anos antes, o fenômeno era menos marcado, o que provavelmente se deve às reorientações dos trabalhos, do rural ao urbano, do econômico ao social e ao cultural, do popular ao burguês. Com efeito, as regiões do sul tinham colocações bem melhores em 1982. A Île-de-France, que ocupava o segundo lugar em 1991, encontrava-se apenas em quinto, em 1982. Talvez seja preciso ver nisso também um efeito da multiplicação dos trabalhos sobre a periferia parisiense, sobretudo os subúrbios. Em contraposição, as regiões do sul perderam terreno em relação ao início da década. O Languedoque-Rossilhão e a Provença-Costa-Azul, situados no pelotão de frente no início dos anos 1980, regridem respectivamente ao quinto e oitavo lugares. Não seria isso um efeito da perda de prestígio do occitanismo como motor de escolha intelectual entre os historiadores e uma ilustração da lei dos rendimentos decrescentes? Depois que a vida política, a vida rural, as mentalidades tradicionais e os movimentos populares já haviam sido explorados, os pesquisadores orientaram seus estudos para outros terrenos ou em virtude de outros recortes, a não ser que alguns deles, atraídos em direção ao norte por universidades mais prestigiosas na hierarquia acadêmica, tenham mudado em função disso suas zonas de exploração. Vemos aqui a primeira manifestação de um fenômeno que voltaremos a encontrar, o da osmose entre as escolhas intelectuais dos historiadores franceses e os traços dominantes de seus objetos, sejam eles geográficos, cronológicos ou temáticos.

A lentidão das evoluções temáticas

Tabela 2 – Temáticas escolhidas pelos historiadores franceses da época moderna e contemporânea (1982-1991)

Tipologia	1982	1991
História das instituições	453	429
Vida política	558	556
História econômica	392	435
História social	1.321	1.400
História religiosa	365	344
História da civilização	936	790
História da arte	435	486
Ciências auxiliares	273	279
História das ciências	14	41

Subtema: História social (grupos sociais)	1982	1991
Clero	76	78
Nobreza	73	77
Burguesia	78	113
Mundo operário	101	62
Artesanato	26	32
Sindicalismo	48	56
Campesinato	98	91

A distribuição global dos grandes conjuntos permanece constante no tempo e em conformidade com os dois últimos termos que acompanham o título dos *Annales* [12] após 1945: *sociétés et civilisations*. Sem dúvida, quando somadas, a história das instituições e a vida política formam um ramo equivalente à história das civilizações, ao passo que a história econômica, antigo ramo motor, marca um certo recuo com relação a essas três grandes massas; ainda mais que, como veremos, sua junção com a história social torna-se cada vez

[12] Nota do revisor editorial: Os *Annales* referem-se à revista acadêmica em torno da qual se constituiu o movimento historiográfico Escola dos Annales, que questionou padrões tradicionais da escrita da história.

mais rara. Contrariamente ao que alguns anunciaram talvez de maneira um pouco precipitada, a volta ao político não figura claramente entre as escolhas preferenciais dos historiadores interessados, pois os assuntos ligados a essa escolha estavam, na melhor das hipóteses, estagnados. Em contraposição, a história econômica, cujo declínio relativo entre as gerações mais jovens é evocado, por vezes, pelos próprios especialistas, mantém sua posição e até progride, embora a população interrogada seja um pouco menor. É bem verdade que essa constância se deve, em grande parte, a um de seus ramos subsidiários que estabelece uma ligação com a história intelectual, ou seja, a história do pensamento econômico. O paralelismo com o progresso das menções de história das ciências permite pensar que se trata de um dos fenômenos próprios do período recente: o despertar do interesse pela história das disciplinas enquanto epistemologia preparatória. O fato de que o número de referências que dizem respeito à história do ensino e das populações científicas quase quadruplica na *Bibliographie annuelle de l'histoire de France* é uma confirmação indireta disso (Albert-Samuel, 1988).[13] Mas o ramo principal continua a ser a história social, entendida em sua acepção mais ampla, ou seja, não apenas a história dos diferentes grupos sociais e suas relações, mas também todas as abordagens temáticas que vêm se multiplicando há três décadas: história urbana, demografia histórica, história da família, história da relação entre os sexos etc.[14]

A história social, no sentido restrito de história dos grupos sociais, conhece uma grande estabilidade, com inflexões internas significativas da conjuntura social e intelectual. Ainda dominada, no início dos anos 1980, por uma orientação majoritária às classes populares (campesinato, mundo operário,

[13] + 354,3 % exatamente com relação a 1958.

[14] Segundo Albert-Samuel (1988), o número de referências à história social cresceu 318,8 % em relação a 1958 na *Bibliographie annuelle de l'histoire de France*.

sindicalismo e artesanato – 273 menções), a história social "se aburguesa" (os temas precedentes recolhem apenas 241 menções em 1991). O clero e a nobreza permanecem estáveis ou são mesmo um pouco mais citados, mas a burguesia volta a se tornar a classe em ascensão, no ano da terceira revolução russa! A clivagem desse subtema, segundo o período, indica que são sobretudo os especialistas da história contemporânea que fazem da burguesia uma classe em ascensão, com 62 menções num total de 113. A convergência entre o indicador numérico e o conhecimento dos trabalhos em curso permite garantir a fiabilidade dessa interpretação.[15]

Tabela 3 – Escolha das temáticas dentro do capítulo "História da civilização" (1982-1991)

História da civilização	1982	1991
Mentalidades	430	355
História das ideias	257	216
Filosofia	34	25
Imprensa, tipografia	104	90
Linguística, literatura	65	46
Teatro, dança	24	20
Cinema, audiovisual	22	22
Musicologia	23	16

O outro refluxo temático constatado, relativo e mais paradoxal, é o das mentalidades. Questionamento central na rubrica "história da civilização", as mentalidades perderam adeptos em virtude do declínio do efeito de moda e sobretudo das incertezas crescentes quanto à própria pertinência do termo. A hipótese mais compatível com o fluxo da produção impressa é que há hoje em dia tantos ou mais historiadores que se dedicam àquilo que se chamava generosamente há algum tempo atrás de "história das mentalidades", mas eles a reivindicam menos do que o faziam anteriormente. Em todo

[15] Ver Charle (1991).

caso, em conformidade com suas origens, essa temática ainda continua sendo o feudo dos modernistas que a inventaram: 205 menções em história moderna contra 150 em história contemporânea. No entanto, a história religiosa não tirou proveito do refluxo da moda das "mentalidades", pois suas posições têm antes tendência a esboroar-se, sobretudo no que se refere ao mundo católico, embora o estudo do protestantismo permaneça claramente sobrerrepresentado com relação a seu peso demográfico objetivo.

"O efeito bicentenário?"

Para definir o equilíbrio entre os períodos de predileção dos historiadores, poderíamos retomar a célebre expressão de Michelet: "o grande século? O século XVIII". Com 548 sufrágios em dois anos de observação, o século das Luzes supera todos os demais períodos, aprofundando, em 1991, seu afastamento em relação ao século XIX. O "efeito bicentenário" explica apenas parcialmente esse dado estrutural, uma vez que a maré alta já tinha sido atingida sete anos antes do início da grande celebração. Mais inquietante do que esse entusiasmo pelo século de Voltaire é a contínua redução de interesse pelas grandes épocas, inclusive pelo século XVII, reflexo da dificuldade em suscitar vocações quando a especificidade documental requer uma crescente tecnicidade na leitura de arquivos. O efeito bicentenário é igualmente sensível para a primeira metade do século XIX, já que a época romântica parece encontrar de novo uma audiência, após a atração privilegiada que o fim do século exerceu no início da década de 1980. Seria isso um efeito efêmero, encorajado pelas tendências comemorativas que transbordaram para além do Brumário ou uma reconversão progressiva dos modernistas tardios rumo ao além pós-revolucionário? A estagnação global das menções à Terceira República antes de 1914 e a tendência dos especialistas do século XX a seguir essa corrente nos inclinariam a adotar a segunda hipótese, da mesma forma que a parcela notável da população total (27 %) trabalhando simultaneamente sobre os dois grandes períodos convencionais.[16]

Se os historiadores analisados romperam progressivamente com os dois ídolos denunciados por Simiand (1987) no início do século – o ídolo político e o ídolo do período –, eles em contrapartida voltam a adorar o ídolo biográfico, que entra novamente em voga depois de um longo purgatório: 109 menções em 1991 contra 75 em 1982, de maneira equilibrada entre os dois períodos. Duas interpretações são possíveis. Uma, pessimista: os historiadores pesquisadores são arrebatados pelo turbilhão de edições para o grande público; outra, otimista: a moda etnográfica e o sucesso das histórias de vida, da história oral e da prosopografia restituem os títulos de nobreza desse gênero que a "escola dos *Annales*" tanto aviltou.

O desejo de história

Assim, pode-se constatar na última década do século XX, entre os historiadores universitários especialistas dos períodos mais recentes, inflexões temáticas que indicam sua ligação com as interrogações sociais de nosso tempo. A demonstração seria ainda mais convincente se dispuséssemos de uma amostra comparável mais antiga. Para explicar essa pressão social indireta que se exerce sobre a história na França, recorre-se normalmente a explicações simples como a midiatização, as encomendas dos editores ou mesmo a demanda política. Tais explicações de caráter bastante geral têm o defeito de ser de muito longo ou muito curto prazo. Elas levam sobretudo a uma visão excessivamente cínica da organização do sucesso da história (Coutau-Bégarie, 1983). Um punhado de pessoas

[16] O detalhe dessas informações quantitativas pode ser encontrado em Charle (1992c).

encarregadas das decisões (diretores de coleção, jornalistas, homens políticos, *stars* da história) teriam programado o sucesso da "nova história" do mesmo modo que se fabrica um *best-seller* para o verão. Essa explicação só pode ser válida depois de operada a primeira abertura, com a produção de *remakes* ou de imitações dos primeiros livros de sucesso. Como na boa e velha análise labroussiana das revoluções, o ponto de partida remete ao entrelaçamento de causalidades parcialmente independentes.[17]

O ponto de virada ocorre nos anos 1970, com alguns sinais precursores por volta de 1968 (Ory, 1983). Antes dessa data, a história-ciência e a história-relato ou história para o "grande público" eram claramente compartimentadas. Os dois grupos que as praticavam eram distintos, as redes de difusão e de edição separadas, os assuntos e temáticas sem grande ligação. Tudo muda durante essa década: relativa confusão dos papéis e dos públicos, midiatização da história universitária, alteração da hierarquia das temáticas. Essa recomposição, geralmente atribuída ao fim das proibições junto aos historiadores universitários, permitidas em parte pelos questionamentos da ordem acadêmica consecutivos a maio de 1968, explica-se, para mim – aqui não posso mais do que arriscar hipóteses por analogia –, sobretudo pela recomposição do público da história. A produção histórica ocupa há bastante tempo uma posição invejável na hierarquia dos gêneros literários – em geral a segunda, depois da literatura geral, com a qual ela se confunde parcialmente nos gêneros mistos, como as memórias, o romance histórico ou

[17] Os grandes editores programaram várias novas histórias coletivas da França nos anos 1980 devido à concorrência e ao *marketing*; o fato de que a primeira delas, lançada sob uma forma temática (*Histoire de la France rurale*), tenha encontrado um sucesso que surpreendeu seu próprio editor (70 mil exemplares para o primeiro tomo) remete a uma conjuntura e a um novo público específicos, sintonizados com uma geração de historiadores que tinham chegado à idade da síntese – ver Winock (1988).

a história romanceada (Carbonell, 1976). Ela dispõe assim, há muito tempo, de um público de massa, da mesma forma que o romance. A novidade não consiste então no fenômeno do *best-seller* histórico, do qual se podem citar numerosos exemplos no século XIX (Thiers, Michelet), no período entreguerras (P. Gaxotte, J. Bainville) ou nos anos 1960 (A. Decaux). O que muda, na virada dos anos 1960-1970, é a elevação do nível intelectual desse público de massa, que passa a ler o que era antes reservado ao público erudito ou cativo das universidades (Pinto, 1985; Dosse, 1987). A massificação do público universitário a curto e a médio prazos é o primeiro motor dessa transformação da audiência de certos trabalhos reservados aos *happy few* (ver o lançamento de coleções históricas de bolso, como Champs ou Archives, que retomam trabalhos eruditos). É preciso igualmente lembrar, na outra ponta da escala das gerações, o crescimento do número de aposentados, cujo nível de vida melhorou consideravelmente e cuja atração particular pela história, como leitores ou como pesquisadores, é bem conhecida. [18]

Com o risco de afetar o orgulho dos "novos historiadores", ouso dizer que talvez eles não tenham sido os primeiros a notar esse novo "horizonte de expectativa" produzido pelas transformações dos leitores intelectuais e universitários. Os primeiros *best-sellers* inesperados dessas décadas agitadas não foram *Le Dimanche de Bouvines*, de Georges Duby (1973), ou *Montaillou, village occitan* (1975), de Emmanuel Leroy-Ladurie, mas sim *Tristes trópicos*, de Claude Lévi-Strauss (1.ª edição 1955, edição de bolso nos anos 1960) ou *Les mots et les choses*, de Michel Foucault (1966). Ora, tais livros, classificados então sob a etiqueta jornalística de "estruturalismo", contestaram, ainda mais radicalmente do que as teorias ainda confidenciais de Braudel e Labrousse sobre a temporalidade

[18] Conferir a febre das genealogias em Donnat (1990, p. 128-130).

histórica,[19] as convenções do relato clássico questionadas com base na etnologia e na filosofia e a relação do autor com seu objeto histórico ou científico. Uma vez aberta essa brecha nas representações tradicionais da história, os historiadores que tinham efetuado essa mesma ruptura em relação a seus pares podiam, graças às novas mediações à disposição (novas coleções, livros de bolso, rádio, televisão etc.), propô-la para além do círculo dos especialistas. Eles não apenas podiam, mas deviam fazê-lo, porque a "moda estruturalista" pretendera colocar em questão a função central reivindicada pela história dentro das ciências humanas (Dosse, 1992). As consequências dessa moda e o ocaso relativamente rápido de seus líderes favoreceram incontestavelmente os "novos historiadores", da mesma forma que a mudança de horizonte histórico com o fim da gesta gaullista e dos pretensos "trinta gloriosos".[20] O grande público da história, mais exigente e mais informado graças à sua entrada no ensino secundário e superior de massa, do qual uma parcela bastante grande militara na virada dos anos 1960-1970 e se impregnara de um marxismo difuso, estava em busca de novos esquemas de compreensão devido ao enfraquecimento da moda do marxismo, do estruturalismo ou do economicismo nos anos 1970. Ele encontrou nos historiadores universitários de sucesso certas temáticas (fascinação pela Idade Média e pelas raízes rurais, que não deixam de ter relação com o desenvolvimento da ecologia e do regionalismo), alguns questionamentos (transgressão das fronteiras entre disciplinas e períodos) ou aberturas (moda das mentalidades,

---

[19] Os *Écrits sur l'histoire*, de Fernand Braudel (1977), com o célebre artigo sobre a longa duração "Histoire et sciences sociales: la longue durée" – publicado em 1958 na revista *Annales: économies, sociétés, civilisations* –, só foram reeditados sob forma de livro de bolso em 1977. As reflexões teóricas de Labrousse não ultrapassam nunca o âmbito das publicações científicas ou dos cursos mimeografados da Sorbonne e só podem ser encontradas em bibliotecas. Conferir Labrousse (1980).

[20] Nota do revisor editorial: A expressão "trinta gloriosos", cunhada pelo economista francês Jean Fourastié, refere-se ao período de prosperidade que muitos países teriam experimentado a partir do fim da Segunda Guerra Mundial, em 1945, até a segunda fase da crise do petróleo, em 1973.

após o economicismo dos anos 1960, emergência da história das mulheres e da história da vida privada) sintonizados com as tendências da época. Essa hipótese de um novo público específico, cujas expectativas sociais e culturais permitiam a transgressão dos antigos recortes das clientelas-alvo, dos anos 1920 aos anos 1960, é confirmada pelo sucesso de uma revista como *L'histoire*, na janela já bastante atravancada da vulgarização. Lançada em 1978 pelas Éditions du Seuil segundo o modelo de *La Recherche*, eminente revista de vulgarização científica, essa publicação mensal não recorria às celebridades da história para o grande público, mas aos universitários, visando um público mais amplo, mas mais distinto, que o das antigas revistas históricas como *Historia*.[21]

Demanda política

Tal recomposição não teria, no entanto, as mesmas características sem uma segunda ordem de transformações, que chamaremos, para simplificar, de diversificação da função política da história na França. Esse dado não parece nos puxar rumo à novidade, mas rumo ao arcaísmo, termo que exerceu um certo papel no debate político da época. Sem o acesso a um certo número de conhecimentos históricos, o cidadão francês não pode, no sentido estrito, participar do debate político dominante, na medida em que este, com efeito, é sobrecarregado de alusões, referências, repetições ou analogias históricas,[22] às quais os analistas se referem periodicamente como tropismos franceses em vias de extinção, nocivos

[21] Segundo Ory (1983, p. 145), as tiragens desses títulos são sensivelmente diferentes, o que marca as características socioculturais contrastantes desses públicos da história: 154 mil exemplares para *Historia* em 1980, cerca de 50 mil para *L'Histoire*.

[22] Isso mostra a vivacidade das polêmicas mantidas pelos políticos em torno da questão do ensino da história – ver Joutard (1995). Dois episódios centrais são conhecidos, um em 1979-1980, o outro em 1983, depois do relatório Girault (1983). Ver também Legris (2012).

à renovação e ao bom funcionamento da democracia. Sem ser exageradamente parcial em favor da história, é necessário constatar que a maioria dessas previsões não foram muito acertadas. Os críticos da historiomania francesa se enganam tanto quanto os intérpretes maquiavélicos da "nova história" ao acreditar que esse culto à referência histórica é apenas o reflexo de um certo elitismo intelectual da "classe política". Não há dúvida de que os diferentes regimes não se privaram de recorrer à história como instância legitimadora, mas isso não é específico à França (Ferro, 1987). Muito mais original, em contraposição, é a necessidade que as forças contestatórias têm de elaborar um contradiscurso histórico, que elas tentam partilhar com os eleitores ou com os grupos dos quais se intitulam representantes ou que querem fazer aderir à sua causa. O período de forte crescimento da demanda social de história não correspondeu a uma redução desses discursos históricos partidários, mas à sua reformulação em função das mudanças culturais e das modificações nas relações de forças políticas – ascensão da esquerda unida, por um lado, enfraquecimento do discurso jacobino e revolucionário de outro e, enfim, revivescência de um discurso contrarrevolucionário e de uma nova direita (Kaplan, 1993).

A emergência de novas forças políticas ou sociais (compreendidas na época sob o termo "minorias") não rompeu a tradição do discurso histórico de acompanhamento. Ao contrário, ela multiplicou seus efeitos, em interação com as novas temáticas da micro-história ou da etnologia histórica: história das mulheres, história das identidades locais, história dos desvios e dos grupos desviantes, atualmente história das "raças" etc. Certos historiadores universitários reassumiram assim um papel militante, no qual os mais jovens buscaram conciliar suas opções ideológicas com uma função social mais geral, como os mais velhos já o tinham feito, ao associar a história social ou operária à militância comunista ou para-comunista (Agulhon, 1987; Perrot, 1987).

É preciso reconhecer, no entanto, que essas "novas histórias", partilhando do destino de todas as vanguardas, não tiveram o impacto social da "nova história", no sentido comercial do fenômeno. Existem várias razões para isso, de importância desigual. Em primeiro lugar, dado o descompasso temporal entre o trabalho histórico e o trabalho político, as pesquisas concluídas só foram publicadas na década seguinte, no momento mesmo em que se assistia ao evidente declínio das "lutas" das próprias minorias em função do novo clima político e social (chegada da esquerda ao poder e agravamento da crise econômica, que enfraqueceu os movimentos sociais). Acrescente-se a isso o envelhecimento social de toda uma geração de historiadores incitada à prudência acadêmica por uma conjuntura universitária muito mais morosa e menos renovada do que a população universitária dos anos 1960 e do início dos anos 1970.[23] Enfim, esse menor sucesso das "histórias alternativas" – exceção feita à história das mulheres, cuja posição ainda é frágil quando comparada ao mundo anglo-saxão – vem sem dúvida de sua situação de dissidência relativa em relação ao Estado, responsável pela maior parte dos empreendimentos culturais na França a partir da guerra. Em todo caso, deve-se forçosamente constatar que essa nova demanda política não deu origem a fenômenos intelectuais e sociais comparáveis ao *Alltagsgeschichte* da Alemanha, próximo do movimento ecologista, nem aos *History workshops* da Grã-Bretanha, ligados ao mundo operário e sindical.[24]

---

[23] Conferir a evolução das temáticas analisadas anteriormente e os testemunhos evocados na revista *Vingtième siècle* pelo artigo de Roche (1987).

[24] Nota do autor à edição brasileira: *Alltagsgeschichte* é a corrente historiográfica alemã que privilegia o estudo da vida cotidiana e ordinária das categorias populares, tomando como ponto de partida sua própria experiência de vida. *History workshops* é o movimento voltado à conscientização das categorias populares com vistas a fazê-las reapropriar-se de seu passado.

As forças sociais mais organizadas (grandes confederações sindicais, grandes empresas) foram as únicas a engendrar uma necessidade de história que afastou a comunidade dos historiadores de seu laço exclusivo com o Estado central. É preciso reconhecer que o tipo de história que deriva desse tipo de ação não se afasta muito dos gêneros canônicos que já circulavam no contexto oficial.

A demanda do Estado

As duas novas demandas de história que acabamos de evocar são parcialmente independentes da demanda tradicional com a qual os historiadores se confrontaram desde a origem de sua profissão, a que provém do Estado. Em vez de levar a um recuo desta, o renascimento das demandas que emanam da "sociedade civil", termo muito em moda nesses anos de virada, acabou ampliando a gama das relações íntimas tecidas entre o Estado e a história enquanto disciplina e enquanto atividade social. A conjuntura que emergiu com a Quinta República foi, deste ponto de vista, bastante decisiva, já que seu fundador sempre se definiu em termos de sua legitimidade histórica e da relação privilegiada à sua representação histórica da "França eterna", para além de suas metamorfoses políticas. As novas instituições criadas – em primeiro lugar o Ministério dos Assuntos Culturais, confiado a André Malraux, um escritor obcecado pela História – forneceram aos historiadores, profissionais ou não, uma tutela potencial suplementar. Até então, os professores dependiam apenas do Ministério da Educação Nacional e os escritores de história, das sanções do mercado. A partir de então, uma administração especializada passou a se responsabilizar de forma muito mais precisa por toda uma série de campos que exerciam influência sobre a prática da história: arquivos e bibliotecas, mais bem geridos desde que se livraram do gigantismo do Ministério da

Educação e desde que puderam contar, a partir da descentralização, com o auxílio à edição, à animação cultural, aos festivais, às escavações arqueológicas, aos novos museus e às comemorações espetacularmente relançadas pelos discursos fúnebres das figuras de referência do regime, pronunciados pelo próprio Malraux.

Tudo se passa como se esse regime fundado sobre uma ruptura com o "arcaísmo", o da Terceira República política e econômica, reatasse de fato, em profundidade, não só com a febre republicana fundadora (traduzida pela "estatuomania" estudada por Agulhon), mas igualmente com os faustos históricos da monarquia. Todo um vocabulário antes reservado à gestão doméstica ou às festas de família se transformou em língua do Estado: patrimônio, memória, aniversário. Os comentários que se sucederam falavam da invenção de uma religião laica necessária perante o desencantamento do mundo e a perda de raízes de uma nação de tradição rural. Invenção não muito original, pois retomava as práticas inauguradas pela Terceira República em sua fase fundadora. Outros viram nisso uma ilusão simbólica necessária para ocultar o declínio relativo da mensagem universal da antiga "França maior", que se seguiu à descolonização. Isso equivaleria ainda a esquecer as notáveis inflexões da política comemorativa dos sucessivos presidentes, com dois tempos fortes, sob Charles de Gaulle e sob François Mitterrand, dois chefes de Estado alimentados pela História, marcados e obcecados pelas guerras, enquanto Georges Pompidou e Valéry Giscard d'Estaing preferiam apostar no esquecimento. Tentaremos então aqui uma interpretação mais política. Nação dilacerada, nação problemática desde sua fundação temerária, velha e sempre jovem, a França, através de seus dois presidentes historiadores, teve necessidade de história e de memória para não ceder a novas crises e encarar de frente suas crises antigas. As cerimônias de lembrança devem ser, em princípio, fatores de unidade e de pacificação, ou pelo menos é assim que outros países as põem em prática. Na França, ao contrário, quanto mais se comemora, mais se multiplicam as chances de reviver lutas passadas ou dores ainda vivas. Com a solução proposta por alguns, de não haver mais comemorações, nem mesmo do bicentenário da Revolução, o que corresponderia a suprimir o próprio espaço de referências políticas contemporâneas, o Estado foi obrigado a gerir essas contradições que o legitimam e ao mesmo tempo ameaçam. Isso evidentemente confere aos historiadores uma função à parte, que eles devem assumir, por mais que não queiram.

Poder-se-ia então falar de uma nova função social que tenderia a colocar em causa a autonomia profissional conquistada ao longo do século XIX e o novo paradigma da história como ciência social, proposto pelos fundadores dos *Annales?*

A profunda ambivalência dos historiadores é demonstrada pelo exemplo do bicentenário da Revolução Francesa, no qual, durante cerca de dez anos, profissionais de todo tipo e de quase todos os períodos se viram solicitados ou foram obrigados a entrar na arena, seja do grande público, seja aquela, mais restrita, das controvérsias entre especialistas. Os protagonistas descobriram nisso uma nova juventude, apesar de correrem o risco de se esgotar na competição; os menos conhecidos, uma ocasião para sair do relativo anonimato. Mas as leis de comemoração e as mídias que as acompanham são inexoráveis: como não se deixar enganar pelos debates pré-construídos, em que cada um deve preencher um papel predeterminado pelo espaço político global, mais do que aquele definido pelo espaço das problemáticas científicas? Os que mais tenderam a entrar nesse jogo perigoso foram por fim os menos especialistas ou os especialistas de outra coisa, que entraram de contrabando nessa arena. Os mais sutis tiveram que se transformar em gestionários ou, por vezes, que ocupar papéis que não lhes convinham diante de adversários sem deontologia.

O próprio Estado teve grande dificuldade para apresentar uma demanda clara diante das sucessivas metamorfoses da Missão do Bicentenário, das tensões entre as autoridades de tutela e dos combates políticos em torno do que estava em jogo nessa comemoração do bicentenário. A manifestação pública mais espetacular (o desfile de 14 de julho de 1989, concebido pelo publicitário Jean-Paul Goude), apresentada ao mundo inteiro como a mensagem unitária da França, terminou finalmente por esvaziá-la o máximo possível de referências históricas, em benefício de uma perspectiva humanista e internacional bastante geral, na qual o acontecimento fundador, justificação da cerimônia, desaparecia sob um novo carnaval planetário re-historicizado a despeito de tudo pelas desordens do Leste europeu, que haviam começado na Polônia e terminaram em Berlim, no mês de novembro seguinte. Foram finalmente as instituições ou os grupos mais tradicionalistas que recorreram ainda à referência histórica datada para prestar homenagem ao acontecimento ou para denunciá-lo: desfile dos Estados Gerais em Versalhes, reconstituição da Batalha de Valmy pelo ministério da Defesa, manifestações contrarrevolucionárias diversas na Vendeia ou em Paris (Kaplan, 1993). As demais comemorações permitiram que os historiadores defendessem melhor sua especificidade, mas o exemplo precedente mostra bem que a função comemorativa sempre corre o risco de instrumentalizar o historiador, ainda que lhe forneça, ao mesmo tempo, uma maneira de ilustrar sua utilidade social junto a um vasto público, o que poucos outros países permitem.

Renovação ou restauração?

Se tais análises são fundamentadas, vê-se que as transformações do ofício de historiador na segunda metade do século XX por certo marcaram rupturas, mas, paralelamente, as demandas que emanaram da sociedade e do Estado e as respostas ambíguas que os historiadores lhes deram contribuíram em parte a fazê-los voltar a comportamentos que evocam, *mutatis mutandis*, períodos muito mais antigos, nos quais esse profissional ainda não conquistara totalmente o domínio de seu "território". É evidente que apenas uma ínfima fração do grupo se deixa seduzir por essas novas redes de dependência, ao mesmo tempo lisonjeiras e perigosas. A maioria continua fiel à deontologia dos historiadores profissionais dos outros países. Mas o público é atraído pela história mediante a leitura dos historiadores de maior visibilidade, e as novas gerações são levadas a praticá-la em função desses modelos prestigiosos presentes na atualidade, que são mediadores privilegiados entre um passado ressuscitado e um presente angustiante. Terrível responsabilidade para os que se encarregam disso. Se, como escrevia Pierre Nora (1984, p. XXXIV), hoje em dia "o historiador é aquele que impede a história de ser apenas história", ele também pode ser aquele que, ao influir sobre o imaginário coletivo, produz – voluntariamente ou não – uma história, e não outra.

2 O *habitus* escolástico e seus efeitos: as classificações literárias e históricas[1]

É principalmente nas *Meditações pascalianas* que Pierre Bourdieu desenvolve suas análises sobre os efeitos do *habitus* escolástico, que ele liga diretamente à história. A tese central dessa obra é resumida numa das primeiras frases do primeiro capítulo:

> O inconsciente é a história – a história coletiva que produziu nossas categorias de pensamento e a história individual, através da qual elas nos foram inculcadas; por exemplo, é da história social das instituições de ensino (banal entre todas e ausente da história das ideias filosóficas ou outras) e da história (recalcada ou esquecida) de nossa relação singular com essas instituições que se pode esperar algumas verdadeiras revelações sobre as estruturas objetivas e subjetivas (classificações, hierarquias, problemáticas, etc.) que continuam, independentemente de nós mesmos, a orientar nosso pensamento. (Bourdieu, 1997, p. 21).

Trataremos, aqui, de reencontrar a origem dos princípios de classificação utilizados na história literária e na história cultural, que nunca foram colocados em questão apesar das diferentes "revoluções" epistemológicas que houve desde essa época, embora eles condicionem amplamente as problemáticas dessas disciplinas. Numa célebre comunicação de 1903, Simiand (1987, p. 113-169) já denunciara os

1 Versão corrigida de Charle (2006c).

"ídolos" reverenciados pelos historiadores de seu tempo. Ao que parece, porém, ele não identificara o conjunto desses "ídolos", em especial as classificações derivadas dos movimentos ideológicos e culturais, dos movimentos literários ou artísticos, das escolas de pensamento (políticas, sociais etc.), de vanguarda ou não, que estruturam e orientam a maior parte dos relatos na história literária, na história cultural ou na história das ideias.

Uma história fria

Para expor esse duplo recalque, seria necessário praticar o que Bourdieu chama de dupla historicização, coletiva e individual.[2] Mas, no intento de ultrapassar as boas intenções às quais qualquer um pode se associar sem verdadeiramente modificar suas maneiras de pensar, parece-me em conformidade com seu método apropriar-me do caso limite e crítico em que este retorno do recalcado é mais difícil de realizar do que em qualquer outra parte. Com efeito, ele combate, precisamente, classificações quase intocáveis, na medida em que nos foram ensinadas nas aulas de literatura nacional, disciplina central de quase todos os sistemas educativos. Elas se referem aos objetos sagrados da cultura legítima, à história literária, disciplina universitária encarregada de atualizá-los, e às zonas conexas da história cultural, ramo da história cuja autonomia se afirmou bastante há uma década, sem no entanto revisitar essas categorias tomadas às disciplinas vizinhas. O próprio Bourdieu tratou desses temas numa célebre obra discutida por todos os letrados, *As regras da arte*, sem esgotar o radicalismo da proposição que formulou em 1997,

[2] Bourdieu (1992b, sobretudo p. 420-421) evoca rapidamente o tema, no que diz respeito à literatura, em *Les Règles de l'art* [As regras da arte], mas só o desenvolve realmente no que se refere à filosofia.

ou seja, bem depois que escreveu esse livro.[3] Em inúmeras passagens, ele não contesta todas as categorias da história literária, na medida em que tira parte de suas informações empíricas dos trabalhos de seus predecessores, embora os leia dentro de um outro marco histórico. É chegado o momento, a partir das posições mais ambiciosas das *Meditações pascalianas*, de completar as análises dos anos 1970 e 1980 que compõem *As regras da arte*.[4]

Não há nada mais central à cultura letrada, de fato, do que as taxonomias que servem para classificar as obras e os autores; nada mais natural, até mesmo nos escritos daqueles que pretendem, aliás regularmente, subverter a maneira de ler essas obras e esses autores. Para pensá-los (ou repensá-los), situá-los (ou deslocá-los), qualificá-los (ou desqualificá-los), essas taxonomias comportam um núcleo de invariantes que será melhor refinar, subdividir, reformular. No fim das contas, os historiadores da cultura ou da literatura voltam sempre, mais ou menos, aos mesmos qualificativos ou categorias de base produzidas por um século e meio de repetições críticas: os termos "clássico, romântico, artístico, moderno, simbolista, naturalista, realista, de vanguarda" etc., para citar apenas os principais e os mais utilizados, serão convocados para estruturar o relato ou a perspectiva monográfica. Assim a introdução do mais célebre manual do ensino secundário (*Lagarde et Michard*, edição de 1961) resume o século XIX a "três grandes correntes literárias, o *romantismo*, o *realismo* e

[3] Para uma crítica argumentada de um "literário", mas aberta à história do livro, da imprensa e à sociologia das classificações utilizadas por Bourdieu, ver Vaillant (2010, p. 225-227).

[4] Incluo-me nessa crítica na medida em que a parte histórica de *As regras da arte* se apoia em meu livro *La crise littéraire à l'époque du naturalisme*, o qual é tributário dos trabalhos dos anos 1970 sobre o realismo e o naturalismo, da tese de Ponton, *Le champ littéraire de 1865 à 1905*, baseada nos trabalhos literários sobre o parnasianismo e o movimento simbolista ou os romancistas psicólogos, ou noutras pesquisas, por exemplo, sobre a boêmia, cuja documentação e cujas categorias partilham desse viés.

o *simbolismo*. [...] De maneira aproximada, elas teriam se sucedido, o romantismo tendo triunfado durante a Restauração e a Monarquia de Julho, o realismo, durante o Segundo Império, e o simbolismo, durante a Terceira República; mas de fato, elas se misturam estreitamente e existem *trocas* fecundas entre umas e outras." (Lagarde; Michard, 1961, p.10, grifo dos autores).

Assim, recusa-se imediatamente o esquema hegeliano subjacente, em nome da fluidez das categorias e da variação dos autores: "Balzac, criador do romance *realista*, foi igualmente um *romântico* e um *visionário*", acrescenta a frase acima. Esse claro relativismo permite todos os arranjos, quando necessário, o que descreve bem uma das características dos julgamentos da história literária, sempre próximos dos julgamentos de valor e, assim, sujeitos aos critérios tanto de gosto quanto de fato.

Eis também porque, quando comparados a seus equivalentes nas outras disciplinas (história da filosofia, da música, da arte, história em geral, sociologia), tais classificações se apresentam em número relativamente limitado. Trata-se, no entanto, de colocar em ordem uma produção exponencial de autores e de obras, sem dúvida um pouco menos extensa do que a da arte, mas não muito, sobretudo porque a taxa de seletividade da posteridade literária é finalmente menos forte do que a da história da arte, como indica a comparação dos índices de qualquer grande síntese num ou noutro terreno, com as avaliações globais do conjunto dos agentes do campo literário ou artístico de que dispomos.[5]

Acima de tudo, devido à institucionalização, no ensino secundário, do relato literário dos movimentos intelectuais, essas categorizações se beneficiam de uma difusão de massa, na medida em que servem como categorias de apreensão da literatura nas classes de idade que compõem 60 % de uma geração, nas gerações mais recentes – pelo menos na França.

[5] Conferir Cynthia e Harrison White (1991) e Charle (1979, 1990b).

As coisas ocorrem de maneira diferente no que se refere às classificações artísticas, devido à marginalidade da história da arte nesse nível de ensino.[6] Cabe ao professor de história evocar os movimentos mais consagrados e, em geral, mais antigos, no decorrer de uma aula sobre a civilização (Renascença, arte medieval, arte barroca etc.) que será rapidamente esquecida. A menos que um quadro de um mestre característico sirva de ilustração colorida nos manuais de história para esse ou aquele episódio emblemático do grande relato histórico (*O juramento do Jogo da Péla*, de David, para a Revolução e a arte neoclássica; *A liberdade guiando o povo*, de Delacroix, para o romantismo e a revolução de 1830; *A rua Montorgueil em Paris. Festa de 30 de junho de 1878*, de Claude Monet, para o impressionismo e o advento da República; *Guernica*, de Picasso, para a arte moderna e a guerra da Espanha). A categorização artística fina só é realmente mobilizada durante os estudos especializados, frequentados por um número restrito de estudantes e pelo grande público "cultivado", a partir de um discurso de autoridade apenas percorrido, nos textos profusos dos catálogos de exposição, em que os especialistas revisitam entre si as categorias indefinidamente refinadas dos movimentos artísticos.

Esse formato relativamente mesquinho das categorizações literárias não se deve apenas à sua dependência dos objetivos pedagógicos de massa que implicam simplicidade e simplificação. Os historiadores que compartilham, na França, dessa necessidade pedagógica de uma disciplina de cultura geral empregam um instrumental classificatório não muito mais rigoroso, mas certamente muito mais encorpado e complexo, com todo tipo de noções indígenas, o que acaba por prejudicar sua assimilação real e duradoura pelos aprendizes de

[6] A situação evoluiu com a introdução recente da "história das artes" no ensino secundário.

historiador, como qualquer professor do primeiro ciclo universitário acaba por fazer a amarga experiência.

Essa parcimônia da cartografia do campo literário do passado tampouco se deve, assim como na filosofia, à pretensão ao avanço e à sistematização dos estudos de história literária. Na hierarquização interna desse subcampo disciplinar, aqueles que se encontram do lado da história e dos autores são dominados, na escala de prestígio, pelos que se entregam ao prazer do texto e ao gosto da leitura inspirada e interpretativa, onde Proust sai definitivamente vencedor contra Sainte-Beuve. Lanson sobreviveu devido a sua *Histoire de la littérature française*, constantemente reeditada e atualizada de 1895 a 1953, mas serve de bode expiatório comum a todos os modernistas,[7] embora alguns de seus artigos atestem seu desejo de se acercar da história e da sociologia num sentido inovador.[8]

Dentro da história literária, a hierarquia oculta dos autores mais estimados (e os mais reverenciados nos concursos) dá a vantagem aos autores mais puros, mais desistoricizado, que puderam justamente se livrar dessas etiquetas coletivas a tal ponto que seu nome se torna por si mesmo uma etiqueta atemporal de autoconsagração e até mesmo de consagração de futuros epígonos (balzaquiano, baudelairiano, verlainiano, stendhaliano, proustiano etc.). A elevação à posição de clássico – logo atemporal – seria a suprema consagração, até mesmo daqueles que, em sua época, se afirmaram contra a noção de classicismo.

Logo, se existe uma luta de classificações oculta e persistente entre os profissionais da classificação literária, ela se baseia finalmente no mesmo estoque pobre de qualificativos específicos, análogos àqueles que o entendimento professoral utiliza para classificar os alunos. Poder-se-ia mesmo encontrar, sem dúvida, uma escala de tradução homóloga entre os epítetos "clássico, romântico, realista, simbolista, naturalista etc.", que figuram nos

---

7 Ver Compagnon (1983).

8 Ver Lanson (1929, p. 45 e seguintes).

capítulos dos manuais, e os qualificativos "sólido e elegante, enfático ou excessivo, pesado e pouco original, refinado ou obscuro, vulgar ou trivial", que constelam as margens das dissertações dos alunos interrogados sobre esses autores ou movimentos.

Os mais legítimos partidários da literatura pura (aqueles que louvam todos os autores próximos do polo mais artístico, progressivamente instaurado durante o século passado, e os mais suscetíveis de alcançar o *status* de "clássico moderno") sentem, apesar de tudo, necessidade das categorias menos nobres da nomenclatura que evocamos acima, ainda que seja como etiqueta caluniosa ou difamante; assim, dentro do romantismo, ou dentro do simbolismo, ou do naturalismo, serão retidos em prioridade os autores que apresentem maior afinidade com a definição letrada, em oposição a seus colegas que cederam à tentação de se deixar levar por práticas mais históricas, sociais, políticas ou interessadas do mesmo estilo. Poder-se-ia facilmente demonstrar que as "leituras" ou releituras das grandes sínteses da história literária são tentativas de reavaliação de certos autores, de acordo com o grupo que dá origem ao empreendimento, com o objetivo de trazê-los para a zona nobre das antigas etiquetagens ou de efetuar uma reavaliação de etiquetas anteriormente desvalorizadas.

Esta primeira historicização atesta, portanto, a continuidade que existe entre as práticas eruditas, as práticas pedagógicas que as transmitem e as lutas dos especialistas pelas revisões parciais das classificações. Essas categorias da história literária remetem, no entanto, a algo mais profundo, que convida a uma segunda historicização. Ela se deve simultaneamente ao *status* específico da literatura num país como a França e à emergência complexa da história literária no final do século XIX, situada entre a história das ideias (registro dos filósofos)[9]

[9] Essa separação arbitrária entre história das ideias e história literária desemboca na exclusão daqueles que a história literária chama "filósofos", ainda que eles não façam parte do cânone filosófico, como mostra Ribard (2000).

e a história das instituições (terreno dos historiadores), entre a história do gosto (domínio dos estetas críticos fora do campo universitário) e a filologia, a linguística e a estilística (incluídas no campo universitário, mas frequentemente de tradição universitária estrangeira); enfim e sobretudo, deve-se à história dos próprios movimentos literários, em função das especificidades da história do campo literário quando ela é libertada do "grande relato" mítico progressivamente elaborado pela história literária oficial.

A amplitude dos descompassos entre as categorizações das histórias literárias nacionais atesta de maneira bastante simples esse fato, ainda quando elas parecem recorrer a esquemas transnacionais reconhecidos como "realismo", romantismo, simbolismo. Quando se busca o menor denominador comum entre a França, a Inglaterra, a Alemanha ou a Itália, recoberto por essas etiquetas internacionais, deparamo-nos com as incoerências dos descompassos temporais, das traduções erradas ou das confusões voluntárias, visando a sua legitimação positiva ou negativa. Como Pascale Casanova (1999) e Anne-Marie Thiesse (1999) demonstraram de maneira complementar, não é a mesma coisa que está em jogo nas categorias mobilizadas, dependendo da antiguidade da emergência de uma literatura nacional, em função de sua autonomia ou heteronomia com relação às forças políticas, sociais ou econômicas, e de seu lugar na luta pela afirmação das línguas nacionais na Europa. Quando o termo romantismo significa emancipação da hegemonia clássica francesa, ou uma arte nacional emanando do povo que se opõe à arte da corte, destinada à aristocracia francófona e francófila, ele tem pouco em comum, exceto o termo, com uma dissidência interna a um campo dominante e politicamente sobredeterminado pela querela recorrente entre os antigos e os modernos, como na França. Ora, é preciso lembrar que a história literária universitária da Terceira República teve por função primeira repensar os movimentos literários do século XIX, para lhes garantir um lugar num panteão fixado há dois séculos em torno do "classicismo".[10] As etiquetas foram então cristalizadas nessa ocasião, sempre contribuindo para elaborar uma versão *whig* da história[11] do progresso em direção à emancipação e à afirmação da excelência (literária) francesa contra as influências e concorrências estrangeiras das novas literaturas nacionais, oriundas principalmente do romantismo europeu.[12] Essa dupla limitação se deve tanto à posição dominada da história literária perante a história, na época dominante nas instâncias universitárias, quanto à crítica que reinava sobre as classificações mais imediatas da nova literatura, aquela à qual se referem os jornais e as grandes revistas. Assim, na edição de 1895 da *Histoire de la littérature française*, Lanson retoma *ipsis litteris* os julgamentos de Brunetière, diretor da *Revue des deux mondes*, sobre o naturalismo. Enquanto professor de liceu e substituto do crítico universitário, ele tece um elogio insistente do recente acadêmico francês.[13]

Essa dependência se deve igualmente aos objetivos pedagógicos derivados da importância crescente do francês no

---

[10]Conferir Jey (1998), que aborda a persistência do século XVII como reservatório de autores de referência nos programas, bem depois das reformas do ensino da Terceira República.

[11]Nota do autor à edição brasileira: Versão *whig* da história refere-se à corrente de historiografia inglesa segundo a qual a história britânica se desenvolve no sentido da liberdade tendo em vista o triunfo final dos valores liberais, os quais se opõem à visão conservadora dos *tories* e à visão democrática e socialista defendida pelo Labour Party.

[12] Ver Wilfert (2002, 2003) e Charle (1998).

[13]Lanson (1895, p.1079-1081): "Em literatura, o que se chamou a bancarrota do naturalismo foi um fato capital. A escola de M. Zola, que se importava mais com suas teorias do que com suas obras, se perdeu na insignificância e na grosseria". (Retoma-se quase os termos de Brunetière para condenar o naturalismo.) As edições ulteriores adotarão uma perspectiva mais nuançada em função das simpatias políticas de Lanson pela posição de apoio a Dreyfus adotada por Zola (cf. edição de 1906, p. 1013 e seguintes) e de sua ruptura com Brunetière, que condenava Dreyfus e foi assim excluído de suas funções de ensino na época da reforma da École Normale Supérieure em 1903.

ensino secundário, depois do recuo das línguas antigas, a partir de 1880 e sobretudo da reforma de 1902. Uma versão edulcorada e assepsiada do romantismo foi pouco a pouco sendo integrada (em posição bastante minoritária) ao novo cânone dessa história literária no início do século XX, mas será preciso esperar muito mais tempo para que a literatura da segunda metade do século XIX encontre lugar nesse relato e acrescente algumas categorias suplementares (realismo, naturalismo, simbolismo) ao cânone modificado. Na edição de 1961 de *XIXe siècle*, de Lagarde e Michard, o período romântico ocupa dois terços das páginas (Lanson, 1895, p. 889-1003) contra um terço para a segunda metade século XIX, na qual se concentram os novos movimentos já mencionados. A *Histoire de la littérature française* de Lanson, publicada sessenta anos antes, era um pouco mais equilibrada, consagrando à época romântica 114 páginas (Lanson, 1895, p. 889-1003), contra 83 para a segunda metade do século XIX (Lanson, 1895, p.1005-1088).

Aqui também o contraste é espantoso com o *aggiornamento* paralelo – a atualização paralela – dos recortes da história e da história da arte: a história mais contemporânea foi integrada aos programas dos liceus desde os anos 1880; e junto com ela, as noções mais modernas da vida social, política e econômica; a chamada nova pintura (que começava a ser conhecida como impressionista) entra nos museus menos de vinte anos depois da exposição fundadora do grupo (legado Caillebotte) e foi integrada ao quadro geral da arte francesa com a Exposição de 1900. Essa longa colocação entre parênteses da contemporaneidade literária marca a resistência à mudança das categorias do *habitus* escolástico literário. Ela não pode, no entanto, ser explicada apenas pelo suposto conservadorismo das elites republicanas em matéria cultural, como sugere o contraste precedente com os outros terrenos afins. Ela remete claramente às estruturações próprias ao *habitus* letrado e professoral.

No momento em que o professor de história concebe seu papel como uma formação cívica, pensada no presente da República democrática, em que o ensino da arte e do gosto se liberta da referência única ao academicismo e à formação em Belas-Artes ou dos antigos museus, os defensores da formação literária ficam presos a uma visão normativa da história da literatura. Nesse contexto, a mudança se cristaliza em pares de opostos em que um dos termos é conotado positivamente, e o progresso, à diferença de outros domínios, não é necessariamente equiparado ao que é recente, e a hierarquia dos gêneros e dos autores se opõe às normas veiculadas pelo campo literário da segunda metade do século XIX. O teatro e a poesia clássicos continuam a servir de modelo, enquanto o público letrado consome apenas romances, comédias de costumes, dramas burgueses ou prosa histórica. Não causa espanto que grande parte desses professores de retórica tenha simpatizado com a Action Française ou mesmo se filiado a esse movimento, cuja visão histórica reacionária e antirromântica era praticamente idêntica à deles. Mas sem dúvida existem raízes ainda mais profundas que essa tensão de uma pequena nobreza cultural em declínio, cujo equivalente seria, na mesma época, o culto que os professores alemães consagravam à *Bildung*[14] neo-humanista e a um Goethe olímpico, no momento em que os letrados de além-Reno só juravam por Nietzsche e Wagner (Ringer, 1992). Para esses professores de belas-letras, aceitar a naturalização progressiva das novas etiquetas derivadas da história viva da literatura ou da arte, como o fazem os críticos literários ou artísticos, equivaleria a renunciar ao espaço de autonomia construído dentro da relação pedagógica na classe de liceu ou no curso de faculdade – nas disciplinas literárias, os professores de faculdade ensinaram por

[14]Nota do autor à edição brasileira: *Bildung* é um termo alemão que designa o processo de formação cultural do indivíduo mediante o estudo das grandes obras do passado, especialmente do período clássico.

mais tempo nos liceus do que em outros lugares, e sua prática não é diferente; além disso, enquanto membros das bancas do *baccalauréat*, eles servem de garantia para a ortodoxia. Ora, os modelos literários etiquetados propostos aos alunos e aos estudantes fixam ao mesmo tempo o *habitus* literário conforme, aquele que deve ser reproduzido nos exercícios escolares (comentário de texto, discurso, dissertação) e, em seguida, nos usos letrados do francês (conversação, correspondência, discurso de circunstância) próprios às classes médias (no sentido escolar e no sentido social). Eles não podem, sem cair em contradição, propor modelos concorrentes e alternativos do francês letrado médio, sob pena de destruir a fronteira escolástica em que se baseia a autonomia do professor dentro de sua classe. Enquanto as academias privadas concorrentes liberam os artistas dos princípios da École des Beaux-Arts e se inspiram nas novas maneiras de pintar, nenhum projeto similar, nem no nível secundário, nem no nível superior, questionou o monopólio do francês letrado oficial e da história literária a ele associada. Essa ausência de concorrência só pode incitar à permanência do modelo, apesar das tímidas atualizações dos programas e da certeza que tinham os professores de letras de deter a verdade literária durável contra as vãs agitações das escolas contemporâneas. Essa intransigência integrista se acentua à medida que a pressão da literatura contemporânea se faz sentir no próprio seio do espaço preservado da classe. A história dos grupos de vanguarda que rejeitam essa norma das classes literárias mostra, com efeito, que seus membros são recrutados, em sua maioria, entre os melhores alunos dos melhores liceus ou faculdades. Sua rejeição a essas maneiras oficiais de escrever e de ler mede-se por sua capacidade de se sobressair nelas, portanto de perceber o artifício, o artificial, e de parodiá-lo, maneira atroz de se vingar da autoridade provisória de seus professores, que esses alunos burgueses e superdotados dos grandes liceus rejeitam tão logo podem fazê-lo, em seus ensaios de juventude: Rimbaud, o poeta maldito, recebeu o primeiro prêmio do concurso geral de versos latinos; Jarry, aluno da classe preparatória para a École Normale Supérieure, baseou seu pai Ubu na caricatura de um professor que ele detestava, construindo a paródia do drama wagneriano e romântico ainda hoje reverenciado nos grandes teatros; Léon Blum e Marcel Proust, ao deixar o liceu Condorcet, se tornaram mestres do pastiche; Louis Aragon, ex-aluno do liceu Carnot, reescreveu *As aventuras de Telêmaco* enquanto lia Lautréamont.

Gênese e eternização das classificações

Não seria correto, no entanto, acreditar que bastaria mudar todas as condições sociais do ensino de letras e de história literária para que se produzisse um *aggiornamento* instantâneo, fazendo com que essas rígidas categorias normativas cedessem lugar a uma primeira historicização verdadeira, que integraria todos os aportes da história literária positivista acumulados dos anos 1920 aos anos 1970. Os encontros falhados se sucederam: o da literatura comparada, o da história literária e da sociologia, o da história literária e da história do livro, após Lucien Febvre.[15] Certas falsas modernizações, como o estruturalismo genético, as leituras marxistas da história literária e, finalmente, a semiologia estrutural ou as leituras psicanalíticas, tampouco afetaram as categorizações de base enriquecidas em função das novas vanguardas integradas aos programas. Na mesma época, ameaças globais mais graves afetaram as classes de letras e incitaram uma renovação letrada conservadora: a redução do prestígio das seções literárias com relação às seções científicas como lugar de designação da futura elite e o progresso rápido de uma contracultura de massa que repousa sobre gêneros

[15] Ver as críticas de Febvre (1953, p. 264) a respeito do livro de Daniel Mormet. Tais críticas foram publicadas originalmente em Febvre (1941).

literários exteriores ao universo letrado – história em quadrinhos, cinema, canção popular.[16] Ao discurso de defesa antimoderno da primeira metade do século XX sucede-se, desde os anos 1960-1970, o discurso antianalfabeto contra os novos bárbaros, pouco propício à reforma do próprio alfabeto da história literária, enquanto a enorme expansão das universidades acentuava o corte entre uma história literária ensinada às massas dos alunos de liceu e uma história literária feita para especialistas, cujas discordâncias de categorias se acentuam à medida que estes últimos ampliam o panteão dos autores e dos movimentos, mesmo que seja para encontrar novos temas de tese.

Na história literária universitária, sobretudo no que se refere à literatura contemporânea, prevalece a transferência, em princípio de classificação escolar, dos instrumentos de apreensão da realidade histórica elaborados por aqueles que chamei de "homens duplos", os críticos, os autores de prefácios, os primeiros compiladores de novas histórias literárias. Eles escrevem, de certa maneira, os "rascunhos" a partir dos quais serão elaboradas as sínteses científicas ulteriores, ou ao menos formulam as problemáticas indefinidamente repisadas pelos trabalhos científicos. As noções elaboradas no calor do momento nunca são questionadas mais tarde, seja porque alimentam as polêmicas entre os participantes do campo, tendendo a se tornar uma língua comum que permite acesso a ele, seja porque justificam a posição daqueles que se autorizam a participar dessas lutas de classificação. Pela despersonalização que introduzem, elas participam da desistoricização da apreensão das obras que lhes servem de pretexto. Os historiadores universitários que retomam a questão com uma certa defasagem não têm mais laços pessoais com aquela configuração ultrapassada do campo e em geral se contentam em corrigir alguns erros para afinar sua pertinência, numa regressão ao infinito: invenção de precursores (por exemplo a criação da noção de pré-romantismo,

[16] Conferir Bourdieu (1979).

depois que as paixões ainda suscitadas pelo romantismo no início do século XX arrefeceram) (Tronchon, 1912; Monglond, 1930), reavaliação dos epígonos (nascimento do grupo dos "pequenos românticos", pois os "grandes" tinham se tornado quase clássicos); transferência das noções de arte à literatura, com o risco de de inventar artefatos que, no entanto, permitiam ler o conjunto dos autores relegados às margens (como foi o caso da invenção da "literatura barroca" depois que duas gerações de historiadores purificaram a mácula que se ligava a esse termo na estética etc.)(Rousset, 1953; Wölfflin, 1967).[17] No entanto, assim como os homens duplos que os precederam, esses historiadores presos ao *habitus* escolástico nunca transgridem esse pensamento dos limites, das escalas, das hierarquizações geográficas ou cronológicas interiorizados durante sua própria existência acadêmica desde sua formação, pois essa é a maneira de apreenderem a si mesmos no interior de sua disciplina (enquanto aluno ou líder, promotor ou crítico desta ou daquela maneira de fazer, e transmissor da história literária passada, construída dentro do mesmo esquema).

A título de ilustração, pode-se seguir o processo em curso desde a *Enquête sur l'évolution littéraire*, de Jules Huret, em 1891, que colocava à disposição do grande público todo um lote de caracterizações literárias que só circulavam no interior do limitado espaço polêmico das pequenas revistas de vanguarda. Assim, elas são objetivadas aos olhos da opinião pública e parcialmente aceitas pelos próprios interessados, que, para figurar entre os entrevistados, aceitam ser etiquetados nos sucessivos números desse periódico e, em seguida, na versão da pesquisa publicada em volume, embora um certo número deles posteriormente renegue essas adesões de

[17]A primeira edição alemã do livro de Heinrich Wölfflin *Renaissance et Baroque* data de 1888. É significativo que essa inovação tenha vindo, nos dois casos, de universitários de origem suíça, menos influenciados pelo dogma literário classicista e no cruzamento do espaço cultural francófono e germanófono.

circunstância. A maior parte desses reagrupamentos são encontrados, a partir de 1895, nas páginas da *Histoire de la littérature française* de Lanson, que cita em notas de rodapé as fontes críticas ou jornalísticas assim canonizadas.[18]

O processo de filtragem se renova a cada vanguarda ou a cada grande momento de debate encenado por um manifesto, mas o historiador da literatura em geral só registra a versão do vencedor, daquele que soube cercar-se dos homens (e das mulheres) duplos necessários à divulgação e à popularização de sua ruptura simbólica.[19] No entanto, ainda nesse caso, o *habitus* letrado escolástico continua a exercer sua função de redução ao menor denominador comum, pois aquele modelo do grupo, bem adaptado à articulação dos manuais, na verdade compreende apenas uma ínfima fração dos escritores de uma época. Sua adoção privilegiada pelos historiadores literários leva assim à sobrevalorização de uma fração atípica da literatura, feita para recolocar em jogo as grandes oposições canônicas mais antigas. Da mesma forma, fica claro que esse jogo do grupo e do manifesto, por mais obsoleto que seja nas novas condições da vida literária do século XX, traduz agora a interiorização cínica pelos próprios autores, antigos alunos dessa história literária moderna, das normas a serem respeitadas para que eles possam ser vistos pelos homens duplos, e por seus substitutos eruditos, como postulantes plausíveis de ingresso no esboço do futuro cânone da história literária por vir.

Essa reflexão deve ser prolongada dentro do campo dos estudos de história cultural, que frequentemente tratam dos mesmos objetos e, por vezes, retomam trabalhos oriundos dos

---

[18] Lanson (1895, p.1084), a respeito do movimento simbolista, faz referência a Lamaître (1888) e a Brunetière (1888). Para uma versão mais aprofundada, ver o artigo de Lanson "The new poetry in France", publicado em 1901 na revista *The International Monthly*. Lanson (1929, p. 284-317) retoma essa versão em *Études d'histoire littéraire*, sendo que em ambas as publicações são igualmente citados Huret (1891), Van Bever e Paul Léautaud (1900, p. 287-289).

[19] Conferir o exemplo do surrealismo analisado por Norbert Bandier (1999).

estudos literários para elaborar sua matéria específica, sem perceber todo o implícito classificatório que ali se encontra, mesmo nas pesquisas aparentemente mais eruditas. Porém, para poder tirar pleno proveito dessa operação, o historiador deve ser ainda mais radical e igualmente questionar as classificações e noções, mesmo aquelas propriamente históricas, herdadas dos efeitos do *habitus* escolástico específico à sua disciplina. Embora Lucien Febvre não hesitasse em admoestar duramente Daniel Mornet do alto de sua posição dominante de diretor de revista e de seu complexo de superioridade de historiador do instrumental mental, acima do historiador literário simples amador de ideias, nem ele, nem seus êmulos escapavam a essas categorizações implícitas que orientam a pesquisa, seja qual for o renome adquirido pela pretensa "escola dos *Annales*" — expressão classificatória tão falaciosa quanto as outras "escolas" literárias que evocamos anteriormente.

O *habitus* escolástico do historiador

Antes disso, porém, o que garante, nesse exercício de autossocioanálise, que o historiador, ainda que em contato com a sociologia e a literatura, não sofra da mesma cegueira de que são acusados os estudos literários? A (de)formação disciplinar não impediria essa objetivação, que apenas o participante de um outro campo disciplinar poderia levar a cabo? Inversamente, não poderia eu, por temor à conivência com minha tribo de origem, tentar retomar por minha conta uma denúncia originária de outra disciplina, mas envolvida nas lutas de fronteiras e de prestígio que existem sobretudo entre a filosofia, a sociologia e a história, as quais não estão de maneira alguma livres dos outros *a priori* escolásticos inerentes à história dessas disciplinas e a suas relações de força? Aqui não seria o lugar apropriado para retraçar o estranho itinerário que me colocou em contato e em relativa discordância com os *habitus* disciplinares desses diferentes domínios. Talvez minhas escolhas ambíguas (dedicar-me à sociologia da literatura inscrevendo-me ao mesmo tempo num curso de história e buscar, para dirigir esse trabalho, um historiador economista marxista bastante cético diante de minhas orientações sociológicas e literárias) tenham facilitado o necessário distanciamento.[20]

Apesar de ser um ramo forte e próspero, a história da historiografia, subespecialidade encarregada dessa historicização interna dos conceitos históricos, pode, no fim das contas, ser bastante decepcionante no que diz respeito a essa questão. Ela é amplamente afetada por todos os vieses denunciados anteriormente com relação à história literária: sobrevalorização dos grupos, sobretudo dos grupos parisienses em relação às individualidades e às periferias institucionais ou de gênero,[21] fechamento das fronteiras nacionais e não-relação entre os modos de formação dos historiadores e suas práticas ulteriores ou, pelo menos, limitação dessa análise àquilo que a corporação convencionou chamar de "ofício de historiador", que recobre uma ínfima parte do referido ofício, ou seja, do *habitus* no sentido forte do termo, focalização privilegiada sobre a época clássica de emergência dos historiadores de profissão, o século XIX, em particular as fases iniciais da Terceira República; invenção – ainda bastante próxima dos esquemas da história literária – do par clássico/moderno, no caso, "história metódica" (estigmatizada como "história dos acontecimentos") *versus* "história problema", personalizada nas polêmicas Seignobos/Simiand e, mais tarde, Seignobos/Febvre; releitura repisada da querela entre antigos e modernos, aos quais se somam as novas gerações, até a "história em migalhas" ou a "virada linguística" e pós-moderna, época dos

[20] Conferir Charle (2002, 2003b).

[21] Se excetuamos a voga recente dos trabalhos sobre as historiadoras nos Estados Unidos, depois na França, conferir Ernot (2004) ou Smith (1998).

bárbaros ameaçadores contra a tradição que, aqui também, vai nos lembrar dos temas já evocados para os estudos literários. Tudo se passa como se o processo de canonização do novo panteão histórico dos anos 1970 (cujo nome, "nova história", não deixa igualmente de evocar as etiquetas do campo cultural) não estivesse muito distante da academização (no sentido próprio e figurado)[22] das figuras literárias dissidentes do século XIX.

Essas aproximações inquietantes significariam que os próprios historiadores não estariam mais bem armados do que a história literária? Ou significariam que a história pertence afinal ao mesmo campo que as humanidades, e não, como afirmava sua revista emblemática, que ela deveria ser a disciplina de síntese das ciências sociais?

Dois livros escritos por historiadores que pretendem cultivar uma certa reflexividade sobre suas práticas – e criticam, aliás, as teses de Bourdieu a partir de raciocínios diferentes – fornecem argumentos às duas interpretações. Trata-se, por um lado, da obra *Penser avec, penser contre*, de Gérard Noiriel (2003); e, por outro, da síntese *La marche des idées: histoire des intellectuels - histoire intellectuelle*, de François Dosse (2003). Sem entrar no detalhe de suas demonstrações, veem-se em ação procedimentos de enobrecimento teórico baseados num confronto com as disciplinas vizinhas, a filosofia e a história das ideias; ataques às gerações anteriores, no melhor estilo das polêmicas literárias; acusações dos métodos dos historiadores que se aproximam demais das ciências sociais em geral e da sociologia histórica de Bourdieu em particular. Vê-se sobretudo uma incapacidade de distanciar-se dos modos de leitura pura da tradição letrada, conforme atestado no

[22] Ver as eleições de Braudel (1984), de Duby (1987), em seguida as de Furet (1997), de Rémond (1998) ou de Nora (2001) à Académie française; os três últimos se tornando cada vez menos dissidentes com relação à antiga história acadêmica, fenômeno que evoca a entrada na Academia francesa dos discípulos afastados de Mallarmé, Valéry e Claudel.

trabalho de um deles, por uma indulgência, nociva na minha opinião, para com certos impasses do pensamento de Michel Foucault, preservado das críticas por seu grande estilo; vê-se também em Dosse (2003, p. 289) uma reverência por Paul Ricœur,[23] filósofo da história de quem ele se afirma biógrafo e difusor, sem nunca contestar sua interpretação da história como relato. Ora, esta concepção desqualifica qualquer explicação histórica e exclui a história do universo das ciências sociais, trazendo-a de volta ao universo das humanidades tradicionais sob o domínio da filosofia, estranho abandono de si, por parte do historiador, a uma dominação tradicional, quando caberia justamente aos historiadores questionar – como alguns efetivamente o fazem – a prática da história da filosofia ou da história das ciências pelos filósofos.[24]

Não estamos falando, porém, de simples comentaristas de segunda mão. Eles também provam ser, quando o desejam, críticos sem indulgência dos defeitos de seus colegas, e mesmo apreciadores de autoanálises, como indica a magnífica ego-história que encerra o livro de Noiriel. Por que, tanto no caso deles como no de seus predecessores, essa assumida reflexividade encalha nas areias movediças do *habitus* escolástico dos historiadores ou da reverência às disciplinas mais canônicas? Simplesmente porque, ao utilizar os instrumentos costumeiros da história e da historiografia, ou a leitura seletiva de autores que se tornaram emblemáticos por razões não confessadas, eles traem seu projeto crítico inicial, curvando-se aos processos de classificação e de leitura tradicionais, que não fornecem o meio de objetivar a objetivação.

[23] Dosse não é o único a manifestar essa reverência. A Escola de Estudos Avançados em Ciências Sociais (EHESS, na sigla em francês) convidou Paul Ricoeur a pronunciar a 22.ª conferência Marc Bloch em 13 de junho de 2000 para aprender de sua boca o que é a escrita da história. Ver Ricoeur (2000).

[24] Sobre esse ponto, ver Chartier (1995, p. 150-152). Ver também os trabalhos de Bruno Belhoste (2011).

Ambos recusariam – e fazem isso de maneira mais ou menos explícita – essa proposição das *Meditações pascalianas* ou de *As regras da arte*: um deles, em nome de uma abordagem "pragmática"; o outro, da empatia pelas ideias e pelo procedimento hermenêutico. Tanto um quanto o outro veem na sociologia das práticas culturais de Bourdieu um empreendimento de anexação redutora da história.

Poder-se-ia esperar que, enquanto historiador, eu subscrevesse esta declaração de independência, sejam quais forem os conhecidos laços que me ligam ao empreendimento de Bourdieu. Entretanto, não creio ter sido infiel nem à minha comunidade institucional, nem à minha comunidade eletiva, ao recusar a recusa dos autores que acabei de citar. Faço-o em nome de uma história verdadeiramente histórica e sociológica das práticas intelectuais e universitárias, que não foi empreendida nem por Noiriel, nem por Dosse. Do meu ponto de vista, tanto um quanto o outro desconhecem a relação de Pierre Bourdieu com a história e com o método histórico e a reinterpretam nos marcos acanhados da eterna querela Simiand/Seignobos. Duas citações, com dez anos de intervalo, indicam que Bourdieu desejava uma aproximação das duas disciplinas em que nenhuma delas fosse reduzida à outra, em que cada uma delas conservasse sua ambição ou sua originalidade.[25] A primeira, datada de 1995, é tirada de um artigo sobre o qual muito se escreveu na França e na Alemanha:

> Posso dizer que um de meus combates mais constantes, sobretudo com a *Actes de la recherche en sciences sociales*, visa favorecer a emergência de uma ciência social unificada, em que a história seria uma sociologia histórica do passado e a sociologia uma história social do presente. (Bourdieu, 1995, p.111).

[25] Uma exceção a essa subestimação: Wacquant (1995, sobretudo p. 653-657).

A outra se encontra numa comunicação de 1984, num colóquio que organizei sobre *Le personnel de l'enseignement supérieur en France*. Bourdieu resumiu, na ocasião, antes que o livro fosse publicado, os resultados do *Homo academicus* e os princípios metodológicos que utilizara para conduzir sua pesquisa:

> Trabalhei como um historiador por uma decisão metodológica prévia. Eu queria romper com a imagem do sociólogo como revolucionário ou como policial. Utilizei, assim, unicamente fontes escritas e públicas, ainda que frequentemente o acesso a esse "público" não fosse fácil. [...] Minha maneira de proceder se distingue, no entanto, do método dos historiadores. Creio que não se pode compreender o que se passa no campo universitário se não o ressituamos num espaço que se poderia chamar de campo do poder ou de espaço da classe dominante. (Bourdieu, 1985b, p. 177).

As duas citações atestam que as duas abordagens se completam e sua aproximação as enriquece reciprocamente. Pode-se tirar das duas citações toda uma série de consequências sobre os princípios aplicados por Pierre Bourdieu para o estudo dos campos intelectual e universitário. Em primeiro lugar, o método histórico deve ser combinado à sociologia para se obter esse distanciamento crítico prévio de um objeto que implica o cientista que o estuda. Pensar historicamente os universitários e os intelectuais, mais particularmente os historiadores ou os historiadores da literatura, é sair do "isso é evidente" de um universo que pensamos conhecer a partir de dentro. Mas essa crítica inicial não é suficiente, pois levaria apenas a uma genealogia como a que foi reconstituída pelos trabalhos antes mencionados.

Aqui intervém o segundo preceito corretivo que Pierre Bourdieu enuncia nessas citações: a recusa das barreiras disciplinares oficiais. Recusa essa que implica combinar o método histórico com a conceitualização sociológica, utilizando-se da visão dinâmica oriunda de uma abordagem historicizada e relacional para corrigir esta última, que pode levar ao anacronismo e ao imobilismo das estruturas.

Essa perspectiva histórica supõe, portanto, uma crítica tanto do método histórico tradicional quanto da prática dos historiadores comuns, que vai muito além da crítica da história metódica feita pelos *Annales*. À medida que a historiografia se desenvolve, ela se subdivide em subdisciplinas que adotam *grosso modo* os contornos empíricos de seus objetos. Ela permite que lhe sejam impostos, a partir de fora, os princípios de recorte do real histórico, como evidências, e as cissuras históricas lhe são impostas por instituições externas à problemática autônoma do historiador. Em retorno, essas histórias especiais encontram comanditários ou públicos específicos que conservam o interesse em manter intactas essas barreiras, de geração em geração. Esta história internalista serve, assim, para defender o capital simbólico acumulado ao longo das gerações, segundo o modelo das genealogias aristocráticas. Essa normalização heterônoma em relação aos critérios da ciência traduz o que já foi enunciado na citação precedente, a ausência de reflexividade dos historiadores sobre a posição que ocupam no campo do poder, seja no passado de seus objetos ou no presente de suas práticas predefinidas pela estruturação do campo dos estudos históricos.

Esta desconfiança quase atávica da teoria da qual dão testemunho estas categorizações não repensadas, assim como aquelas, análogas, da história literária, deriva também da história das disciplinas e dos processos de formação intelectual próprios a cada tradição historiográfica. Eles criam mal-entendidos, não apenas entre as disciplinas, mas entre os representantes de uma mesma disciplina em dois países diferentes. Assim, o *habitus* escolástico dos historiadores franceses deriva, em parte, de uma formação ligada à geografia (devido aos programas dos concursos de recrutamento e do ensino secundário), enquanto as orientações intelectuais dos historiadores alemães são muito mais ecléticas porque eles podem escolher como disciplina anexa, durante seus estudos, a filosofia, a sociologia, o direito ou a economia, que lhes fornecem predisposições muito diferentes para suas relações ao real e à teoria. Esses processos remetem, por um lado, à forte conexão entre a história universitária e a história ensinada no liceu; por outro, à autonomia da história científica, o que não impede sua dependência política da antiga função das universidades alemãs no dispositivo de defesa e ilustração de um Estado nacional de formação tardia. É preciso observar, aliás, ao contrário, que essa cegueira à importância do espaço ligada à falta de formação geográfica teve também efeitos nocivos sobre a historiografia alemã quanto à sua capacidade de abordar certas questões.

A aplicação desta perspectiva comparativa, transdisciplinar, genética e estrutural implica, portanto, uma ruptura com uma outra prática habitual dos trabalhos anteriores, a separação entre períodos históricos delimitados e objetos singulares e a não cumulatividade das pesquisas. Essa transgressão talvez seja a mais difícil de todas, pois todos os dispositivos institucionais militam no sentido de práticas inversas: modos de avaliação individualizados na época da seleção universitária e durante toda a carreira, princípio de distinção crescente para a obtenção de um cargo ou de uma posição no campo disciplinar e, mais amplamente, universitário; avaliação autorreferencial dos trabalhos com base no cânone herdado do *habitus* dominante; preponderância crescente das atas de colóquio e dos livros de síntese de encomenda sobre os artigos originais e as monografias problematizadas dentro da produção historiográfica, o que dilui a discussão crítica. A cissiparidade contínua dos subcampos disciplinares, sob o efeito da pressão demográfica, reduz ainda mais os eventuais espaços de debate geral. A preponderância do contexto nacional, e mesmo local, sobre a abordagem transnacional ou globalizadora se deve igualmente às razões da economia do reconhecimento que se exerce principalmente em função do quadro linguístico de difusão dos trabalhos, cada vez menos traduzidos, exceto para as questões "quentes" ou que estão na moda dentro do polo acadêmico anglo-saxão dominante.

Assim, no fim das contas, o projeto de crítica do *habitus* disciplinar é possível tanto a partir de uma disciplina vizinha quanto a partir de sua própria disciplina. No entanto, o principal obstáculo para um efeito social real sobre esse empreendimento é a resistência do campo de produção e de avaliação dos trabalhos próprios à disciplina, na medida em que ele se encontra nas mãos daqueles cujo interesse coincide com sua perpetuação de maneira idêntica.

3 O campo universitário e os intelectuais: a contribuição transdisciplinar de Pierre Bourdieu[1]

Resumir a contribuição de Pierre Bourdieu para o estudo do campo universitário e dos intelectuais, reconstituindo-a no desenvolvimento dos trabalhos franceses contemporâneos, supõe escolhas. Na verdade, é tal a multiplicidade de artigos, livros e intervenções de toda natureza do autor de *Homo academicus* que a reconstituição de seu pensamento torna-se bastante delicada. Ainda que se empreendesse um trabalho sistemático, seu resultado só poderia ser insatisfatório e trairia, na realidade, o próprio fundamento da perspectiva teórica de Bourdieu. Na verdade, isso seria cair naquilo que ele mesmo denunciara como postura escolástica, através da qual se faz da ciência que é feita e está sujeita a revisão permanente um *corpus* erudito e fixo, objeto de glosas e exegeses:

> Meu trabalho é uma eterna retomada, uma retomada sem fim. Há algo de enganador nos textos acabados, definitivos ou até mesmo "hiperconcluídos", se assim posso dizer, como *La reproduction* (refiro-me à sua primeira parte), onde tudo é feito para eliminar todos os traços de hesitação, de emendas, numa palavra, de rascunho. (Bourdieu; Delsaut, 2002, p. 193).

[1] Texto publicado anteriormente – com o título "O contributo transdisciplinar de Pierre Bordieu para o estudo do campo universitário e dos intelectuais" – no número 9/10 da revista *Forum Sociológico.*

Da mesma maneira, isolar essa temática do resto de sua obra é problemático em si, pois uma de suas contribuições é sempre pensar de forma crítica a própria escolha do objeto e refletir sobre a relação que o historiador ou o sociólogo mantêm com ele. Um intelectual ou um universitário e, *a fortiori*, um intelectual universitário ou ainda um universitário que se pretende um "intelectual", no sentido que essa palavra tomou quando do caso Dreyfus, tem uma relação original com seu objeto quando estuda os intelectuais ou o campo universitário, na medida em que, queira ele ou não, ele mesmo está aí incluído. Essa é precisamente, como sabemos, a questão preliminar implícita no primeiro capítulo do *Homo academicus*, intitulado "Un livre à brûler?" [Um livro para queimar?].

Para evitar essa armadilha, que explica por que a literatura sobre os intelectuais ou o campo universitário oscila constantemente entre dois gêneros, o ensaio denunciador ou a apologética complacente, que informam mais sobre o estado moral e a posição dos intelectuais e dos universitários numa dada sociedade do que sobre aquilo que eles se propõem oficialmente a tratar, Pierre Bourdieu efetuou uma série de desvios paradoxais e inventou uma série de conceitos ou de regras de método. Deter-me-ei aqui em três deles, por tê-los particularmente praticado em minhas pesquisas históricas:

1) a utilização da história e do método histórico, aspecto que os comentadores de Bourdieu esquecem com frequência, na medida em que são habitualmente recrutados entre os filósofos e os sociólogos, que, literalmente, não veem esse empréstimo;
2) a comparação intraeuropeia, principalmente com a Alemanha ou, em seus trabalhos mais tardios, com o mundo anglo-saxão;
3) o vínculo orgânico entre o estudo do campo intelectual e o estudo do campo do poder e suas respectivas implicações críticas e políticas.

História, método histórico e sociologia dos intelectuais e do campo universitário

A relação pouco conhecida de Pierre Bourdieu com a história e o método histórico já foi explicada no capítulo precedente mediante duas citações – uma de 1984, outra de 1995 – que atestam a continuidade de seu pensamento.[2] As duas citações permitem extrair uma série de consequências sobre os princípios utilizados por Pierre Bourdieu para a compreensão dos campos intelectual e universitário. Em primeiro lugar, o método histórico deve ser combinado à sociologia para se obter esse prévio distanciamento crítico em relação a um objeto que envolve o pesquisador que o estuda. Pensar historicamente os universitários e os intelectuais é sair da percepção "evidente" de um universo que conhecemos a partir de dentro. Mas essa crítica inicial não é suficiente. Ela resultaria apenas numa genealogia como a que os ensaios clássicos sobre os intelectuais, de Julien Benda a Régis Debray, reconstituíram de maneira aproximada, cujo brio pouco consegue mascarar os complacentes erros históricos e a teleologia interessada. Na verdade, eles apenas constroem uma história descritiva que desemboca numa apologética dissimulada das figuras do intelectual ou do universitário, em função das quais eles se situam, para seu regozijo ou sua infelicidade, para denunciar – ou incensar – outras figuras.

Aqui intervém o segundo preceito corretivo que Pierre Bourdieu enuncia nessas citações: a recusa das barreiras disciplinares oficiais. Essa abdicação implica combinar o método histórico com os conceitos sociológicos, corrigindo estes últimos pela visão dinâmica inerente a uma abordagem historicizada (todo campo é um campo de lutas inscritas no tempo) e relacional (cada campo tem apenas uma autonomia

[2] Ver tais citações nas páginas 79 e 80.

relativa, autonomia essa que se relaciona aos efeitos de sua posição em relação a outros campos, sobretudo o campo do poder).

Essa perspectiva histórica implica, portanto, uma crítica tanto ao método histórico tradicional quanto à prática dos historiadores comuns. À medida que a historiografia se desenvolve, ela se divide em subdisciplinas que abraçam *grosso modo* os contornos empíricos de seus objetos. Ela permite então que lhe sejam impostos, a partir de fora, os princípios de recorte do real histórico como se eles fossem evidentes. Temos, assim, uma história diplomática porque existe um *corpus* de fontes diplomáticas produzidas pelas burocracias das relações internacionais; uma história religiosa porque as instituições religiosas deixam abundantes registros escritos; ou uma história das universidades e dos intelectuais, pelas mesmas razões.

Pierre Bourdieu lamentava que a maior parte dos historiadores, sobretudo os franceses, se caracterizasse por uma desconfiança quase atávica da teoria. Para ele, essa recusa decorria da história das disciplinas e dos processos de formação intelectual específicos a cada tradição historiográfica. Esses processos criam mal-entendidos, não apenas entre as disciplinas, mas entre os representantes de uma mesma disciplina de dois países diferentes.

Inúmeros historiadores tinham uma certa dificuldade em entender a crítica que Pierre Bourdieu, esse apaixonado pela história crítica, fazia-lhes "para seu bem". Eles terminavam adotando diante dela as duas linhas de defesa que Seignobos definira perante Simiand, há mais de um século (1903): a especificidade e as lacunas das fontes, que raramente respondem às questões que o sociólogo coloca *a priori*, e o risco de anacronismo gerado pela aplicação de conceitos posteriores à época estudada. Respostas inadequadas e estereotipadas para um empreendimento sociológico como o de Bourdieu, obcecado pela ligação entre teoria e prática da pesquisa, preocupado com a historicização das categorias de análise, o que ele (1995, p.115)chamava, com bom humor, "considerar os conceitos com pinças históricas".

Tal necessidade faz-se particularmente sentir na apreensão do objeto que escolhemos aqui: se podemos identificar certas realidades trans-históricas denominadas "intelectuais" ou "universitários", não temos o direito de transformá-las em conceitos-chaves que resultem numa subestimação tão grave quanto aquela a que conduz o empirismo e a empatia da história ou da sociologia empírica. É importante efetuar uma genealogia estrutural dessas noções a partir de um estado comparativo dos campos lexicais e sociais nos quais elas são produzidas e evoluem. O subtítulo de *As regras da arte: gênese e estrutura do campo literário* insiste precisamente nisso. Cada estado do campo literário (e daquilo que é concebido numa certa época como sendo "literário") depende de sua história anterior (e, portanto, de suas estruturas já estabelecidas), mas também da dinâmica em curso, produzida pelas lutas simbólicas entre os ocupantes das diversas posições do campo num dado momento, que permitem confirmá-lo ou contestá-lo. Essa análise é ainda mais acurada para o campo universitário e as universidades, cujo tempo de evolução e de reação ao que está interna e externamente em jogo é muito mais lento do que o da literatura, que depende muito mais, em diferentes graus, de um público externo, de um mercado editorial e de uma abertura internacional.

Essa perspectiva genética e estrutural implica, então, além da mobilização das contribuições de várias disciplinas (história, história literária, história da arte, história do ensino, sociologia do gosto etc.), a necessidade de escolher momentos críticos, momentos privilegiados em que se enfrentam as ortodoxias e as heterodoxias em luta, quando as relações de força vacilam e têm que mobilizar todos os seus recursos simbólicos para defender a ordem provisoriamente dominante ou modificá-la de maneira durável. Eis por que as primeiras pesquisas que culminaram na redação de *As regras da arte* se centraram no período em torno de 1848, quando se defrontavam, na França, três concepções do escritor e do artista: o romantismo social engajado, a arte pela arte, o escritor ou o artista burguês orientado para o mercado.[3] Por essa mesma razão, os trabalhos de Pierre Bourdieu (1984, cap. 5) sobre o campo universitário francês privilegiaram o momento crítico de 1967-1968, cujo estudo permitia compreender simultaneamente a crise subsequente e as tomadas de posição dos diversos grupos universitários diante dela. Em meus trabalhos paralelos sobre tais temas, escolhi momentos críticos análogos. *La crise littéraire à l'époque du naturalisme* e *Naissance des "intellectuels"* analisam a década de 1890, em que equilíbrio parcial produzido pela resolução da crise anterior, de 1848, examinada por Bourdieu num artigo intitulado "L'invention de la vie d'artiste", foi por sua vez abalado por quatro mudanças principais:

1) A expansão da imprensa periódica de massa e da edição popular (que alterou o *status* do romance em relação aos demais gêneros).
2) A diferenciação do campo literário em três setores (polo acadêmico, setor intermediário, vanguarda), e não mais apenas em dois (esfera de produção restrita e esfera de produção ampla). Essa complexificação abre novas perspectivas de carreira e de jogo duplo aos recém-chegados ao campo, pela multiplicação das instâncias intermediárias: revistas, jornais literários, crônicas, associações, conferências etc. Foi o que chamei "o tempo dos homens duplos" (Charle, 1992a).
3) A modificação das relações entre o campo literário e o campo do poder, fruto do advento durável da democracia parlamentar, em que a profissionalização

[3] Conferir Bourdieu (1971a).

da política vai mudar a maneira de equacionar os problemas do engajamento. Ela conduz à emergência da nova figura do "intelectual" *dreyfusard*, que pretende fazer política fora dos marcos políticos tradicionais.

4) Por fim, a modificação do *status* do homem de letras, consecutiva às transformações paralelas do campo universitário.[4]

A aplicação dessa perspectiva transdisciplinar, genética e estrutural implica assim uma ruptura com outra prática habitual dos trabalhos anteriores, a separação dos períodos históricos delimitados e objetos singulares e a não-cumulatividade das pesquisas. Os especialistas em Flaubert ou Baudelaire sempre terão algo a contrapor às minúcias das interpretações de Bourdieu em *As regras da arte*; os de Manet levantarão, sem dúvida, inúmeras objeções minuciosas depois que o curso no Collège de France for enfim publicado na íntegra. Não resta dúvida de que cada escritor ou cada artista de primeiro plano tornou-se, por si só, um "mundo", ou um subcampo intelectual, com suas dezenas ou centenas de especialistas dispersados pelo mundo, produzindo edições críticas, artigos e conferências em seminários, colóquios e congressos, publicados em revistas ou boletins especializados (por vezes concorrentes), que o historiador ou o sociólogo ordinário, por definição, jamais poderá esgotar, a menos que ingresse nesses circuitos – renunciando ao ponto de vista externo e relacional sobre o fetiche assim santificado. No entanto, armado dos princípios precedentes, o historiador ou o sociólogo dos intelectuais, dos escritores ou dos universitários pode descobrir, nessa montanha de erudição, com frequência repetitiva, as provas empíricas de validade desse ou daquele esquema global. Bourdieu (1992b, p. 57) demonstra justamente isso valendo-se da

[4] Ver Charle (1979, 1990b, 1994a) e inúmeros artigos anteriores, frequentemente discutidos com Pierre Bourdieu quando de sua publicação nas *Actes de la recherche en sciences sociales* ou da apresentação em seus seminários.

interpretação sociológica dos cadernos de Flaubert (publicados por Marie-Jeanne Durry) que encerram o "Prólogo" de *As regras da arte*. Ele encontrou neles os princípios geradores dos esquemas mentais e sociais em atividade, e ao mesmo tempo ocultos, quando a escrita operou sua transposição ao estado final.

Tal procedimento visa suprimir a fronteira existente nos estudos literários entre análises formalistas e análises históricas, monografias e estudos de correntes, história literária e história *tout court* etc. Tentei produzir, paralelamente, um trabalho similar a respeito de um romance singular de Zola, *L'Argent*, no qual se pode identificar um esquema estrutural parcialmente herdado do Flaubert de *A educação sentimental*, mas transformado em função das mutações do campo literário durante os trinta anos que os separam, como antes evocamos rapidamente. Pude constatar que o distanciamento irônico flaubertiano, necessário para marcar a divisão de ponto de vista entre o autor e seu herói, apesar da dimensão autobiográfica do romance, é substituído em Zola por um desdobramento dos personagens centrais. Esse desdobramento permite uma visão contraditória sobre as diversas facetas do mundo explorado, permitindo que o romancista conserve assim sua posição de preeminência, apesar de propor teses antagônicas sobre o mundo social, como as que se opõem no espaço público (Charle, 2003b). Os trabalhos de Anne-Marie Thiesse sobre os romancistas populares, de Anna Boschetti sobre Sartre e Apollinaire, de Anne Simonin sobre a Les Éditions de Minuit, de Gisèle Sapiro sobre os escritores nos anos 1930 e durante a ocupação, e sobre a responsabilidade dos escritores nos séculos XIX e XX, inspirados pelas mesmas orientações, demonstram a possibilidade de cumulatividade e transposição, *mutatis mutandis*, desses métodos e conceitos. Consideradas em seu conjunto, essas pesquisas nos propõem uma verdadeira sociologia histórica do campo literário dos séculos XIX e XX, que não separa a trajetória dos autores do estudo das obras e de sua recepção, ressituando-os simultaneamente numa história social do poder simbólico, uma vez que, há muito, na França, escritores e poder sempre foram cúmplices.[5]

A comparação intraeuropeia

Certas críticas feitas às teorias de Pierre Bourdieu sustentam que, por serem baseadas em pesquisas empíricas ligadas sobretudo à França, as análises do campo literário e do campo universitário que ele propunha não podiam dar conta de outros casos nacionais, cujas histórias e estruturas eram bastante diferentes. Na verdade, a primeira crítica desconhece as bases comparativas a partir das quais Bourdieu elaborou seus conceitos e seu método. Um dos esquemas originais que permitiram que o autor de *A distinção* construísse sua análise do campo intelectual é sua leitura crítica da teoria da sociologia da religião de Max Weber, elaborada a partir de um trabalho comparativo sobre as principais religiões do mundo (Bourdieu, 1971b, 1971c). Essa genealogia teórica, cujo detalhamento seria necessário retraçar em detalhe, é também uma genealogia histórica, pois as principais figuras de intelectuais na Europa, da Idade Média até os dias de hoje, se construíram a partir da secularização progressiva de figuras do campo religioso. A mesma observação é válida para o campo universitário, dada a filiação das universidades às instituições religiosas (Charle; Verger, 2012). Em segundo lugar, em *Homo academicus*, Pierre Bourdieu elaborou seu esquema de análise do campo universitário parisiense dos anos 1960 confrontando-o com as análises sobre o "conflito de faculdades" definido por Kant na obra epônima baseada no exemplo germânico. Por último, Pierre Bourdieu arriscou-se

---

[5] Conferir Thiesse (2000), Boschetti (1985, 2001), Sapiro (1999, 2011), Simonin (1994), Olivera (2001) e Wilfert (2003).

igualmente a aplicar seu modelo a alguns casos estrangeiros: assim, no artigo sobre Heidegger publicado em 1975, retomado na forma de livro em 1988, ele pôs em relação a filosofia implícita de Heidegger e a crise do campo universitário alemão, ligada à crise social alemã da época de Weimar, apoiando-se na obra clássica de Fritz K. Ringer (1969), *The decline of the German mandarins*. Em 1988, ele publicou igualmente numa revista suíça um esboço de estudo do campo literário belga.[6] No ano seguinte, propôs uma análise teórica das "condições sociais da circulação internacional das ideias", numa conferência pronunciada em Friburgo em 30 de outubro de 1989, publicada em 1990 na Alemanha e republicada na França na *Actes de la recherche en sciences sociales*.[7] Em várias ocasiões, Bourdieu (1992a) comparou a situação dos universitários, dos intelectuais e dos sociólogos franceses e americanos, referindo-se aos dois países como "dois imperialismos do universal".[8] Na revista *Liber*, seja através de seus próprios artigos ou dos números temáticos propostos a intelectuais europeus (sobretudo a série sobre os intelectuais em diversos países), ele também contribuiu para essa ampliação comparativa do estudo dos intelectuais e do campo universitário.

Por ter eu mesmo experimentado os procedimentos e os conceitos de Pierre Bourdieu numa perspectiva comparativa, em quatro livros consagrados a esses assuntos (Charle, 1994a, 1998, 2001b, 2008c), creio que as acusações de francocentrismo que certos teóricos alemães ou anglo-saxões hostis a essa sociologia fizeram contra ela foram invalidados pelos inúmeros trabalhos franceses ou estrangeiros que se inspiraram nesse modelo.

Com efeito, os conceitos tomados a Pierre Bourdieu permitem, na verdade, pensar tanto certas regras invariantes que

[6] Ver Bourdieu (1985a, 1988).

[7] Ver Bourdieu (1990, 2002).

[8] Ver também Bourdieu e Wacquant (1992, p. 151-152).

organizam os diferentes campos literários ou universitários, nacionais ou infranacionais (por exemplo, a presença universal das hierarquias entre gêneros, entre faculdades, entre disciplinas etc.), quanto a recomposição permanente dessas hierarquias no momento em que emergem novas disciplinas, novas correntes ou novos grupos de intelectuais.

Se é verdade que as ciências sociais são introduzidas mais ou menos na mesma época nos vários campos universitários europeus, elas geram modos de institucionalização, de rejeição ou de relegação muito diferentes segundo as formas de organização anteriores e segundo a origem disciplinar ou social dos representantes dessas novas ciências. Assim, na França, a sociologia vai surgir nas faculdades de letras e a economia, nas faculdades de direito; já na Alemanha, a sociologia encontra-se frequentemente ligada à economia e à faculdade de direito. Essas conexões induzem, por sua vez, públicos e práticas de pesquisa divergentes e posições institucionais e simbólicas de intensidade desigual.

A comparação permite ainda determinar o grau variável de autonomia dos intelectuais, não apenas em função da história das relações entre esses campos e o campo do poder e/ou o campo religioso, ou, mais recentemente, o campo do poder econômico e mediático. Ela evidencia também (e sobretudo) que esses diferentes espaços simbólicos se comunicam há muito tempo na escala europeia, ou até mesmo mais amplamente hoje em dia, e as diversas variantes nacionais ou infranacionais participam igualmente de uma luta de concorrência que condiciona as relações internacionais e intranacionais desses campos e, numa escala individual, dos intelectuais e dos universitários na Europa. As relações de dominação que se desenvolvem no interior de um dado espaço linguístico ou intelectual são de fato reencontradas entre campos literários específicos, como demonstrou Pascale Casanova (1999) em *La République mondiale des lettres.*[9] Elas passam da Itália, dominante na Renascença enquanto herdeira direta da cultura clássica, à França, dominante do século XVII ao século XVIII, quando a língua e a literatura são postas a serviço do poder real e da glória nacional, antes da aparição, ao longo do século XIX, de um "*condominium* conflituoso franco-britânico", para retomar a expressão de Blaise Wilfert (2002, 2003), devido à expansão demográfica da língua inglesa no mundo, a qual criou um mercado de massa para os romances, novo gênero dominante, sobre o pano de fundo da contestação das novas nações emergentes, como Alemanha, Rússia, Estados Unidos etc., que tentavam, como seus predecessores, afirmar sua identidade por intermédio da literatura (Charle; Vincent; Winter, 2007).

Tais hierarquias ou antagonismos não se devem apenas às relações de dominação política (por exemplo, entre grandes e pequenas nações) ou à retomada das rivalidades diplomáticas (França/Alemanha, por exemplo) de uma dada época. Eles também remetem ao papel variável do campo literário e da literatura na construção das identidades nacionais, ao grau de unificação, linguística ou não, de um dado espaço que confere à língua nacional (ou àquela que aspira a esse *status*) – e, portanto, aos profissionais que a utilizam – uma função simbólica e política, seja ela eminente ou não. Elas resultam também das relações variáveis entre o campo universitário e o campo literário e de sua hierarquia relativa nas diversas partes da Europa.

Deve-se, no entanto, reconhecer que o modelo parisiense (ou seja, francês) de centralização e de proximidade dos diferentes campos literário, universitário, mediático, político etc., é um caso limite, que se encontra apenas em algumas nações recentes.[10] Tanto Pierre Bourdieu como a maioria dos

---

[9] Livro originado de uma tese defendida sob a direção de Pierre Bourdieu na Escola de Estudos Avançados em Ciências Sociais (EHESS, na sigla em francês) em 1997.

[10] Conferir Charle e Roche (2002a) e Charle (2009d).

intelectuais franceses são produto direto desse modelo, que provavelmente inspirou ao autor de *Razões práticas* certas intuições sobre as inter-relações entre esses espaços sociais dominantes, na medida em que eles são mais visíveis na França do que em outros lugares. Mas não devemos esquecer que, em razão de sua dupla formação de filósofo (que implica, dentro do sistema universitário francês dos anos 1950, uma educação fortemente impregnada pelos pensadores alemães e pela filosofia grega antiga) e de antropólogo de campo (formação que supõe a confrontação com a alteridade radical diante desses modelos culturais urbanos e elitistas, seja a das populações rurais de seu Bearne natal ou da Argélia em guerra), Bourdieu elaborou seu pensamento com base em pesquisas realizadas em áreas extraordinariamente heterogêneas (o campesinato, a fotografia, os museus, a literatura, a filosofia, a moda, as *grandes écoles*, os estudantes, o ensino etc.), o que o levou a praticar permanentemente a transferência comparativa e a flexibilidade permanente dos esquemas muito rígidos (razão do retorno constante do termo "prática" aos títulos de vários de seus livros).

Campo intelectual e campo do poder

Se Pierre Bourdieu foi confrontado com a comparação sobre esses objetos singulares (e particularmente difíceis de comparar) que são os campos literário e universitário ou os intelectuais, isso não se deve apenas à crescente repercussão de sua obra no mundo inteiro ou a seu engajamento em empreendimentos intelectuais ou coletivos em âmbito internacional. Foi sobretudo porque ele sempre permaneceu fiel à concepção clássica do intelectual francês, do caso Dreyfus à ambição universalista. Ele comentou isso em várias ocasiões, sobretudo no *post-scriptum* de *As regras da arte*, intitulado "Por um corporativismo do universal". Além do engajamento político e social que acompanhou essa tomada de posição, o qual transcende meu objetivo, a ligação entre uma obra de teoria centrada no século XIX e este texto deliberadamente voltado para o presente e o futuro mostra que, para ele, a sociologia histórica dos intelectuais e do campo universitário preenche tanto uma função de conhecimento quanto uma função prática. A análise compreensiva das figuras precedentes dos intelectuais e dos universitários, na França ou em outro lugar, e o estudo comparado dos conflitos e das lutas de outras conjunturas históricas fornecem um repertório de ação e um instrumento de análise para outras situações históricas presentes ou futuras. Só podemos compreender a especificidade das crises universitárias francesas e a dificuldade recorrente de sua resolução se as relacionarmos a dois fenômenos descritos, com suas variantes, em *Homo academicus* e em meus dois livros, *Naissance des "intellectuels"* e *La République des universitaires*.

O conflito de faculdades na França assume um aspecto particular porque, desde que as universidades foram abolidas, em 1793, por um decreto da Convenção [Convenção Nacional, período em que os jacobinos assumiram o comando da Revolução Francesa], o campo do poder foi sempre o árbitro supremo das lutas intrauniversitárias, fenômeno que não se encontra com essa intensidade em lugar nenhum, exceto talvez na Rússia, na China, na América Latina ou na Espanha, onde a autonomia do campo universitário é igualmente restrita. Eis porque, tanto por ocasião das reformas republicanas, na época do caso Dreyfus, quanto durante a crise dos anos 1930 ou em 1968, os conflitos internos entre faculdades dominantes e faculdades dominadas, entre disciplinas um pouco mais autônomas ou um pouco mais heterônomas, e igualmente entre gerações, foram retraduzidos em função dos conflitos do campo político global. Em consequência disso, foram as lutas do campo do poder que decidiram as lutas internas do campo universitário. Eis também porque é impossível aplicar à França um esquema unificado de funcionamento análogo ao de outros países, pois cada processo de reforma arbitrado pelo poder conduz a uma crescente heterogeneidade do campo universitário, a qual, por sua vez, gera novas divisões entre categorias de universitários e, portanto, de novas lutas ulteriores que o poder deve arbitrar.

Essa forte ligação entre os campos literário e universitário e o campo do poder, proposta teórica central dos trabalhos de Pierre Bourdieu, é um produto da especificidade francesa. Muitos trabalhos estrangeiros têm certa dificuldade em considerá-la porque a ligam justamente às especificidades francesas. No entanto, *Fields of knowledge*, o livro de Fritz K. Ringer (1992) que tenta uma comparação franco-germânica e se inspira no método de Pierre Bourdieu, a primeira parte da *République des universitaires*, em que comparo os professores das universidades de Paris e de Berlim, os trabalhos de Sérgio Miceli (1981) sobre as elites brasileiras e o número de *Actes de la recherche en sciences sociales* intitulado "*Entreprises académiques*", editado por Gingras, Poupeau e por mim mesmo (2003), demonstram amplamente a possibilidade de generalização dessa perspectiva a outros campos universitários nacionais. Os campos universitários, que podiam, até então, alimentar ilusões quanto à sua autonomia em relação ao político, veem-se cada vez mais confrontados com a necessidade de elaborar políticas universitárias transversais, na medida em que as políticas neoliberais os envolvem numa concorrência internacional e numa negociação permanente com as instâncias políticas ou econômicas externas, enquanto parceiras de financiamentos pontuais. Isso supõe que as disciplinas e as especialidades devem lutar pelo controle da representação diante do exterior, que se torna uma questão de poder cada vez mais decisiva, transformando cada instituição universitária num espaço político em miniatura onde se encontram, em nível mais restrito, as grandes clivagens externas entre o campo universitário e o campo do poder global.[11]

Tais análises são políticas igualmente num segundo nível, na medida em que fornecem armas morais e críticas para as lutas atuais. Armas morais contra o desânimo diante de evoluções que parecem desfazer o que dois séculos de lutas intelectuais desde o *Aufklärung* (Iluminismo) construíram paulatinamente. Armas críticas contra as tentações já experimentadas e os impasses já trilhados pelos intelectuais ou pelos universitários de ontem, na França ou em outros lugares.

As implicações práticas dessas escolhas teóricas nem sempre são bem recebidas ou compreendidas, precisamente porque, desde o limiar do século XX, tanto no espaço germânico quanto no inglês ou no americano, impôs-se de maneira dominante uma separação absoluta do que Bourdieu (2001a) designa como *scholarship* e *commitment*. Mesmo na França, onde a tradição do engajamento universitário é menos estigmatizada, como mostrei com relação à Terceira República, trata-se de uma atitude minoritária e bastante variável segundo as conjunturas (Charle, 1994a, cap. 9). Hoje em dia, quando as condições sociais de expressão dos intelectuais e dos universitários foram alteradas pelas mutações da esfera midiática (predominância das mídias eletrônicas sobre a mídia em papel), pela crescente diferenciação das categorias intelectuais e das instituições universitárias, pela confusão das fronteiras disciplinares e pela diversificação das formas de poder simbólico, as condições e os objetivos da mobilização tendem mais a uma volta à torre de marfim do que a uma adaptação dos modelos antigos ao presente.

No entanto, em relação ao discurso neoliberal e neoconservador do início dos anos 1990, que anunciava o pretenso fim da história e dos intelectuais críticos, assiste-se hoje ao desenvolvimento de novas forças de contestação, mais ou menos

[11] Ver Charle e Verger (2012) e Rüegg (2004-2011).

ligadas aos intelectuais e às contribuições das ciências sociais. Na esteira das inúmeras intervenções de Pierre Bourdieu, essas forças ao mesmo tempo desenvolvem um discurso crítico alternativo sobre o mundo social e constroem redes e contrapoderes ante a mídia dominante ligados a poderes multinacionais incontroláveis pelos procedimentos políticos clássicos.

O perigo contra o qual nos alertam os trabalhos de sociologia histórica dos intelectuais e dos movimentos de mobilização anteriores seria recairmos num romantismo social ou utópico, como o que adotavam os intelectuais de 1848, cujo fracasso alimentou o ceticismo desencantado do autor favorito de Bourdieu, Flaubert. Como Bourdieu disse ou escreveu tantas vezes, é preciso se contentar com uma "*Realpolitik* da razão" e reinventar o intelectual coletivo — aposta difícil, com frequência abortada (Bourdieu; Wacquant, 1992, sobretudo p.164).

Compreender histórica e sociologicamente nosso universo social enquanto universitários e intelectuais é, portanto, outra maneira de cumprirmos a vocação e a profissão de cientista, de não nos sujeitarmos às suas leis herdadas e obsoletas (em nome da "tradição"), de não nos deixarmos encerrar em limites convencionais e rotineiros (em nome da "disciplina", termo cujo duplo sentido é bastante inquietante), de não deixarmos que ditem nossas tarefas e nossos objetivos (em nome da pretensa "modernidade" ou "reforma"), em suma, de exercermos plenamente nossas capacidades de conquista e de autonomia, o que não tem nada ver com o sentido que o discurso neoliberal dominante empresta a esse termo, quer dizer, a luta de todos contra todos. Essa foi a última mensagem do derradeiro curso de Pierre Bourdieu (2001b), *Science de la science et réflexivité*.[12]

[12] Ver também Schorske (1995).

4 Sociologia e história: o desafio do teatro[1]

No momento em que a sociologia nasce na Europa, nos anos 1880-1890, o teatro atinge seu apogeu enquanto diversão coletiva. Pode-se assim perguntar por que essa atividade eminentemente social não figura como deveria nas rubricas de *L'Année sociologique* e constatar que os pais da sociologia teceram poucas considerações sobre esse tema. Os autores das ciências sociais que o evocaram são antes oriundos de correntes heterodoxas, cuja influência a longo termo foi bastante pequena: Gabriel Tarde (1989), Georg Simmel (2001), Georges Gurvitch (1956) e Jean Duvignaud (1965a, 1965b, 1970).[2]

Um objeto negligenciado pelas duas disciplinas

Tampouco se pode dizer que, até data recente, os historiadores se tenham interessado muito por esse tema, sobretudo se consideramos os especialistas da época moderna e contemporânea. É difícil imaginar Lucien Febvre, Marc Bloch, Fernand Braudel, Ernest Labrousse ou Albert Soboul elaborando ou apresentando trabalhos sobre a sociedade teatral, ainda que a corrente inspirada por essa forma de história

[1] Exposição inédita apresentada na jornada de estudos Histoire, Sociologie, Sociologie, Histoire, realizada na Maison Suger (Paris), em 30 de março de 2007, e organizada por Christian Topalov.

[2] Ver Duvignaud e Faye (1966); para um balanço, ver Helbo et al. (1987, p.77-90). Podem-se ainda encontrar elementos de sociologia do teatro em Norbert Elias (1974) e em Elias e Dunning (1994).

considerasse lícita a evocação de práticas culturais muito mais frágeis ou de acesso mais difícil: literatura de divulgação, análise de ex-votos, relação ao corpo e às aparências, rituais coletivos. Diante dessa constatação de carência, poder-se-ia objetar que os ramos especializados de outras disciplinas já se dedicavam a elas e não seria necessário que os historiadores duplicassem esses esforços: o próprio pai fundador da história literária, Gustave Lanson (1887), consagrou sua tese de doutorado em letras a *Nivelle de la Chaussée et la comédie larmoyante au XVIIIe siècle*. Lembremos que a controvérsia entre Raymond Picard e Roland Barthes sobre a nova crítica se inflamou a respeito de Jean Racine, autor que forneceu um novo ponto de partida para a tentativa de Alain Viala (1985) de aplicar a sociologia da literatura à época clássica.[3] A atualização da literatura dita "barroca" apoiou-se bastante na releitura de diversas obras teatrais esquecidas pela tradição clássica, sobretudo as primeiras peças de Corneille, há muito relegadas ao esquecimento como não conformes aos cânones do classicismo tal como eles eram definidos pela instituição escolar. Algumas obras de história literária, citadas até hoje, ensaiaram uma sociologia do público dos teatros nos séculos XVII e XVIII[4] e Anne Ubersfeld (1974, 1993) tentou propor leituras socio-críticas de Victor Hugo e do drama romântico, na grande época do estruturalismo e dos primeiros passos da sociologia literária.

A história do teatro e a disciplina que se chama na França de estudos teatrais, na Alemanha de *Theaterwissenschaft*, nos países de língua inglesa de *cultural studies* ou *performing art studies* se interessam muito mais pelas obras, pelos autores, pela cenografia e pela encenação do que pela sociedade do espetáculo em seu sentido mais amplo, que deveria idealmente incluir uma história social dos atores, dos autores, dos animadores de cena

---

[3] Ver Cronk e Viala (2005).

[4] Ver Mélèse (1934) e Lagrave (1972).

e dos públicos.[5] Os estudos seriais do conteúdo dos repertórios que são propostos se restringem a uma análise temática bastante pobre e se referem a uma teoria mais ou menos implícita do reflexo, que implica que as obras escolhidas correspondem às expectativas dos espectadores ou, quando fracassam, devem-no ao seu vanguardismo, a seu não-conformismo ou ao descompasso em relação a essas expectativas e às convenções literárias e sociais. Ao consultar a bibliografia sobre esses trabalhos, ficamos igualmente impressionados pelo lugar que ocupam certos autores ou certas obras, lugar esse inversamente proporcional ao impacto real que têm no espaço social de sua época. Alfred Jarry e o Pai Ubu suscitaram incomparavelmente muito mais estudos do que os autores e as peças de teatro realmente aprovadas, na época, pelos palcos franceses e que foram, sem maiores delongas, rejeitadas pelos estudos teatrais como "comerciais" ou conformistas, mesmo quando introduziam certas formas de inovação, embora não aquelas reconhecidas pelo gosto intelectual produzido pela vanguarda teatral. Alguns autores de sucesso são salvos do opróbrio da posteridade sempre a partir de uma releitura amplamente anacrônica e vanguardista que, no fundo, trai a dinâmica de sua repercussão na época inicial. Os autores que se prestam a esse desvio intelectualista são antes os autores cômicos, cuja vontade de provocar o riso é sublimada no sentido da derrisão e da ironia flaubertianas, que ultrapassam sem dúvida suas inocentes intenções engraçadas, rumo a um distanciamento da ordem simbólica estabelecida.[6]

Diante das lacunas da sociologia e dessas distorções dos estudos literários, o historiador vê abrir-se um espaço de estudo

---

[5] O público é substituído pelo "espectador" a fim de atingir uma fenomenologia aprofundada da interação palco/sala, mas as análises conservam um forte intelectualismo e se aplicam a um espectador ideal, presente em espetáculos altamente orientados e modernos oriundos do teatro mais reconhecido nos círculos intelectuais próximos aos próprios pesquisadores; conferir, por exemplo, Mervant-Roux (1998).

[6] Conferir, por exemplo, Cavaignac (2003).

onde ele pode praticar, como é seu hábito, a arte da bricolagem e da reutilização das abordagens e dos métodos das disciplinas vizinhas, situando-as numa perspectiva verdadeiramente histórica e não presentista, como o fazem essas últimas.

Antes de propor algumas pistas a esse respeito, convém, no entanto, justificar a razão pela qual escolhemos esse objeto sobre o qual paira, apesar de tudo, uma leve suspeita de futilidade.

Por que o teatro?

Os historiadores estabeleceram uma hierarquia implícita do interesse e da seriedade de seus assuntos privilegiados em função das normas dominantes da vida social. O espetáculo vem ao lado da distração, ao passo que os ramos mais reconhecidos da história aparecem ao lado do poder (história política), da produção ou do consumo (história econômica), dos grupos numerosos (história social) ou das formas nobres de vida espiritual (história intelectual, história religiosa, história cultural). O teatro é, sem nenhuma dúvida, marginal a todos esses pontos de vista (na periferia do poder, mas jamais completamente independente dele): baseado numa economia não industrial que frequentemente não dá lucro, ele reúne as minorias sociais e por vezes os párias, e desde as antigas condenações clericais, plaina sobre ele a suspeita de cultivar os mais baixos instintos, em vez de suscitar as paixões nobres.[7] Seria possível tratar historicamente, ou melhor, seriamente, um objeto assim tão fútil? Poder-se-ia, graças a ele, renovar os outros ramos da história? Eis o desafio. A primeira justificativa para escolha de um tal assunto reside precisamente no fato de que ele permite mobilizar todos os ramos da história arbitrariamente separados: história política (censura), história econômica (estratégia das empresas teatrais), história social

[7] Conferir Goody (2003).

(sociologia do mundo do espetáculo e dos espectadores), história das representações (conteúdos dos repertórios e relação à sociedade de consumo), relações internacionais (circulações culturais das peças).

Negligenciados pelos historiadores, o teatro e, de maneira mais ampla, os espetáculos não receberam melhor tratamento por parte das demais disciplinas pertencentes às ciências humanas, porque são efêmeros e remetem à *performance*, deixando apenas vestígios escritos fugazes. Ora, as humanidades partem do que é durável, dos monumentos criados pela atividade intelectual ou cultural: livros, quadros, prédios, objetos artísticos, transcrições musicais. Quando nos referimos ao passado, o teatro não pode, por definição, ser apreendido diretamente, apenas através do testemunho do espectador, do memorialista, do censor, do crítico quando este existe, de gravuras imóveis (e frequentemente convencionais), de poses factícias em fotografias, de textos incompletos e sem voz. Mesmo na época mais contemporânea, a maior parte dos espetáculos desaparece dos procedimentos de gravação de áudio ou audiovisual, ou torna-se, em todo caso, de difícil acesso devido a problemas de arquivamento, propriedade, durabilidade dos suportes e compatibilidade com aparelhos cuja evolução é muito rápida. As próprias gravações "ao vivo", centradas no palco, dão conta apenas parcialmente da interação existente entre o espetáculo e o auditório, pois os espectadores são apenas percebidos como um ruído de fundo ou por breves sequências da sala, percepções estas que dependem da subjetividade do enquadramento de quem capta as imagens e o som. Essa efemeridade, que desestabiliza os procedimentos ordinários de pesquisa das ciências humanas, demanda uma inventividade teórica e metodológica.

Inversamente, o desenvolvimento das diversas formas de espetáculo, a diversificação dos públicos e das modalidades de encenação e dos lugares desestimulam o pesquisador, que se vê diante da superabundância dos repertórios a serem tratados, que excedem as forças do indivíduo. A história da literatura, a história do teatro, a história das artes cênicas e a história do cinema têm *corpus* enorme a abordar, do qual se retém uma seleção extremamente reduzida, em função de critérios que dependem do gosto corrente ou do próprio gosto dos especialistas. Já assistimos, por certo, à reabilitação de gêneros outrora desprezados, mas mais como curiosidades ou como uma forma de se diferenciar das correntes dominantes do que como uma tentativa de explicá-los em todas as suas dimensões. Mesmo no interior desses gêneros, assiste-se a processos de seleção e de canonização análogos aos dos grandes gêneros, na medida em que não se pode abarcar tudo.

Alguns números ilustram essa matéria vertiginosa: 5 mil peças foram encenadas em Paris, somente no período 1876-1900.[8] Some-se a isso os espetáculos montados nos cafés--concerto, em número de 326 em Paris, no início do século XX, os primeiros cinemas, os *music-halls*, os circos, as feiras ambulantes, os espetáculos encenados no contexto das grandes exposições ou por ocasião de grandes acontecimentos públicos (visitas de soberanos ou de homens de Estado, comemorações diversas). Durante o século XIX, nos países vizinhos, a progressão é igualmente impressionante: Londres passa de 22 a 53 salas de teatro, entre 1850 e 1914; Berlim, de 5 a 38; Viena, de 5 a 17. As programações eram muito mais intensivas nessa época do que o são atualmente. Em Berlim, por exemplo, cada teatro oferece de 15 a 20 peças por ano, o que dá mais de uma centena de peças por ano e vários milhares, ou até mesmo mais de 10 mil em meio século. Em Viena, a evolução do número de peças que os teatros encenavam por ano é a seguinte:

[8] Estimativa segundo Beaumont Wicks (1979).

Tabela 1 – Evolução do número de peças representadas em Viena (1885-1910)

	1885	1890	1895	1900	1905	1910
Total de peças	301	447	502	588	592	652

Fonte: Statistisches Jahrbuch der Stadt Wien (Anuários estatísticos oficiais de Viena).

Vê-se imediatamente o risco de adotar apenas métodos quantitativos para o estudo dos programas. Se o historiador define como objeto o encontro social e cultural do espetáculo, ou seja, o resultado da interação entre os atores, os autores, os públicos, os técnicos e os responsáveis pelas salas, ele pode chegar a perdê-lo de vista se limitar-se aos aspectos globais, pois essas interações variam em função de uma infinidade de dados particulares oriundos da combinação concreta entre esses fatores, que a abordagem externalista coloca necessariamente entre parênteses: características do lugar (tamanho, organização do espaço interno, custo do acesso, horários, localização na cidade, posição no espaço de concorrência das salas), do momento histórico e do ano, do horário da representação, da duração do espetáculo, do papel da companhia e da adequação dos atores ao papel, da conjuntura dos espetáculos no momento considerado, das pressões morais e políticas externas etc.

Isso explica por que a abordagem dominante não é quantitativa, mas antes um estudo de caso: a atenção é muito mais polarizada pela monografia da sala ou da companhia, pelos diretores inovadores, pelas peças que marcaram época, pelos autores célebres ou pelos monstros sagrados do que pelas estruturas gerais da programação ou pela sociologia dos autores e dos atores. A proximidade entre a história dos espetáculos e a história anedótica é flagrante. Certas peças, autores ou vedetes alimentam uma bibliografia inesgotável e repetitiva, enquanto o grosso da produção, dos autores dramáticos, das companhias e das salas fica na penumbra. Poderia a sociologia contribuir para melhorar esses questionamentos?

Questões aos sociólogos

A sociologia contemporânea mostrou-se bastante tímida para enfrentar todos esses problemas, embora dispusesse de melhores fontes do que o historiador, conseguisse montar protocolos de pesquisa para atingir aspectos que sempre farão falta aos historiadores porque não deixam vestígios, ou pudesse ainda recorrer às ciências vizinhas (antropologia, psicologia social). Se tomarmos o artigo, aliás fundador, de Pierre Bourdieu (1977), "La production de la croyance: contribution à une économie des biens symboliques", a passagem que ele consagra aos teatros parisienses repousa sobre um número bastante limitado de fontes e de abordagens: uma geografia social fundada numa tipologia dos teatros no espaço parisiense, a reabordagem de uma pesquisa SEMA, *La situation du théâtre en France*, que mostra a recuperação parcial da clientela dos teatros parisienses durante a temporada 1963-1964; a pesquisa que Pierre Guetta (1966) realizou para o Ministério dos Assuntos Culturais, *Le Théâtre et son public*; um estudo da recepção crítica da peça de Françoise Dorin, *Le tournant* (1973, Théâtre de la Madeleine), símbolo do *Boulevard* burguês; quatro fotografias, duas do público do Odéon e do Halles de Baltard (que sintetizam a oposição vanguarda/teatro intelectual estabelecido ou neutro), outras duas de cenas que mostram o contraste entre os cenários de *Oh! Les beaux jours*, de Beckett, e de *Le tournant*, de F. Dorin. Com esses meios limitados, Bourdieu coloca em evidência sobretudo as oposições estruturais entre as instituições, o estilo das peças, os modos de recepção e, em segundo plano, as frações dos públicos homólogos que remetem à sociologia dos gostos – que ele mesmo iria desenvolver, alguns anos mais tarde, em *A distinção*.

Ainda que possa aceitar o método e as constatações globais, o historiador não pode deixar de se espantar com a ausência de um certo número de mediações ou de contextualizações de época ou de longa duração: essa geografia parisiense exclui as novas salas subvencionadas do subúrbio que, no entanto, se encontravam em pleno desenvolvimento naqueles anos e são, aliás, evocadas apenas de maneira indireta, através da citação de um jornalista;[9] ela esquece também o florescimento das formas não clássicas de salas, como os cafés-teatro, lugares que se prestaram à renovação dos estilos, dos repertórios, dos atores e dos autores. A escolha da peça que serve de exemplo é justificada pelo tema, a encenação de uma crítica dos intelectuais no clima pós-1968, diante do público extremamente burguês do Théâtre de la Madeleine. Seria interessante poder conhecer o sucesso real dessa peça, para além da opinião dos críticos, dos rendimentos, da frequentação etc, dados que poderiam ter sido obtidos. Essa evocação do teatro parece, acima de tudo, estranhamente independente das contingências financeiras (exceto por algumas rápidas alusões). Ora, nesse momento, já se começava a falar de uma "crise do teatro privado": a tese de economia da cultura de Michèle Vessillier (1973) foi publicada em 1973 com esse título.[10] Nesses mesmos anos, uma certa redução da frequência ao teatro desperta inquietação,

[9] Ver Temkine (1967, p. 310 e seguintes); Théâtre des Amandiers de Nanterre (1965), Théâtre Daniel Sorano de Vincennes (1966-67), Théâtre Romain Rolland de Villejuif (1964), Théâtre Gérard Philippe de Saint-Denis (1959), Théâtre de la Commune, Aubervilliers (1965) etc.

[10] O tema da crise emerge a partir do fim dos anos 1950, que são, no entanto, percebidos hoje em dia como uma idade de ouro criativa. "Na Inglaterra e na Alemanha, faz-se fila às cinco horas da manhã para obter-se um assento de dobradiça. Mas na França... vejam só ! O francês não gosta de teatro", diz a diretora artística do Théâtre Édouard-VII sobre a crise do teatro e do público (Situation..., 1959, p. 11). Em contraposição, as companhias da descentralização fazem muito sucesso. A crise é sobretudo parisiense: no final de 1958, contam-se 600 mil espectadores a menos do que no ano precedente, com três grandes sucessos: *La Bonne soupe* (7.661.000 francos por 12 representações), *Lucy Crown* (15.700.000 francos por 24 representações) e *Père* (11.504.600 francos por 35 representações) (Situation..., 1959, p. 233). Segundo o *L'Express* de 23 de outrubro de 1958, de 48 peças encenadas, 16 foram montadas por produtores. Em 1964, registraram-se 3,6 milhões de espectadores em Paris, um pouco mais do que em 1965; em 1960, 4,2 milhões. Isso representaria cerca de 1 milhão de pessoas diferentes (Temkine, 1967, p. 438).

e o governo cria um fundo de apoio ao teatro privado. O programa "Au théâtre ce soir" começa a fazer sucesso e conquista um vasto público provincial ao difundir maciçamente, através da televisão, o *Boulevard* que Bourdieu supunha agradar apenas a um certo público burguês.[11] Em síntese, as grandes oposições estruturais herdadas do fim do século XIX estavam se modificando e, ao adotar uma visão baseada no presente, ignorando as análises de média duração e as contextualizações econômicas e culturais (concorrência crescente de novas formas de lazer, confusão de certas fronteiras sociais entre os públicos graças às novas mídias); essa sociologia do teatro parece ao historiador um pouco a-histórica e imponderável.

A mais antiga tentativa de sociologia do teatro, de Jean Duvignaud (1965b), nos surpreende, ao contrário, pela combinação de uma abordagem histórica de longa duração, que repousa simultaneamente sobre uma documentação bastante limitada e hoje muito obsoleta e sobre um questionamento social bastante rudimentar, mais próximo da antropologia do que da análise sociológica. As grandes rupturas do modo de produção teatral são correlacionadas às grandes etapas da evolução da sociedade ocidental (fim do feudalismo, início da monarquia, idade das revoluções e da sociedade industrial), que diluem progressivamente a fatalidade e os entraves que pesam sobre o indivíduo e multiplicam as estéticas e as finalidades do teatro. Não é preciso muito esforço para identificar aí a vulgata marxista dos anos 1950, habilmente travestida por uma crítica simbólica com empatia por algumas obras arbitrariamente escolhidas. Essa leitura do teatro se limita, com efeito, às grandes obras recomendadas pela tradição escolar ou pela crítica intelectual e negligencia a massa das obras de consumo corrente ou os gêneros desprezados pela história canônica do teatro, embora as interferências entre esses gêneros e estilos sejam uma das raras molas dinâmicas

[11] Ver Goetschel (2007).

de toda essa história, como têm mostrado os trabalhos recentes sobre a opereta ou o teatro equestre.[12] Ao término de seu estudo, Duvignaud (1965b, p. 525-527) evoca rapidamente os resultados da pesquisa sociológica sobre o Théâtre National Populaire (TNP) e o Théâtre des Nations, mas esse breve recurso à empiria não chega a suplantar o peso incomparavelmente maior da documentação histórica. Da mesma forma, sua pesquisa sobre os atores estabelece generalizações com base em um número extremamente limitado de casos, conhecidos através de lembranças ou de biografias.

Os questionários das pesquisas ulteriores do Ministério da Cultura dedicam muito mais espaço aos lazeres tradicionais, à escuta das novas mídias ou à leitura do que a uma investigação sobre os espectadores de teatro (entre todos os tipos possíveis de diversão). Os resultados da pesquisa de 1988-1989[13] são igualmente muito sumários. A prática teatral se torna cada vez mais elitista, à medida que aparecem outros lazeres, fazendo com que a estrutura interna dos gostos e das frequências se confunda num conjunto indiferenciado. Os mesmos trabalhos estudam, em contrapartida, com muito detalhe, os tipos de programas de televisão aos quais se assiste, ou de imprensa, ou de música preferidas. Enquanto os trabalhos dos anos 1960 insistiam sobre as clivagens entre as diferentes categorias de teatro,[14] as pesquisas recentes diferenciam apenas gêneros muito globais, que podem, no entanto, traduzir gostos bastante variados: ópera/opereta/teatro profissional. Essas abordagens globais levam a comparar porcentagens e taxas de evolução das práticas, não grupos de espectadores identificáveis, geografias ou lugares (exceto no que se refere à oposição região parisiense/grandes metrópoles/resto do território). As constatações são assim de uma estabilidade ou mesmo de uma estagnação

---

[12] Conferir Hodak (2004).

[13] Ver França (1982, p. 353-367), Donnat e Cogneau (1990), Donnat (1994).

[14] Ver Guetta (1966, p. 16-25).

desesperadoras. Apesar da elevação do nível de instrução e do nível de vida, as diversões cultas, como o teatro, estagnam ou decrescem (18 % dos franceses vão ao teatro uma vez por ano, embora a elevação do nível de instrução nos últimos quinze anos pudesse fazer esperar 28 %);[15] o analista é obrigado a utilizar variáveis secundárias (geografia, antiguidade social, tipo de cultura etc.) para poder compreender a divergência entre esses dados e o modelo teórico sociológico. No entanto, essas amostras são muito pequenas para que se possa responder de maneira mais precisa a essas questões de meio circundante e necessitariam de análises localizadas e intensivas, como as que são feitas pelos historiadores.

Os historiadores não têm as pretensões globalizadoras dos sociólogos das práticas culturais; sua estreita dependência de fontes sempre desiguais e parciais os torna mais ecumênicos em seus métodos e seus objetos. Seria então indispensável que o pesquisador combinasse uma abordagem global e uma abordagem monográfica para evitar a armadilha das aparências, seja das estruturas antropológicas intemporais, seja da ilusão presentista da novidade permanente e da instabilidade dos gêneros, dos gostos e das personagens, como em Lahire (2004). Sem a dimensão da duração média e do corte sincrônico mais detido sobre os espetáculos, os temas ou os gêneros significativos de um encontro particular com um certo público, não se pode compreender o que é banal ou original, o que pôde, na época, seduzir, dividir ou chocar o público, ao passo que hoje tanto a atração como o escândalo se tornaram incompreensíveis, pois nosso entendimento teatral foi construído com base nessa história parcialmente oculta e também parcialmente revivida pelas reprises ou pelas reinvenções contemporâneas de autores antigos.

[15] Ver Donnat e Cogneau (1990, p. 204).

Um exemplo: o sucesso variável do naturalismo no teatro

Para ilustrar essa necessária arqueologia social do teatro na média duração, tirei de minhas pesquisas um exemplo sobre a sociedade do espetáculo que poderá mostrar de que maneira a combinação do método histórico, da sociologia do gosto e da contextualização permite a compreensão de espetáculos que hoje em dia estão esquecidos, mas marcaram socialmente sua época – ao menos por sua tentativa de transgressão, que não chega, no entanto, a atingir o escândalo memorável que a história do teatro literário conservou. Refiro-me aos infortúnios sofridos pelas peças que Zola consagrou aos operários, dentro de seu projeto de revolução naturalista do teatro nos anos 1880, prefiguração oculta do teatro engajado de Piscator e de Brecht: "É preciso mostrar o verdadeiro povo, e não operários chorosos", como Zola (1881 apud Amiard-Chevrel, 1987, p. 187) escreveu na época.

Se é bem verdade que a época do melodrama vira os palcos invadidos por novos tipos de personagens oriundos do povo ou dos *bas-fonds* – *Les Mystères de Paris*, de Eugène Sue (1843), *Le Chiffonnier de Paris*, de Félix Pyat (1847) –, constata-se, logo após o golpe de Estado de 1851, a exclusão deliberada dessas personagens. Com efeito, as autoridades atribuíam a esse gênero uma certa responsabilidade na difusão das ideias subversivas que levaram a 1848. Essa exclusão, reforçada pela destruição programada por Haussmann dos teatros do "boulevard du Crime", exclusivamente reservado a esse gênero, vai sem dúvida alguma perdurar após a Comuna [Comuna de Paris, governo operário e popular que administrou a capital francesa entre março e maio de 1871] e durante a Ordem Moral (1871-1877). Ao mesmo tempo, o movimento naturalista, que pretende ampliar o leque de categorias representáveis na ficção, tenta voltar a essa exclusão do povo, aproveitando-se do sucesso que o romance lhe garantira. A crescente liberalização da imprensa e da censura, no final dos anos 1870 e nos anos 1880, vai modificar um pouco a situação política. Nos teatros periféricos de Paris ou nos palcos especializados, como o Ambigu, as reprises se alimentam ainda amplamente do repertório dos antigos melodramas. *Les Misérables*, adaptado da obra de Hugo em 1878, consegue um sucesso duradouro.[16] O teatro de Belleville programa *Les Mineurs*, de Émile Moreau (6 de outubro de 1878); o Ambigu, *Les Abandonnés*, de Louis Poupart-Davyl (12 de maio de 1878) etc. (Amiard-Chevrel, 1987, p. 187). Essa colocação em cena de personagens populares é acompanhada, no entanto, da difusão de mensagens amplamente convencionais. Em reação a esse miserabilismo populista de uma outra época, certos autores naturalistas manifestam a intenção de transpor para o palco a visão sem complacência que eles fazem do povo em seus romances.

Assim *L'Assommoir*, adaptado do romance de Zola (1877) e contagiado pelo sucesso do livro, foi encenado cerca de 300 vezes no Ambigu, a partir de 18 de janeiro de 1879 (Carter, 1963, p. 108 e seguintes). Dividido em nove quadros, o drama é uma adaptação feita por dois industriais do teatro, Busnach e Gastineau, e revisada por Zola. Grande parte de sua atração se deve ao fato de ela colocar em cena, pela primeira vez, cenários pouco habituais: sobretudo, no segundo quadro, a famosa cena do lavadouro e a briga entre Gervaise e Virginie, ruptura radical com todas as imagens femininas dos palcos parisienses e europeus. Um outro "ponto alto" da peça é a queda de Coupeau do andaime, que marca sua queda social decorrente do consumo de álcool. Os adaptadores, porém, para se conformar às expectativas habituais do público do melodrama, introduziram um elemento novo em relação ao romance. O acidente não é mais um golpe do destino inerente à condição operária, como em Zola, mas o resultado da maquinação

[16] Conferir Ebstein et al. (2001).

de uma mulher ciumenta, Virginie, personagem negativa, encarnação do clássico traidor do melodrama. O sucesso de público foi garantido mais pela novidade dos cenários e das situações (a peça se encerra com o *delirium tremens* encenado pelo ator que fazia o papel de Coupeau) do que pela originalidade da história – que todo mundo conhecia, dado o sucesso do livro – e pelo caráter pouco habitual do meio social levado ao palco. Em seu prefácio, Zola (apud Carter, 1963, p. 117), que colaborara muito mais na adaptação da peça do que reconhecera oficialmente, vê nele "um grande passo rumo à veracidade das personagens e do meio". Fora ele que introduzira os truques dramáticos do melodrama, embora ele mesmo os tivesse denunciado nas obras dos autores contemporâneos, por meio de seus artigos publicados nos anos anteriores.

Zola tenta outra vez, junto com Busnach, reeditar a façanha de uma peça exclusivamente operária, com o drama tirado de *Germinal*. A adaptação fica pronta para ser ensaiada no Châtelet em outubro de 1885, poucos meses depois da publicação do livro. No entanto, as condições sociais de sucesso não se fazem presentes, como no caso de *L'Assommoir*. A censura interrompe as representações, apesar das inúmeras reuniões de Zola com o ministro. A peça só poderia ser exibida se eliminasse as cenas e as réplicas que poderiam provocar escândalo, por sua suposta incitação à guerra civil. As representações começam finalmente em 21 de abril de 1888.[17] Essa longa batalha resulta da imagem "socialista" de um drama que encena uma greve e uma manifestação operária, enquanto *L'Assommoir* exalava apenas uma mensagem de antialcoolismo bastante anódina para a ordem estabelecida e uma imagem mais lastimável do que inquietante dos operários parisienses. Apesar de todos esses esforços, sobretudo de um cenário grandioso, onde a mina serve de pano de fundo

[17] Ver Zola (1989, p. 15-17). Sobre os procedimentos de Zola e Busnach, ver Zola (2005, tomo 12, p. 841-845).

a alguns quadros (com inundação e explosão), a peça não faz sucesso; *Germinal* fica em cartaz por apenas 17 representações.

Colocar o povo em cena, fora das fórmulas consagradas, não é certamente coisa fácil, devido ao mal-estar social que suscita esse encontro entre o público parisiense, bem pouco familiar com esse universo, e os heróis que contestam aos meios sociais habituais seu lugar no palco. Para além da mensagem política e social, explícita ou não, essa inversão do bom e do mau papel entre os operários e as classes médias é vista, pela maior parte do público e pela crítica, como uma revolução simbólica insuportável. A posição dominada do operário (visível pelo alcoolismo, em *L'Assommoir*, ou por sua criminalidade, em *Os miseráveis* ou *Os mistérios de Paris*) não é mais tão definitiva, na medida em que, em *Germinal*, ele se revolta e aparece sobretudo como uma força coletiva em várias cenas de multidão (Amiard-Chevrel, 1987, p. 203). Assim, em vez de se compadecer, o público essencialmente burguês e pequeno-burguês pode, em vez disso, se inquietar, sentimento incompatível com a identificação teatral exigida pela estética realista então dominante. Essa explicação é confirmada pelo fato de que a representação de *Germinal* encontra melhor acolhida nos "palcos de bairro", cujo público era mais próximo socialmente dos meios sociais representados. Como diz o colaborador de Zola, Busnach (apud Carter, 1963, p.148): "Só *Germinal* fracassou. Era uma obra muito sombria. Depois que eu lhe fiz algumas modificações, ela foi representada com sucesso nos teatros de bairro". Uma representação gratuita de *Germinal*, reservada aos operários, suscitou o entusiasmo do público e ela foi igualmente bem acolhida nas regiões operárias da Bélgica.

Esse estudo de caso, reforçado pela opinião de um praticante, permite reconstituir indiretamente as condições complexas do sucesso ou do fracasso de peças cujos temas eram bastante próximos. *L'Assommoir* participa dos marcos de percepção dramática anteriores. Embora essa peça acrescente algumas pitadas de novidade que evitam a impressão de *déjà-vu* em relação aos melodramas correntes, ela não questiona as estruturas profundas de recepção e os esquemas admitidos. Além disso, havia certa expectativa, despertada por toda a polêmica prévia resultante do escândalo político provocado pelo romance, que o colocara no centro do debate público e, consequentemente, dos fenômenos de mobilização da opinião que reúnem os futuros públicos da peça. *Germinal* tenta reutilizar as mesmas pré-condições favoráveis, mas, nesse meio tempo, o contexto histórico se havia amplamente transformado. A greve encenada evoca em demasia os acontecimentos mais atuais e mais dramáticos (como os de Decazeville, em 1886), impedindo o distanciamento necessário ao teatro. É precisamente isso que preocupa as autoridades, quando exigem que as cenas de mobilização coletiva sejam atenuadas e a colisão com as forças da ordem seja posta nos bastidores, para não dar a impressão de que estavam caucionando exatamente aquilo que combatiam na prática, mediante a ação do exército ou da polícia. Zola e Busnach passavam, em *L'Assommoir*, uma imagem tanto positiva quanto negativa da miséria da condição operária; em *Germinal*, os operários se tornaram heróis uniformemente positivos, vítimas de forças desumanas, o que choca a maior parte do público, constituído sobretudo de pequenos patrões ou de uma burguesia que defende o liberalismo. Em Paris, eles estavam tentando se desligar de uma República que parecia não mais garantir a ordem, conforme atestado pela conturbada atualidade social. Apesar da utilização dos recursos espetaculares do Châtelet para atrair um público que apreciava acima de tudo as anedotas e o espetáculo e afluía para ver os efeitos feéricos de Jules Verne ou assistir aos espetáculos equestres, a mistura de mensagem política controvertida e recursos cênicos do teatro de diversão é explosiva em relação às categorias de percepção dos diversos públicos potenciais de um teatro de grandes dimensões como o Châtelet.

Devido à complexidade desse objeto social, tanto a história quanto a sociologia do teatro tenderam a dividi-lo em subconjuntos, correndo o risco de perder tanto sua coerência quanto sua compreensão: impossível fazer a sociologia dos autores sem fazer a dos mediadores que montam as peças, nem a destes sem conhecer os marcos institucionais dos lugares onde atuam ou dirigem os espetáculos. Compreender os públicos com recuo histórico requer que se pesquise todos os índices sociais incluídos nos dois aspectos precedentes (dimensão das salas, preços, regime de admissão, nível de língua e estrutura dramática das peças, temas das peças que fracassam ou têm êxito, hierarquia e pertencimento das personagens encenadas como modelos ou contraexemplos). Inversamente, estes levam em conta as expectativas ou as pressões supostamente prévias que sugerem aos atores da sociedade do espetáculo o conhecimento prático que possuem do auditório visado ou imaginado. O auditório real responde de maneira mais ou menos adequada a tais dispositivos, com uma certa margem de previsibilidade (ver *L'Assommoir* ou a voga das peças de grande espetáculo), mas também de decepção (ver *Germinal* e seus inumeráveis fracassos) ou de surpresa: descompasso entre a recepção crítica e a recepção do público mais vasto, uma segunda vida da peça ou reinterpretação em outras condições históricas. A sociologia e a história social do teatro se assemelham mais à meteorologia do que à física clássica e, para podermos reconstituir posteriormente porque as peças suscitaram uma tempestade de aplausos ou a ducha fria do fracasso, é necessário dispor de um máximo de informações de origem diversa, e não tentar reduzir diretamente um nível de análise a outro, como fazem os ramos especializados de estudos teatrais prematuramente dissociados. Para isso, não é preciso restringir-se a uma multidão de monografias aprofundadas. É através de sua comparação e de sua construção em séries que poderemos deduzir não leis históricas e sociológicas maciças (ilusão própria às primeiras versões da sociologia cultural), mas as condições para a probabilidade de encontro ou divórcio entre as obras, os autores, os auditórios e as conjunturas de inovação ou de repetição das estruturas estabelecidas do campo teatral e das categorias do entendimento dramático.

Os trinta últimos anos foram muitas vezes caracterizados como o momento de ruptura dos paradigmas dos anos 1960-1970, sem que novos paradigmas globais alternativos fossem estabelecidos. Quando a tentativa de hegemonia braudeliana sobre as demais ciências sociais fracassou, cada ciência social tornou-se cada vez mais dividida em paradigmas, teorias concorrentes ou subconjuntos temáticos. A não ser pela comodidade administrativa de ligar entre elas os quatro períodos históricos convencionais para formar um bloco diante das outras "grandes" disciplinas, quando das lutas internas de cada universidade, a história na França, mas também a das demais partes do mundo, viu sua unidade enquanto disciplina acadêmica tornar-se cada vez mais problemática, tanto mais que as formas tematizadas de abordagem fazem ampla concorrência às formas periodicizadas. Ela cada vez mais derivou para subespecialidades definidas por objetos empíricos (como, por exemplo, a história do ensino, a história do livro, a história urbana) ou por pontos de vista privilegiados (história das relações internacionais, história social, história cultural etc.), ou ainda em função de recortes territoriais variáveis segundo as épocas (áreas culturais, história dos Estados, conjuntos geográficos marítimos como a história atlântica, continentes etc.).

Esses fenômenos de fragmentação e de recomposição não têm nada de novo nem de inquietante em si e remetem à especialização dos pesquisadores em função de *corpus* de fontes cada vez mais numerosos e heterogêneos, implicando aprendizados específicos que podem ser acumulados ao infinito. Sendo frequentemente mal compreendidos pelas outras ciências sociais, que zombam desse fechamento erudito que bloqueia as circulações dos saberes entre especialidades e especialistas de objetos conexos e áreas diferentes, eles reproduzem, na verdade, um processo de divisão do trabalho percorrido por todas as ciências ao longo de sua história. Mas eles foram acelerados pela expansão rápida do número de historiadores e de pesquisadores, pela redefinição das especialidades que a mudança de morfologia da "comunidade" dos historiadores acarretou, segundo um processo que se pode constatar também para outros grupos intelectuais em expansão rápida em outras épocas. No entanto, aos olhos dos representantes das disciplinas vizinhas, os historiadores parecem ter sempre conservado uma certa identidade e um certo espírito de equipe, que se resume frequentemente à noção de "ofício" defendida por todos os escritos reflexivos clássicos da disciplina, uma preciosa herança a ser transmitida e preservada como o menor denominador comum.

Para quem conhece as práticas a partir de dentro, trata-se novamente de uma ilusão, sem dúvida. O que haveria de comum entre um historiador do "tempo presente", que pode interrogar as testemunhas e tenta obter derrogações para conseguir acesso aos dossiês "sensíveis", não ainda expurgados pelas seleções ulteriores dos atores da grande história, e o historiador da Antiguidade ou da Idade Média, que esquadrinha o menor fragmento ilegível ou lacunar de inscrição, reinterpreta pela enésima vez os raros documentos que chegaram até ele, lança novas escavações ou emprega métodos derivados das ciências experimentais para "fazer falar" objetos salvos da destruição dos séculos ou dos milênios? Nada, sem dúvida, exceto a paixão de saber e compreender, de reconstituir e de reunir os testemunhos, de destruir as lendas ou apagar os buracos negros do passado. Mas, para além dessa vontade de tudo saber sobre os homens em sociedade, da pré-história aos nossos dias, do Kamchatka à Terra do Fogo (vontade que não é exclusiva à história e tem um destino comum ao das outras ciências humanas e sociais), começam as verdadeiras dificuldades, em função da abordagem e do método privilegiados.

Reuni, nesta parte, entre todos os métodos possíveis, aqueles que podem, apesar de tudo, ser praticados nos diferentes períodos, independentemente da especificidade das fontes: a prosopografia ou biografia coletiva, que foi inventada pela história antiga para sistematizar a história social e a história institucional. Mas ela conheceu uma sorte inesperada, que lhe permitiu renovar episodicamente setores inteiros da história social e política de épocas mais recentes – tal é a tese que defendo *in fine* –, abrindo novas perspectivas à comparação contemporânea (capítulo 5).

Da mesma forma, cada vez mais foram combinados métodos literários aos métodos históricos, para se tirar tanto a história social quanto a história cultural de suas simplificações ou de sua utilização indolente e redutora dos textos oriundos da "literatura", que não convém mitificar nem subestimar como "fonte" ou "arquivo", por mais que combinemos as precauções de leitura do olhar histórico às do olhar literário, a abordagem cultural à abordagem social (capítulos 6 e 7). A comparação e a análise das circulações também são áreas de convergência dos campos historiográficos aparentemente mais separados (literatura comparada, estudos de tradução, musicologia, história das artes, história das ciências, história das mídias, história econômica etc.), que com frequência ignoram uns aos outros, mas são explorados por historiadores da cultura e estudiosos das disciplinas vizinhas de maneira sistemática e coordenada há cerca de vinte anos, sem que haja cerceamento por fronteiras acadêmicas ultrapassadas (capítulos 8 e 9).

5 A prosopografia ou biografia coletiva: balanço e perspectivas[1]

A prosopografia ou biografia coletiva é um método que muito se desenvolveu nos últimos quarenta anos em história moderna e contemporânea, depois de ter sido inventado e praticado sobretudo em história antiga e medieval. Seu princípio é simples: definir uma população com base em um ou vários critérios e estabelecer a seu respeito um questionário biográfico, cujas diversas variáveis e critérios servirão para descrever sua dinâmica social, privada ou pública, cultural, ideológica ou política, segundo a população e o questionário adotados. Lawrence Stone (1971, p. 46, tradução nossa) sintetizou-a numa frase: "A prosopografia é a pesquisa das características comuns de um grupo de atores na história através do estudo coletivo de suas vidas".[2] Uma vez reunida a documentação, e essa é a parte mais longa do trabalho, a exploração dos dados pode ser feita por meio de múltiplas técnicas quantitativas ou qualitativas, contagens manuais ou informatizadas, quadros estatísticos ou análises fatoriais, dependendo da riqueza ou da sofisticação do questionário e das fontes.

Para compreender o sucesso deste método e sua extensão aos diferentes ramos da história, impõem-se alguns marcos historiográficos. Para avaliar suas contribuições e limites, é necessário analisar alguns trabalhos, escolhidos sobretudo

[1] Versão atualizada de Charle (2001c, 2006d).

[2] "Prosoprography is the investigation of the common background characteristics of a group of actors in history by means of a collective study of their lives."

nos períodos recentes, onde outros métodos de história social podem ser conjuntamente utilizados, o que permite avaliar as vantagens e os inconvenientes de cada um deles. Tentaremos enfim definir as possibilidades ainda não exploradas desse método no domínio comparativo, o menos explorado até o momento.

Marcos historiográficos

Os historiadores da Antiguidade reivindicam a paternidade da prosopografia.[3] O termo é utilizado em seu sentido moderno por Theodor Mommsen no prólogo da *Prosopographia Imperii Romani*, de 1897.[4] Essa obra, ainda não inteiramente publicada, foi imitada para outros períodos da história antiga durante todo o século XX, seja sob a forma de empreendimentos coletivos, seja sob a forma de monografias individuais.[5] A prosopografia da época medieval, por sua vez, desenvolvida a partir do período entreguerras, referiu-se sobretudo ao pessoal administrativo e à corte dos soberanos dos principais Estados da Europa ocidental. A produção se torna extremamente abundante a partir dos anos 1960, como mostram diversos balanços.[6] O mesmo aconteceu em história moderna, na qual Sir Lewis Namier (1929, 1930) utilizou-a em seu estudo das elites políticas inglesas (Cruickshanks, 1986). Seus trabalhos estão na origem de uma série de estudos sobre a Câmara dos Comuns, da Idade Média até 1832, ainda em elaboração. Nos contextos francês e italiano, são sobretudo

[3] Ver Chastagnol (1970) e Nicolet (1970).

[4] Ver Lalouette (1999).

[5] Conferir Jones e Martindale (1971-1992), Mandouze (1982), Charles Pietri e Luce Pietri (1999). Há inúmeras monografias de elites da Antiquidade fundadas sobre a prosopografia, uma das primeiras delas é a de Jean Kirchner, *Prosopographie attica* (1901), seguida das de Paul Poralla (1913) sobre os lacedemonianos e os clássicos sobre as elites romanas de Friedrich Münzer (1920), de Ronald Syme (1939) ou de Claude Nicolet (1966).

[6] Ver Bulst (1986) e Griffiths (1986).

as diversas corporações de funcionários ou de magistrados que têm suscitado pesquisas, assim como as elites eclesiásticas, intelectuais ou financeiras e comerciais.[7]

Em história contemporânea, os trabalhos começaram um pouco mais tarde, na segunda metade dos anos 1960. Eles se devem ao interesse suscitado pela problemática das elites, introduzida pela sociologia americana, na qual as teses de Pareto e Mosca fizeram sentir sua influência a partir dos anos 1950. Na França, um dos pontos de partida dessas pesquisas foi o debate sobre a Revolução Francesa, provocado pelas interpretações heterodoxas de Furet e de Richet (1969) discutidas por Vovelle (1974), adepto da ortodoxia marxista. Esses dois autores propunham uma visão alternativa a essa interpretação, então dominante na França, tendo como ponto de partida a biografia coletiva das elites antes e depois da Revolução. Essa foi a origem da pesquisa de Bergeron e Chaussinand-Nogaret (1979) sobre os notáveis da época napoleônica. A partir dos anos 1960, trabalhos similares sobre os notáveis do século XIX ou sobre a burguesia recorreram a esse método: André-Jean Tudesq (1964) estudou os grandes notáveis da Monarquia de Julho, Louis Girard e seus alunos (1967) estudaram os conselheiros gerais de 1870 ou a câmara dos deputados sob Louis-Philippe.[8] A sociologia francesa da educação, inspirada nos trabalhos de Pierre Bourdieu e Jean-Claude Passeron, esteve também na origem de inúmeras prosopografias intelectuais e universitárias.[9] A Grã-Bretanha, a Alemanha, os Estados Unidos e, mais recentemente, a Itália, a Espanha e a Suíça assistiram a uma multiplicação das biografias coletivas de elites políticas, econômicas, religiosas, intelectuais, artísticas ou militantes em função dos grandes debates historiográficos nacionais. Qual o fundamento das

[7] Ver os balanços de Charle et al. (1980) e Nagle (1986).

[8] Para um balanço geral, ver Charle (1992b).

[9] Ver Bourdieu (1984, 1989) e Karady (1972, 1973).

clivagens políticas no Parlamento britânico? Qual o papel da nobreza inglesa, como se dá sua evolução? Quais as especificidades das burguesias alemãs, suíças ou italianas na Europa?[10] De que maneira se formam e se renovam as elites americanas?[11] Inúmeras são as questões que podem ser esclarecidas pelo método das biografias coletivas. Em história contemporânea, ela foi estendida a grupos mais vastos do que as elites, domínio privilegiado pela história antiga, medieval ou moderna por razões documentais. Nas últimas décadas, a história das mulheres, a história das classes médias e populares, ou mesmo dos marginais, também recorreram à biografia coletiva, graças à abundância de documentação impressa, com o apoio da história oral ou pela reutilização dos grandes fichários biográficos já existentes.[12]

Contribuições e limites

A multiplicação dos trabalhos de história contemporânea ou de sociologia histórica que utilizaram o método prosopográfico se deve a razões intelectuais e técnicas específicas aos últimos trinta anos. O declínio simultâneo dos métodos estatísticos globais e da influência intelectual do marxismo, que privilegiavam as classes sociais mais numerosas (operários, camponeses, burguesia), e a preocupação, da parte de sociedades cada vez mais fundadas no indivíduo, de se acercar da vivência individual e captar a diversidade das trajetórias sociais levaram os historiadores de épocas mais recentes a praticar a micro-história social, cujo método privilegiado era a biografia coletiva. Por fim, o uso generalizado da microinformática permitiu a complexificação do tratamento de bancos de

[10] Ver Kocka e Frevert (1988), Tanner (1990), Augustine (1994), Banti(1989) e Malatesta (1995).

[11] Ver Baltzell (1958) e Jaher (1973).

[12] Ver Pudal (1992); Dreyfus, Pennetier e Viet-Depaule (1996); Omnès (1997); Wagniart (1999).

dados cada vez mais ricos (Millet, 1985; Stone, 1971). Enquanto nas épocas antigas a falta de documentação maciça implicava uma coleta paciente de dados em âmbito individual que permitisse passar à generalização coletiva, nos períodos mais recentes o recurso à prosopografia foi concebido como uma mudança de perspectiva em relação à história social tradicional, baseada sobre uma documentação serial maciça, mas com poucos itens.

Graças a ela, os historiadores das três últimas décadas se interessaram cada vez mais em conhecer intimamente as pequenas coletividades representativas de um problema. Assim, por meio do estudo dos oficiais franceses da Segunda República e do Segundo Império, Serman (1978) pôde evidenciar o enfrentamento constante entre o ideal aristocrático e o impulso democrático no seio do exército, na França do século XIX. Com as pesquisas sobre as elites (as grandes personalidades da Monarquia de Julho, o patronato ou os membros do corpo legislativo do Segundo Império, os deputados da Assembleia Nacional de Paris e de Frankfurt em 1848/49, ou ainda os grupos dirigentes da Terceira República),[13] os historiadores tentaram compreender a evolução dos modelos de reprodução dominantes de um regime a outro, a distância entre os mitos justificadores da ordem social e os mecanismos sociológicos, o eventual efeito social das revoluções políticas, as razões da especificidade da via francesa de industrialização, da via alemã para um parlamentarismo incompleto, as relações entre os dirigentes de empresa ingleses e as antigas elites, o papel central de certas profissões liberais na Itália.[14] Em síntese, essas biografias coletivas permitiram não apenas renovar as respostas às grandes questões, como também auscultar os

[13] Ver Tudescq (1964); Girard, Gossez e Prost (1967); Girard et al. (1976); Plessis (1985); Barjot (1991-2000); Anceau (2000); Best (1990); Estèbe (1982); Charle (2006b).

[14] Ver Berghoff (1991).

grandes efetivos da antiga história social, sem um fechamento nos marcos pré-construídos das fontes seriais e quantificáveis. Nessas novas abordagens, os grupos se definem por suas propriedades relacionais, por suas imagens recíprocas ou ainda por sua capacidade de impor uma imagem de si não somente aos outros mas também à maior parte de seus membros. A noção de construção do objeto se torna ainda mais decisiva nesta micro-história social fundada nas biografias coletivas.

É exatamente esse ponto que vem suscitando, desde 1971, críticas precoces à prosopografia, resumidas por Lawrence Stone a respeito dos trabalhos de história moderna inspirados em Sir Lewis Namier: os vieses das fontes oficiais sobre as quais repousam as biografias dão apenas uma visão parcial da realidade, a delimitação das populações é amplamente arbitrária, os critérios retidos para as biografias são com frequência redutores. Tudo isso levaria a uma visão elitista, cínica e conformista dos grupos dirigentes e de suas relações com a sociedade que os cerca (Stone, 1971). Tais críticas só são válidas se o historiador confundir o método com sua finalidade e esquecer que, de todo modo, ele só pode captar uma fração da realidade, em função das fontes que escolheu e dos limites de seu questionário biográfico. As análises dos períodos recentes diminuem o risco de se cair nessas armadilhas, pois os resultados das biografias coletivas podem ser confrontados com outras fontes, as prosopografias parciais podem ser comparadas e cruzadas entre si e pode-se estudar grupos bem mais diversos do que apenas as elites das épocas antigas.

Ao utilizar a biografia coletiva, o historiador oscila constantemente entre dois obstáculos: o da biografia indefinida dos indivíduos (correndo o risco de perder a dimensão coletiva) e o inverso, da ampliação de amostras sucessivas às dimensões de toda a sociedade (correndo o risco de reduzir o questionário à sua expressão mais simples). Para evitar essa contradição, diferentes países tentaram, com diferentes graus de sucesso, empreender um trabalho coletivo mediante grandes pesquisas baseadas em princípios comuns, como a pesquisa ainda em curso sobre a Câmara dos Comuns inglesa, a pesquisa sobre os prefeitos na França, o estudo dos parlamentares da Terceira República, ou as biografias coletivas dos parlamentares do *Zentrum für Historische Sozialforschung* de Colônia.[15] Tais pesquisas requerem, no entanto, um apoio institucional a longo prazo, cada vez mais difícil de se encontrar desde a introdução dos critérios de rentabilidade na pesquisa universitária. Elas também implicam a presença de um pessoal permanente de pesquisa, cada vez menos compatível com a renovação normal das equipes e com as novas políticas de emprego precário instituídas pela pesquisa contratual desenvolvida por toda parte na França e na Europa. Eis porque o princípio das monografias coordenadas, mais flexível e descentralizado, se torna cada vez mais realista dentro da conjuntura universitária contemporânea, permitindo que não se sacrifique a originalidade do trabalho de cada um ao anonimato de um empreendimento hierarquizado. Mas ele supõe, por outro lado, um mínimo de concertação e um certo número de reuniões para afinar os questionários, as codificações e as explorações comuns, para evitar riscos de dispersão ou de não comparabilidade dos resultados parciais. A prática da biografia coletiva não apenas mede as condições de validade das amostras, mas permite igualmente que se tome consciência dos limites dos marcos *a priori* aplicados aos dados. Mais do que em outros métodos, na medida em que as respostas dadas às perguntas levantadas são em si mesmas questões sociais, o trabalho de interpretação traz a marca do historiador, que age de maneira consciente ou inconsciente sobre seus

[15] Ver Namier e Brooke (1964); Agulhon et al. (1986); Corbin, Mayeur e Schweitz (1995); Guillaume e Lachaise (1998); Chaline e Sohn (2000); Ménager, Florin e Guislin (2000); Mayeur e Schweitz (2001); Mayeur, Chaline e Corbin (2003); Schröeder, Weege e Zech (2000); Best e Cotta (2000); Musiedlak (2007).

resultados em todos os níveis da pesquisa: amostra, coleta, codificação e tratamento dos dados.

Rumo à biografia coletiva comparada

Na França, e cada vez mais em quase todos os outros países desenvolvidos, a maioria dos grupos que podem fazer jus a biografias coletivas encontraram desde então seus biógrafos: nobrezas, personalidades, burguesias urbanas, elites administrativas, elites financeiras, comerciais ou patronais, elites intelectuais ou universitárias, artistas, profissões de classe média (médicos, juristas, jornalistas, professores), estudantes, funcionários de todos os níveis, militantes operários e mulheres militantes e até mesmo os marginais.

O declínio do método das biografias coletivas seria então inelutável, em nome da lei indiscutível dos rendimentos decrescentes e da volta ao primeiro plano de temas historiográficos que não podem ser tratados por essa abordagem (história cultural, história da memória, história das sensibilidades coletivas)? Três considerações permitem refutar esse diagnóstico prematuro quanto às virtudes declinantes de um método tão fecundo para a história social recente.

Em primeiro lugar, exceção feita às elites, os outros grupos sociais que começaram recentemente a assistir à renovação interna de sua história social graças às biografias coletivas (as classes médias e, cada vez mais, as classes populares, através de suas elites militantes e das histórias de vida de certas testemunhas privilegiadas)[16] estão longe de terem sido inteiramente estudados. A aplicação do método a esses novos campos requer uma nova e ampla reflexão sobre a constituição das amostras (que não podem mais ser exaustivas) e sobre as relações entre trajetórias individuais e morfologia: a diversidade

[16] Ver Ozouf et al. (1992), Pudal (1992), Gribaudi (1987) e Join-Lambert (2001). Como exemplo recente de uma biografia coletiva em situação limite, ver Mariot e Zalc (2010).

interna desses casos é tanto maior quanto mais a população alvo é extensa, o que não deixa de recolocar o problema da "representatividade", que havia desaparecido com as listas exaustivas utilizadas pela prosopografia das elites. Como todos esses grupos são grupos de passagem, enquanto as elites, estando no ápice, são os grupos alvo por definição, as características dos indivíduos que os compõem não podem ser compreendidas em si, mas como vetores de múltiplas estratégias.

Em segundo lugar, os descompassos experimentados pelas historiografias europeias requerem pesquisas complementares, para que se possa chegar a uma visão homogênea dos grupos comparáveis de uma sociedade à outra. Assim, a pesquisa comparativa dirigida por Jürgen Kocka sobre as burguesias europeias colocou em evidência que uma parte das dificuldades de análise desse grupo, em âmbito internacional, provinha não apenas do avanço desigual dos trabalhos, mas sobretudo da persistência lado a lado de diferentes pesquisas: aquelas feitas nos países germânicos ou anglo-saxões se inspiravam sobretudo nos métodos clássicos da história social, enquanto aquelas realizadas sobretudo na França se originavam de pesquisas baseadas em biografias coletivas, o que acarretava problemáticas em descompasso e comparações parcialmente inadequadas.[17] A impressão de fechamento social de cada subconjunto tende a se acentuar quando a abordagem é feita por grupos definidos por termos nativos ou recortes locais, como na Alemanha (*Wirtschaftsbürgertum, Bildungsbürgertum*, burguesia de Berlim ou de Hamburgo). Na França, ao contrário, a abordagem por grupos profissionais ou em termos de elite permite desenhar mobilidades e passagens entre as diversas categorias, fenômeno reforçado pela tendência centrípeta das elites francesas em direção a Paris.

A biografia coletiva dispõe, portanto, de um campo ainda amplamente virgem, o da prosopografia comparada. A principal

[17] Ver Kocka e Frevert (1988), Charle (1990).

e eterna objeção feita ao método comparativo em história é que a abundância de material obriga a trabalhos de segunda mão, a partir de monografias estabelecidas por terceiros. Isso comporta um duplo risco: o da generalização apressada de conclusões fora de seu contexto singular e o da inadequação permanente dos dados comparados, sobretudo em história social, dado o problema recorrente das codificações. Apesar desses problemas, os pesquisadores alemães já mostraram o exemplo a ser seguido, e certos historiadores franceses ou especialistas da Inglaterra fazem o mesmo desde os anos 1990.[18] Eles têm trabalhado, respectivamente, sobre os políticos, o patronato das grandes cidades provinciais inglesas, os universitários de Paris e de Berlim, os advogados na Suíça, Itália e Alemanha ou ainda o patronato da Europa no século XX.

A biografia coletiva é uma metodologia particularmente exigente no que se refere ao tempo de pesquisa e ao rigor da organização dos dados. Uma biografia social comparada multiplica pelo menos por dois o tempo da coleta de dados – para dois países –, ou mais, se quisermos comparar um grande número de casos. É preciso acrescentar o tempo suplementar necessário para afinar o quadro de captura e de exploração dos casos e o tempo para habituar-se a fontes por vezes heterogêneas. Para testar a hipótese inicial de exequibilidade e de fecundidade do projeto comparativo, convém então partir de um universo sobre o qual pelo menos um dos dois países considerados já disponha de uma massa crítica de dados exploráveis, dos quais se poderá deduzir por homologia os marcos de pesquisa no outro país escolhido, que deverá apresentar um interesse comparativo evidente para a elite selecionada. Isso explica por que as prosopografias comparativas tratam sobretudo das elites mais bem documentadas e mais estudadas (grandes patrões, políticos, universitários,

[18] Ver Best (1990), Berghoff e Möller (1994), Charle (1994a), Siegrist (1995), Joly (1996), Cassis (1997) e Ruggiu (1997).

nobreza), como nos exemplos anteriores. As biografias coletivas feitas dentro de marcos nacionais permitem compreender melhor as clivagens internas dos diversos grupos estudados, suas dinâmicas sociais e geracionais ou ainda as redes sociais dominantes (Magri, 2001; Zalio, 1999).

No melhor dos casos, pode-se relacionar essas clivagens às posições políticas, ideológicas ou religiosas adotadas, ou compreender melhor certos fracassos ou certos sucessos: assim, o livro de Hannes Siegrist mostra por que os advogados italianos ou suíços conquistaram grande influência política no século XIX, enquanto seus homólogos alemães permaneceram subordinados às elites administrativas até a época de Weimar. Uma prosopografia comparada deve permitir levar essa análise explicativa ainda mais longe, ao relativizar as correlações que parecem evidentes dentro de um certo marco nacional ou social. Elas devem captar as evoluções comuns para além das fronteiras e das especificidades de um dado momento, de um certo meio ou de uma nação. Assim, a convicção de que a expansão do ensino superior se traduz por uma certa abertura social do recrutamento dos universitários é desmentida pela comparação entre as biografias coletivas dos professores da Universidade de Berlim (letras e ciências) e de seus homólogos da Sorbonne, na passagem do século XIX ao XX. O que mais conta é a existência de uma continuidade de carreira entre o ensino secundário e o ensino superior, que permite a promoção de novos homens ao ápice da hierarquia universitária, assim como um sistema de postos subalternos e de bolsas para o ensino superior durante o período de acumulação de títulos universitários necessários para acessar as cátedras. A ausência desses dois auxílios à mobilidade explica por que o recrutamento social dos professores comuns alemães permanece notavelmente elitista (apesar do crescimento dessa categoria), enquanto o corpo universitário francês (em letras e sobretudo em ciências) se abre progressivamente, mesmo nos períodos em que os efetivos evoluem pouco. Esse descompasso explica tanto as incompreensões entre as duas comunidades universitárias, mesmo quando elas procuram cooperar, quanto as relações muito diferentes que elas mantêm com as outras elites, por ocasião das crises políticas (Charle, 1994a).

O objetivo final é apreender, através das biografias coletivas, o funcionamento e a evolução social das instituições ou dos contextos nos quais atuam os indivíduos considerados (Genet; Lottes, 1996). O grande perigo deste método seria, no entanto, que esses consideráveis esforços eruditos só permitissem encontrar verdades já conhecidas ou reconhecidas em cada país. Chega-se em geral a esse impasse ou a esse resultado decepcionante quando se utilizam recortes excessivamente globais, que não permitem comparações controladas capazes de relativizar ou de colocar em perspectiva esse ou aquele traço dominante.[19] Isso implica uma vigilância particular quanto à escolha das variáveis comuns e uma reflexão aprofundada sobre as codificações que lhes aplicamos. É preciso, sobretudo, determinar previamente o grau de autonomia relativa dos grupos, das elites ou dos campos submetidos à comparação, os recortes cronológicos pertinentes às coortes que analisamos, em vez de ceder ao prestígio das datas clássicas ou a estereótipos sociais que a biografia coletiva ambiciona justamente desmontar.

Assim, abre-se uma série de questões metodológicas comuns e transversais aos períodos históricos, cuja resolução poderia permitir um debate mais amplo sobre os possíveis alicerces

[19] Um dos defeitos dos trabalhos sobre os parlamentares em âmbito internacional é que eles devem utilizar categorias muito globais e vagas, por falta de fontes suficientemente precisas que permitam efetuar análises estatísticas. As diferenças pertinentes fogem às grades artificiais assim compiladas, inaplicáveis a sociedades com diferentes ritmos de mudança. O campo parlamentar, sobretudo, que é um campo de confronto entre elites com lógicas sociais e culturais específicas, só pode ser compreendido se for ressituado num estudo mais global do conjunto das elites de cada nação, daí uma desesperadora regressão ao infinito para a interpretação final dos resultados.

de uma história sociocultural comparada das sociedades contemporâneas.

Questões práticas

Este método apresenta, portanto, uma grande flexibilidade, mas deve sempre ser repensado e adaptado ao objeto e ao problema que se deseja abordar. Tal precaução, tanto mais indispensável quanto mais alto seu custo em termos de tempo, deve respeitar diversas regras elementares para não mergulhar na tautologia ou na impossibilidade de conclusão.

A questão fundamental é a equação inicial: quantos indivíduos deve-se cruzar com quantas variáveis para que se obtenham conclusões inovadoras? Como trabalhamos, por definição, com pequenos efetivos, é inútil multiplicar as variáveis se não tivermos certeza de obter informações para a maioria delas. No momento do tratamento dos dados, o cruzamento das variáveis levaria a taxas de não respostas tão elevadas que os resultados não teriam qualquer significação. Esse é um problema frequente nas variáveis religiosas ou ideológicas. Muitas vezes, devido à ausência de resultados homogêneos na passagem de uma categoria de elite à outra, não se pode explorar completamente as informações coletadas, exceção feita a certos grupos que dispõem de fontes mais abundantes, como os universitários.

Outra precaução necessária refere-se ao grau de comparabilidade dos dados que coletamos. De nada serve acumular informações e codificá-las com extremo refinamento, se não dispusermos de nenhum outro estudo comparável que permita determinar se as estatísticas assim processadas são ou não significativas. No entanto, o acúmulo de dados sobre temas não tratados pela historiografia anterior pode às vezes adquirir sentido mais tarde, caso se instaure uma cooperação entre historiadores que coloquem seus arquivos à disposição de seus sucessores. Foi assim que pude pessoalmente beneficiar-me dos dados coletados por Serman (1970) sobre os generais de 1870, o que me permitiu compará-los com os dados que eu mesmo coletara sobre os generais de 1901. Aquele historiador não pudera explorar inteiramente seus próprios arquivos na época da pesquisa porque as questões que se colocava eram diferentes das minhas e desprezavam uma parte das informações coletadas.

Um exemplo: os universitários

Os universitários e os intelectuais em geral se preocuparam desde muito cedo em constituir sua própria memória, sob a forma de recordações, necrologias, elogios fúnebres, biografias, comemorações (jubileus, centenários etc.) ou ainda de dicionários gerais ou especializados propriamente ditos. Mas o ponto de vista historiográfico que define esses diversos documentos, que o lexicógrafo forçosamente reutilizará em seu próprio trabalho, é diametralmente oposto ao que motiva hoje em dia as tentativas de biografias coletivas. A biografia à moda antiga esposava estreitamente o ponto de vista do herói, enquanto a biografia coletiva tenta definir os indivíduos em função dos marcos coletivos que delimitam a amostra selecionada e das informações que desejamos reter sobre ela. Seria impossível trazer todos os verbetes ou todas as biografias construídas a uma norma inteiramente unificada, pois mesmo no seio da categoria mais seleta existem hierarquias e diferenças internas incontornáveis (como a que se estabelece em função da riqueza desigual das informações acessíveis ou disponíveis). A especificidade das prosopografias modernas, em relação aos verbetes dos dicionários clássicos, consiste em fazer da grade de questões que subjaz a todo verbete sua preocupação primeira e em preferir a homogeneidade global dos verbetes à diversidade anedótica de cada caso, ela mesma produzida pelo destino póstumo do sujeito biografado. Quando adotamos esse princípio, não se pode mais falar em superabundância, no caso francês, mas de um quase-déficit, na medida em que o único empreendimento comparável em língua francesa foram os verbetes apresentados na série inacabada do *Dictionnaire de biographie française*; em inglês, o único empreendimento foi o dos cientistas universitários franceses selecionados para figurar no *Dictionary of Scientific Biography (DSB)*. Apesar da qualidade geral de seus verbetes, nem mesmo esses dois dicionários obedecem inteiramente às definições antes apresentadas. Embora o objeto de minhas pesquisas tenha sido sobretudo os professores parisienses, considerados como a elite do grupo na referida época, nem todos foram selecionados pelos dois dicionários precedentes, cujos critérios de escolha obedeciam a um julgamento de valor sobre a importância, a notoriedade ou a obra dos selecionados para compor as coletâneas. Entre os 113 professores que figuravam em meu dicionário da Faculdade de Ciências (período 1901-1939), apenas 41 fizeram jus a um verbete no DSB. Apesar das qualidades de erudição dessas obras, os editores parecem ter ficado presos a julgamentos de valor construídos *a posteriori*, cujos princípios nunca foram inteiramente explicitados. As prosopografias decidem, ao contrário, que o próprio fato de ter sido socialmente reconhecido como apto a fazer parte do corpo em questão já é considerado um indicador de seleção histórica suficiente, sem que seja preciso somar a isso o julgamento retrospectivo das gerações ulteriores.

Esse relativismo histórico absoluto tem um outro efeito, o de mostrar a oscilação dos critérios de acesso, mesmo num meio que se supõe extremamente corporativista e autônomo. São precisamente os universitários considerados indignos de figurar nos dicionários biográficos oficiais que permitem colocar em evidência essas definições de geometria variável que nos escapam numa primeira aproximação. A principal função da seleção da posteridade é a eliminação dos elementos menos conformes à imagem ideal que cada corpo quer dar de si mesmo, mantendo a memória de seus antigos membros.

Além dessa preocupação metodológica e de utilidade coletiva, essas biografias coletivas de universitários estão ligadas a uma problemática global de reflexão sobre a evolução, até então negligenciada pelos trabalhos franceses, do ensino superior francês, sobre a qual se centraram inúmeros trabalhos essencialmente anglo-saxões durante os anos 1970-1980. Orientada para as instituições e os atores políticos, depois de ter-se interessado por seus elementos mais turbulentos, os estudantes, a história das universidades tinha a obrigação de voltar ao grupo estável da instituição, desconhecido porque aparentemente visível demais, os próprios professores. Estigmatizados depois de 1968 como um freio às reformas, sob a denominação pejorativa de "mandarins", as novas pesquisas anglo-saxãs apresentavam, ao contrário, os professores como atores plenos da primeira reforma universitária do fim do século XIX, que liberou parcialmente as faculdades napoleônicas da camisa de força que se acabara de condenar às gemônias sobre os paralelepípedos do Quartier Latin.[20]

As armadilhas de um objeto aparentemente fácil

Os dicionários que tratam de categorias distantes do historiador estabelecem por si mesmos a distância necessária a todo empreendimento histórico, ainda que saibamos que, numa pesquisa de história contemporânea, toda escolha é condicionada por segundas intenções ideológicas ou políticas. Quando nos referimos a seus predecessores longínquos, a suspeita de complacência e de celebração imediatamente aparece nas entrelinhas do empreendimento. A segunda armadilha, já evocada no panorama historiográfico

[20] Ver Weisz (1983) e Nye (1986).

prévio, refere-se às fontes ocultas. As biografias prontas e acabadas de uma parte da população incitam com frequência à cópia indolente do trabalho dos antecessores, o que alimenta a permanência das lendas fornecidas pelos próprios interessados. Todo empreendimento biográfico, refira-se ele a personagens ilustres ou a cidadãos obscuros, deve se precaver dessa hagiografia inconsciente, da qual não escaparam nem a história operária, nem a história das elites.

O distanciamento

Diante dessas duas armadilhas, o historiador dispõe dos recursos da metodologia mais clássica de seu ofício ou aquela, mais geral ainda, dos recortes do inquérito policial. Sua vigilância pode, no entanto, falhar na medida em que crê conhecer a partir de dentro o meio estudado e compreender por meias palavras informações que não são mais do que estereótipos, com os quais ele se deixou impregnar a partir desses relatos típicos que povoam a memória dos lugares em que foi formado. Empreender uma biografia coletiva relativa ao próprio universo ao qual se pertence não deve ser uma imersão nesse fluxo de representações inconscientes veiculadas pela cultura de sua disciplina ou de sua faculdade de origem, mas, ao contrário, deve realizar, contra essa memória mais ou menos consciente do meio, um distanciamento e uma autoanálise desse inconsciente social que habita a maioria dos universitários. Quando se estudava o período mais antigo, o distanciamento cronológico tornava essa vigilância mais fácil, embora as fontes fossem com frequência insuficientes para criticar a literatura acadêmica oficial naquela época de personalidades universitárias, em que os professores da Sorbonne também faziam parte, por vezes, das altas esferas do Estado. Para o período mais recente, o discurso de celebração se "laiciza" e, com a autonomização do campo universitário, as fontes perdem o caráter aproximativo que tinham os dossiês da época dos notáveis. Hoje o risco que pode falsear o julgamento é a ilusão de familiaridade, relacionada com a proximidade cronológica e social.

Toda biografia é uma escolha entre o lícito e o ilícito, o público e o privado, tanto mais que a categoria de pertencimento é rigorosamente definida de maneira antiga e institucional, características por excelência dos universitários. De um lado, o repertório de títulos e trabalhos, de outro, a necrologia publicada em revistas de especialistas ou os anuários dos antigos alunos esboçam os limites oficiais, por vezes os únicos disponíveis, do material de base sobre o *homo academicus* típico. Na medida em que se avança no tempo e o acesso a outros tipos de arquivos (dossiês pessoais, estado civil etc.) torna-se mais difícil, a decodificação dessa literatura de base padece de uma falta de proteção. O possível recurso às testemunhas e aos descendentes, experimentado com graus variáveis de sucesso, mas nunca socialmente neutro, oferece o risco de se voltar a uma entrega à própria fonte das hagiografias ulteriores.

Os resultados obtidos sobre os universitários franceses permitiram a desconstrução dessa categoria e a atualização das múltiplas fraturas que atravessam esse grupo aparentemente selecionado e homogêneo: geração, faculdade, disciplina, lugar de exercício, relação ao campo do poder, quase tudo separa os universitários franceses, como se pôde ver por ocasião de certas crises, como o caso Dreyfus, os anos 1930 ou a crise de maio de 1968. Para dar sequência à ideia da prosopografia comparada, havia assim a tentação de procurar realizar o mesmo trabalho sobre os universitários alemães, a fim de melhor avaliar a especificidade ou, ao contrário, a universalidade das oposições isoladas a partir do caso francês.

Escolha das variáveis

Apesar da semelhança funcional dos dois grupos, as dissimetrias fundamentais entre os dois modelos universitários (centralismo/descentralização; plurifuncionalidade/unicidade de organização) obrigam a realizar um esforço particular de imaginação para elaborar grades comuns, sob pena de se encontrar apenas fatos previsíveis.

O primeiro exemplo é fornecido pelas variáveis sociais, as variáveis clássicas de origem geográfica e social. Como em toda comparação, trata-se de pesar as semelhanças e as diferenças. As variáveis geográficas podem revelar o que já sabemos, a oposição centralização/descentralização entre as duas nações. Não é esse resultado manifesto que deve ser colocado em evidência por uma codificação comum, mas antes a lógica das trajetórias das duas populações e seu sentido social e intelectual, daí a razão de um tratamento funcional da variável geográfica. Ela deve responder à seguinte questão: que tipo de capital específico autoriza o lugar de socialização primária apreendido através do local de nascimento ou da primeira formação? Capital cultural (proporção de cidades universitárias), proximidade da rede administrativa que dispensa diversas vantagens para a continuação (proporção de cidades administrativas), proximidade, ao contrário, do mundo da modernidade econômica (proporção de cidades comerciais ou industriais dominantes)? Substitui-se assim, ao resultado esperado, um feixe de indicações sobre a inserção dos membros das futuras elites universitárias nas diversas redes urbanas que podem facilitar ou retardar as carreiras escolhidas ou passíveis, ao contrário, de atraí-los para os outros horizontes a que eles renunciaram. A repartição dessas formas de capital, ponderada em função da estrutura urbana específica do país, revela assim os princípios dominantes de seleção próprios a cada sistema dentro do campo considerado.

Esse primeiro indicador é afinado e especificado dentro da mesma lógica pelas variáveis ligadas ao meio social de origem. Não foi a preguiça imaginativa que me fez retomar a codificação já testada para outras elites, mas sua maior flexibilidade de adaptação, já comprovada em diversos meios, e o interesse cumulativo de ligar as prosopografias já existentes por meio de uma grade comum. Esse código geral foi definido por três indicadores específicos e sintéticos: pertencimento ou não à nobreza, formação superior do pai e ligação do pai à administração, o que permite colocar em evidência certos traços similares ou diferentes que têm uma significação geral para as duas sociedades e para a comparação entre as elites universitárias e as outras elites.

No que se refere às variáveis de carreira, a adoção de uma grade comum para as duas amostras não apresentava maior dificuldade, uma vez que a hierarquia dos níveis apresentava pontos comuns entre os dois sistemas universitários. Referimo-nos ao número de postos que precedem o acesso ao posto final, ao tempo passado nas funções de nível inferior à de professor titular, à experiência ou não no ensino secundário e na pesquisa, à continuidade ou não da localização das funções, à idade nos diferentes níveis mais importantes – indicadores que devem ser cruzados com as disciplinas, os períodos e as gerações. Pode-se assim esboçar um retrato funcional e dinâmico das duas populações e penetrar mais a fundo no funcionamento dos dois sistemas, dos comportamentos e das estratégias que eles estimulam ou, ao contrário, desencorajam, na medida em que eles próprios dão origem a possíveis escleroses ou renovações. Pode-se ainda e principalmente tentar determinar se o envelhecimento que caracteriza a elite universitária parisiense depois da Primeira Guerra Mundial afeta ou não a elite universitária berlinense na mesma época; e se a especificidade das letras e das ciências influi na redefinição idêntica de vias particulares análogas para as ciências nos dois países (sobretudo devido à emergência mais precoce da função autônoma de pesquisa nas ciências).

Hipóteses e metodologia

Para encerrar, que hipóteses poderiam ser confirmadas ou invalidadas por uma prosopografia comparada dos universitários parisienses e berlinenses? Elas se relacionavam a minhas pesquisas anteriores sobre os intelectuais franceses e posteriores sobre os intelectuais na Europa.[21] A questão colocada pelos retratos sociais dos dois grupos de universitários homólogos era medir os efeitos dessas características sobre a representação que os professores tinham de seu papel e sobre os ideais coletivos delas derivados. Mais uma vez, não queremos aqui reafirmar o conhecido truísmo da dominância relativa do modelo dos "intelectuais" na França e de sua ampla recusa na Alemanha. Convém antes compreender as razões e as funções desse modelo para além das tradições culturais, explicação que obedece à lei do menor esforço. É preciso sobretudo descobrir onde se situam as clivagens internas dos dois grupos universitários e quais são suas origens. Em vez de nos atermos às crendices, seria preciso valorizar a existência de um modelo anti-"intelectual" amplamente difundido na França dentro do meio universitário, modelo esse que uma história equilibrada do engajamento intelectual no caso Dreyfus já valorizava. Inversamente, a emergência de minorias próximas do ideal francês em certos círculos universitários alemães foi, durante muito tempo, subestimada pela historiografia dominante, centrada nos "mandarins" conservadores. Ela explica os profundos conflitos internos às universidades alemãs sob a república de Weimar e suas possibilidades de evolução e de reação diante da contaminação pelo movimento nazista, implantado desde cedo no meio estudantil. Em sua obra

[21] Ver Charle (1990b, 2001b).

pioneira, Ringer (1969) já havia constatado essa oposição entre os mandarins tradicionais, nostálgicos do Império, e uma minoria inovadora aberta a novos saberes e novas ideias. O que ele analisou no plano da história das ideias deve ser cruzado com os ensinamentos da biografia coletiva, como certos trabalhos consagrados a certas disciplinas ou certos períodos cruciais do ensino superior alemão nos convidam a fazer. Para elucidar essas diferenciações internas, na suposição de que a experiência já tentada no caso francês seja generalizável, a prosopografia comparada é certamente o instrumento mais adequado. Ela deve levar à construção de uma biografia social diferencial sistemática e à relação entre os dados socioinstitucionais e socioculturais, de um lado, e as variáveis ligadas ao engajamento intelectual, político ou social, do outro.

Inaugura-se, assim, uma série de questões metodológicas comuns e transversais aos períodos históricos, cuja resolução poderia permitir a emergência de um debate mais amplo sobre os possíveis fundamentos de uma história sociocultural comparada da cultura europeia, perspectiva final dessa primeira pesquisa.

6 Por um cruzamento dos métodos históricos e literários[1]

Sabe-se bem que o diálogo entre disciplinas é a coisa mais proclamada do mundo e a menos praticada de fato. Para além do simples desagrado, ele também ritual, convém que nos interroguemos sobre as causas profundas dessa não-comunicação, que não impede, aliás, as transferências conscientes ou inconscientes, como atestam certas modas de além-Atlântico, em que autores franceses oriundos de disciplinas diferentes se encontram amalgamados num novo espaço intelectual intitulado "French Theory", muito em voga nos departamentos de literatura americanos (Cusset, 2003). Na França, as linhas divisórias são mais estáveis, mas houve vários momentos em que esse diálogo quase foi possível: no início do século XX, quando Lanson procurou renovar a história literária; nos anos 1940, quando Lucien Febvre (1941; 1953, p. 264 e seguintes) escreveu sua resenha bastante crítica do livro de Daniel Mornet, *Histoire de la littérature classique 1600-1700; ses caractères véritables et ses aspects inconnus.* O debate foi retomado mais a fundo nos vinte últimos anos pelos oitocentistas especializados na história do livro, como Daniel Roche (1988), Robert Darnton (1985, 1992), Roger Chartier (1990) ou Dinah Ribard (2000). Nas épocas mais recentes, o ramo em expansão da história cultural e, em menor grau, a história das representações encontraram igualmente em seu caminho

[1] Texto publicado anteriormente em Charle (2009c).

o problema do tratamento do campo e das fontes literárias. Com frequência, no entanto, elas se refugiaram em táticas de evitação, de coexistência pacífica ou de divisão inconsciente do trabalho, esquivando as questões inconvenientes ou as querelas de fronteiras insolúveis: para os historiadores, os "intelectuais", para os literatos, os "escritores"; para os primeiros, a infraliteratura, o folhetim, o periódico e a literatura popular, para os segundos, a vanguarda, a cultura letrada, os grandes autores e o grande estilo; para uns, as instituições da literatura e suas lentidões políticas e memoriais, para os outros, os textos, os fantasmas ou o imaginário que eles suscitam, sua interpretação, sua gênese, o ateliê do escritor e o diálogo com o criador.[2]

Apesar de se comportarem habitualmente como predadores das ciências sociais, aqui os historiadores se mostraram temerosos e respeitadores dos prestígios de uma disciplina canonizada pela cultura letrada. No sentido inverso, os representantes dos estudos literários não manifestam mais a reverência que demonstrava Lanson (1929, p. 45 et seq.) em relação à historiografia de sua época. A nova história literária se apropriou despudoradamente dos métodos, dos procedimentos e dos questionamentos que os historiadores haviam construído para a história do livro, a história da educação, a história das ciências, a biografia. Ela não se limita mais ao comércio dos "gênios", mas se atém a tipos de autores, de gêneros, de lugares literários que, até então, apenas os historiadores, em sua bulimia acumuladora, analisavam como documentos ou testemunhos, em vez de como autores ou produtos culturais.[3] Mais que os historiadores, os especialistas da literatura também ultrapassam as fronteiras nacionais e renovam o comparatismo, como atestam os trabalhos sobre as

[2] Ver Mollier (2003) e Lyon-Caen (2003 e 2006). Ver também as observações críticas dirigidas aos historiadores quando fazem uso da literatura, enunciadas por Corbin (1995).

[3] Ver Diaz (2003), Planté (2003) e Régnier (2003).

transferências culturais, de Michel Espagne, e sobre a função da literatura e dos escritores na construção nacional, de Anne-Marie Thiesse (1999) ou de Pascale Casanova (1999). Essa relação dissimétrica atual permite delimitar duas questões, às quais buscarei responder de maneira sumária neste rápido exame, que completarei por meio de uma tentativa de cruzamento produtivo. Como a história pode contribuir com os estudos literários?

Em retorno, como os estudos literários podem contribuir com a história? Para terminar, testaremos esse cruzamento de métodos no teatro.

Como a história pode contribuir com os estudos literários?

Para responder a essa primeira pergunta, devo situar a mim mesmo nessa inter-relação. Meu itinerário de formação e parte de meus trabalhos são, com efeito, fundados na convicção, nem tão original assim, de que para bem estudar a literatura como objeto histórico, é preciso praticar a história e a sociologia histórica.

Mais interessantes que essa simples afirmação são as razões que me levaram a esta opção. Meus primeiros trabalhos foram, com efeito, voltados para objetos literários, retomados com regularidade mesmo quando me direcionava para outros horizontes. Eu deveria provavelmente ter seguido estudos literários em que esses objetos, ainda estranhos entre os historiadores (o naturalismo, o teatro, os grupos literários, o engajamento dos escritores etc.), teriam parecido "naturais". Se não o fiz, foi sem dúvida em reação ao clima intelectualista e teoricista que reinava à época (anos 1970) nas fronteiras inovadoras dos estudos literários, então sob a cômoda etiqueta de "estruturalismo", "nova crítica" ou "teoria literária". Para escapar disso, a história, em seu zênite de prestígio intelectual entre as diferentes ciências humanas, me pareceu um lugar mais acolhedor e mais adaptado a esse projeto. Seus novos ramos permitiam encarar de maneira diferente os objetos literários: primeiro a história do livro, desenvolvida sobretudo a respeito da época moderna após os trabalhos de Lucien Febvre, de Henri-Jean Martin, da pesquisa dirigida por François Furet sobre *Livre et société* e das pesquisas de Robert Darnton sobre a polícia dos escritores e a boêmia literária, da tese de Daniel Roche sobre as academias de província e seus artigos sobre os "republicanos das letras", dos trabalhos sobre a leitura de Roger Chartier (1987) etc.; depois a história da educação, na qual modernistas como Dominique Julia e Willem Frijhoff (1975) ou Marie-Madeleine Compère abriram caminho, tirando o melhor partido das proposições desenvolvidas pela sociologia da educação de Pierre Bourdieu e Jean-Claude Passeron; a história das empresas editoriais, na qual os primeiros trabalhos de Frédéric Barbier (1979) sobre Berger-Levrault e de Jean-Yves Mollier (1984) sobre Calmann-Lévy exploravam o mercado da literatura e as relações dos escritores a seu ofício; a história das sociabilidades, com as proposições pioneiras de Agulhon (1977), também dava lugar a reprises frutíferas na esfera literária;[4] as pesquisas sociológicas sobre o campo literário e as novas formas culturais (história em quadrinhos, literatura infantil) após Bourdieu (1977), em que Boltanski (1975) e Chamboredon e Fabiani (1977) propunham abordagens transponíveis para o período anterior; a história das disciplinas literárias, com Karady (1976a, 1976b), que construiu pontes entre a formação dos escritores, a universidade e a hierarquia das disciplinas etc. Todas essas abordagens, indissociavelmente sociológicas e históricas, permitiam-nos fazer novas perguntas à literatura,

---

[4] O livro de Antoine Lilti (2005), *Le monde des salons*, prolonga de certa maneira essa abertura trintenária aproximando-a da esfera literária. Os trabalhos dos especialistas do século XIX sobre esse ponto são bem menos originais por seu empirismo anedótico. Ver, por último, Chimènes (2004).

mudar os limites de uma definição canonizada, tanto pela tradição escolar quanto pelo culto à escrita do que parecia ser a vanguarda na época, e reinserir os estudos literários num conjunto de práticas sociais negligenciadas ou esquecidas: relação à leitura, à oralidade, o problema dos públicos e do consumo cultural, os efeitos sobre os textos da publicação em forma de livro, a hierarquia das práticas e dos gêneros, as relações entre a literatura e o poder, a função da literatura na construção da tradição cultural, o *status* e a profissionalização do homem de letras perante as outras profissões intelectuais,[5] a especificidade das relações entre as instituições culturais e o Estado na França, a história econômica da literatura, relações entre sexo e literatura, literatura e imaginário social, essas eram algumas das entradas do que se poderia chamar, por analogia com a história das ciências, de "programa forte" de uma abordagem da literatura ancorada na disciplina histórica concebida como ciência social.

Essa dispersão em todas as direções do questionário, das fontes que se podiam mobilizar e das relações dos objetos literários com os mundos que os cercavam podia parecer ameaçadora tanto para os adeptos do lansonismo quanto para os da literariedade.[6] Restava apenas uma última pergunta fatal, análoga àquela de Napoleão diante da *Mécanique céleste* de Laplace, que não seria "Vós construís todo o sistema do mundo, forneceis as leis de toda a criação e, em todo vosso livro, não falais uma só vez da existência de Deus ", mas sim: "Vós forneceis as leis de toda a criação literária e não falais nem uma só vez do gênio literário e do prazer do texto". Objeção à qual alguns diziam, de Sartre a Bourdieu (1992b, sobretudo p. 416-417), não a célebre resposta que o cientista deu ao grande homem – "Não tive necessidade dessa hipótese " –, mas: "Graças a tudo

[5] Ver o número de janeiro-fevereiro de 2006 de *Mouvement social*, dirigido por Gisèle Sapiro, "Professions intellectuelles".

[6] Este é, de fato, o programa que o primeiro Roland Barthes (1960), na filiação de Lucien Febvre, propunha em seu célebre artigo "Histoire et littérature: à propos de Racine".

isso, podemos enfim sair do romantismo, historicizar o gênio e apreciar de outra maneira, e ainda melhor, os textos em toda sua diversidade, e não apenas segundo a postura letrada que herdamos".[7]

Além de levantar questões ambiciosas, os historiadores podem contribuir sobretudo ao estabelecer relações que os estudos literários esquecem devido ao primado atribuído ao autor célebre e ao texto canônico extraído do *continuum* dos múltiplos textos de um mesmo autor e de seus contemporâneos. A abordagem através do campo literário, por um lado e, por outro, aquela feita através da produção literária, hierarquizada pelo mercado, pelos gêneros, pelos espaços de consumo e pelos públicos operam transversalmente a difração de uma imagem excessivamente linear da história, oriunda de um estado anterior da historiografia, da qual os estudos literários se apropriaram sem crítica. Contra a visão romântica da literatura como espaço de liberdade, lugar de revolução permanente, a abordagem histórica enfatiza o espaço das limitações, das concorrências e das proibições, o que permite medir melhor a raridade e a dificuldade da transgressão daqueles que serão mais tarde etiquetados como "grandes" autores ou "revolucionários das letras", embora se trate, como mostrou José-Luis Diaz (2001 e 2007), de um momento particular da relação entre a literatura e a história e de um setor extremamente minoritário da produção. O epíteto *grande* deve ser aqui entendido não como uma escala de grandeza construída pela posteridade, mas como a capacidade deste ou daquele autor de se distanciar de um espaço de jogo que deixa bem pouco espaço ao jogo, na medida em que as leis do mercado, a estruturação do espaço dos gostos e das aversões pelos sistemas de formação, a crítica e os circuitos do livro, sem esquecer as instituições de policiamento

[7] Incidente relatado por Victor Hugo (1972, p. 217).

da literatura (censura, autocensura, edição, mas sobretudo a crítica e o fracasso) fazem sentir seus efeitos.

Essa capacidade tampouco é um dado milagroso (um dom, um talento, um gênio, um espírito maldoso), mas um constructo dinâmico a partir do espaço dos possíveis e dos impossíveis, do que é defensável ou indefensável, da luta de concorrência perpétua entre os capitais simbólicos de uns e de outros. Isso é amplamente demonstrado por todas as biografias comparáveis de homens e mulheres em ruptura com outros campos (político, intelectual, científico, social etc.), que se podem colocar em série através da biografia comparada, outro método com que a história pode contribuir enquanto via já testada de descoberta e redescoberta daquilo que pensamos saber das vidas passadas.[8]

Os estudos literários devem tentar escapar à normatividade que está em sua base original, momento em que eles ainda não se distinguiam da crítica.[9] A história da literatura foi, com efeito, construída como uma disciplina de acompanhamento à aprendizagem do bom gosto literário e da reverência prestada ao patrimônio dos clássicos. Mesmo quando a ditadura dos clássicos se reduziu um pouco – bem tardiamente, como demonstraram trabalhos recentes, como os de Martine Jey (1998) –,[10] a construção desse cânone influiu na abordagem dos períodos ulteriores, levando à constituição de uma nova classificação dos "clássicos modernos", percebidos de maneira tão seletiva e deformada quanto os antigos clássicos. Até mesmo os especialistas mais conscientes dos vieses inerentes

[8] Ver Charle (1996); Dreyfus, Pennetier e Viet-Depaule (1996, cap. 5). Para uma aplicação desse método à corrente naturalista ou aos romances populares, ver Charle (1979) e Thiesse (2000); para uma aplicação ao caso singular de Zola, ver Charle (2002, 2004b), Ponton (1977) e Sapiro (1999).

[9] Sobre esse problema ver Boschetti (2004). Essa crítica do *habitus* profissional das disciplinas literárias foi mais bem desenvolvida no capítulo 2.

[10] Sobre a persistência do século XVII como reservatório de autores de referência nos programas, bem depois da reforma do ensino da Terceira República.

a um certo *habitus* disciplinar se deixaram enredar nesse jogo polêmico que, ao visar dar uma resposta a esses, falseava seu procedimento: "reabilita-se" tal autor maltratado, "tira-se do esquecimento" tal mulher de letras vítima do machismo de seus contemporâneos,[11] ressalta-se o valor de tal obra ocultada pela focalização dos contemporâneos sobre tal outra.

Sem dúvida, ao sair dessa postura da história processo (de canonização), ao recusar a posição de leiloeiros da bolsa de valores literários em perpétua recomposição, abandonando a especialização por "grande autor" e os múltiplos lucros simbólicos que tais autodefinições aportam, os especialistas dos estudos literários perdem toda uma parte de sua função tradicional,[12] abandonando o terreno aos jornalistas, aos críticos, aos amadores que poderão, assim, furtiva e impunemente, caçar sobre suas terras – como os historiadores amadores e os apreciadores de anedotas dos grandes homens fazem, desde o século XIX, nos territórios dos historiadores com reputação de seriedade, que passaram então a outros problemas, menos sintonizados com o grande público amante de história.[13]

Como os estudos literários podem contribuir com a história (cultural)?

Convém agora inverter o olhar, para evitar que se pense que a abordagem precedente depende de uma *hubris* disciplinar imperialista. Poder-se-ia facilmente objetar, diante do programa precedente, que essa nova abordagem histórica da literatura equivaleria de certo modo, no fundo, a transpor aos

[11] Ver Planté (1989).

[12] Sobre os usos do culto dos grandes escritores, ver Boudrot (2004, 2012).

[13] Sobre esse ponto, ver as observações complementares de Thérenty e Vaillant (2005, p. 287), que desejam preservar o critério do valor definindo-o de outra maneira que não através da tradição: "[...] o que funda o valor de uma obra é uma decisão do autor ou, dito de outra maneira, a escolha de uma escrita; ou seja, a invenção – ou pelo menos, o arranjo – de um fazer artístico colocado a serviço de uma intenção de comunicação [...]".

objetos literários a definição da história social proposta pelo historiador inglês Trevelyan: a história menos a política? Não seria como fazer a história de todos os objetos que passam pelo campo da literatura, sem estudar os próprios textos?

Essa divisão do trabalho entre internalismo e externalismo é de fato o principal risco inerente ao peso excessivo das questões anteriores. A massa documental e a complexificação das formas de tratamento são tais que o tempo que resta para ler, explicar e analisar a matéria literária se torna fatalmente mais reduzido. Não teríamos assim recaído no velho defeito que Péguy (1961, p. 1002) ironizou em seus célebres textos polêmicos contra os filólogos de sua época que, de tanto examinarem os textos para cima e para baixo, simplesmente esqueciam de lê-los?

Inúmeros trabalhos na confluência das duas áreas demonstram que esse impasse não é inelutável. No entanto, é necessário saber tirar dos estudos literários os elementos necessários a essa abordagem histórica ampliada. Em primeiro lugar, há o imenso campo da abordagem das formas: por insignificante que seja, o texto literário é prisioneiro de uma forma destinada a produzir um certo efeito sobre o leitor, em função das convenções implícitas de uma época e de uma relação histórica entre o autor e o circuito de difusão, sempre em constante negociação.

Mas o historiador não pode se contentar com essa retomada literal do estudo das formas. Seu projeto deve ser determinar por que essas mudam, por que são ou não eficazes, por que são escolhidas ou rejeitadas por este ou aquele grupo de autores num dado momento e, sobretudo, por que são recebidas ou não por este ou aquele público histórica e socialmente situado. Ora, as mudanças de gosto e a nova retórica dominante tornam por assim dizer inaudíveis, invisíveis e incompreensíveis formas anteriormente onipresentes e eficazes a ponto de mobilizar multidões: pensemos nas canções de Béranger, nas estrofes das peças em voga, que por vezes serviam como palavras de ordem mobilizadoras a movimentos políticos,[14] nas alusões codificadas que buscavam contornar a censura, nos inúmeros tipos de escritos cujas categorias de percepção se perderam e foram esquecidos pelos próprios estudos literários.[15] Nessa leitura de códigos secretos, que remete a automatismos produzidos pela recorrência e pela repetição, a cooperação entre o historiador e o especialista da literatura é indispensável.

O historiador formado na leitura de textos "banais", ou seja, majoritariamente produzidos por burocracias e escrevinhadores definidos por uma divisão do trabalho extremamente normatizada, tende espontaneamente a julgar apenas o efeito de um texto com base em sua funcionalidade direta e dentro de uma relação hierárquica definida. Que se trate do relatório de um comissário de polícia a um subprefeito, das atas de um notário referente à partilha de uma sucessão, da audição de uma testemunha num tribunal, do estado das colheitas de um cantão etc., os papéis, as relações, os objetivos desses textos são relativamente imóveis e previsíveis. Embora eu tenha insistido sobre os constrangimentos que pesam sobre a produção, o consumo, a avaliação, e a difusão dos textos literários, quando comparados a esses textos e documentos históricos clássicos, eles se desenrolam num espaço de possíveis muito mais vasto e complexo, que o historiador não deve restringir *a priori* em função de seus reflexos profissionais ou de sua leitura em descompasso com o ponto de vista literário. Ora, com muita frequência, sobretudo quando está buscando testemunhos sobre as representações, o historiador tende a privilegiar os textos literários cuja forma ou abordagem se aparente à escrita histórica ou ao documento histórico realista (correspondência, romance realista, diário de viagem), em

---

[14] Conferir o caso da peça *Le Chevalier de Maison Rouge,* de Dumas, sobretudo da utilização de seu "*Chant des Girondins*" no contexto pré-revolucionário de 1848 – ver Robert (2011). Sua lembrança é ainda atestada na longínqua Califórnia, entre os migrantes franceses de 1848 – ver Foucrier (1999).

[15] Ver Thérenty e Vaillant (2005, p. 279).

detrimento de outros gêneros ou estilos de escrita mais árduos ou que resistem a uma leitura clássica específica à história.[16] Ainda na suposição de que ela seja solitária, o que é muito raramente o caso, sobretudo quanto mais regressamos no tempo histórico, a leitura dos textos literários é sempre plural, diferentemente dos textos históricos que mencionamos anteriormente, que foram efetivamente lidos por apenas uma pessoa, na maioria das vezes por duas ou três pessoas, antes do próprio historiador. O termo plural deve ser aqui entendido em vários níveis: o autor tem, sem dúvida, via de regra, a pretensão de atingir um número bastante grande de leitores, caso contrário, ele não daria um *status* literário a seu texto, tentando fazer dele um produto reproduzível e inserido num "gênero" ou num modo de expressão mais ou menos determinado anteriormente pelo estado do campo literário ou pelas normas editoriais. Ele pretende, ao mesmo tempo, controlar e prever seus efeitos através da forma, do modo de difusão, do tipo de linguagem que emprega. À exceção de certos casos extremamente raros (os sucessos, os livros acontecimentos etc.), a socialização de seu texto pela publicação (em volume, em brochura por um editor clássico ou por conta do autor), a seriação (publicação em revista, em artigo ou em folhetim), a leitura pública, sua representação num teatro ou ainda a adaptação de um gênero a outro, produzem efeitos diferentes ou incontrolados: no melhor dos casos, debates ou oposições polêmicas; na maioria deles, um efeito modesto e insignificante, por vezes em desacordo, atestando o descompasso entre a leitura do autor e a do leitor ou leitores previstos. A definição clássica que os

[16] Assim Antoine Prost (2006, p.101), ao evocar uma obra literária a respeito do Front populaire com o objetivo de descrever as relações entre patrões e operários, cita um curto trecho da novela de Sartre *L'enfance d'un chef*, sem se perguntar qual é a função dessa passagem dentro da novela nem qual é a fiabilidade do quadro descrito por Sartre, que, como se sabe, estava nessa época bastante afastado de qualquer inserção política e social que lhe permitisse, no caso, escapar aos estereótipos mais convencionais sobre a sociedade burguesa.

estudos literários deram dos textos apresentou uma tendência não só a canonizar a forma livro em detrimento das formas periódicas ou orais,[17] mas também a esquecer todas as formas de transferência entre os gêneros: do romance ao teatro, do texto sem imagens ao texto ilustrado, da poesia ao texto cantado, das formas orais às formas fixas através do impresso, o acompanhamento musical de certas obras foi apagado da lembrança etc. Todas essas operações assumem um significado altamente histórico e social, mas também modificam o sentido literário dos próprios textos, de seu modo de recepção e seu acesso a públicos diferentes. Tanto o historiador quanto o especialista dos estudos literários em geral se unem ao vencedor, negligenciando essas eventualidades: eles se interessam apenas pelos sucessos e pelos livros marcantes (efetivos ou reconstruídos pelo "cânone" literário posterior). A maioria das condenações iniciais ao esquecimento pronunciadas pelos próprios contemporâneos ou os mal-entendidos iniciais são homologados pela posteridade, ainda que o historiador seja por vezes mais indulgente que o cânone literário, fortemente petrificado pelo gosto atual e pela definição dominante, ou seja, a da penúltima vanguarda, ou da literatura que os universitários do momento apreciam, levando-se em conta os descompassos de temporalidades entre o campo universitário e o campo literário. O medíocre, o médio, o absorvido-esquecido, mesmo para as massas consequentes de leitores, são sumariamente dispensados em algumas frases, através das quais o leitor letrado que existe no fundo de todo universitário exclui uma produção corrente que perturba as certezas de seu (bom) gosto.

Essa não-leitura não é muito surpreendente, mas produz falsos efeitos de perspectiva que prejudicam a interpretação do que continuamos a ler, mesmo numa perspectiva de abordagem histórica da literatura.

---

[17] Marie-Eve Thérenty (2003) e Alain Vaillant (2003) reagem felizmente contra esse preconceito com relação ao século XIX.

Um exemplo de cruzamento metodológico: o teatro

Para melhor me fazer compreender e ilustrar o interesse dos cruzamentos de método e de questionário entre essas duas áreas, utilizarei um exemplo derivado de minhas pesquisas sobre o teatro na segunda metade do século XIX. O teatro corrente dessa época tem hoje má reputação e talvez seja ainda mais maltratado e mal estudado do que a literatura popular ou o *fait divers*, os quais encontraram historiadores e especialistas da literatura que se dedicaram a eles com talento e eficácia nos últimos quinze anos.[18] Consideradas simultaneamente, sem mais delongas, como "burguesas" e não literárias, conformistas, estereotipadas e repetitivas, essas dezenas de milhares de peças, que, apesar de tudo, mobilizaram centenas de milhares de espectadores em toda a Europa e na América, foram dispensadas com algumas fórmulas desdenhosas tanto pelos historiadores da literatura quanto pelos historiadores não especializados. Esse repertório não possui, de fato, nem o charme do melodrama, que expressava as paixões populares e políticas do primeiro século XIX, nem a distinção e o escândalo da vanguarda, que tentava na mesma época conquistar um lugar ao sol contra a cultura teatral dominante e ocupa, hoje, nas histórias da cultura da época, um lugar inversamente proporcional ao número de seus espectadores efetivos. Ainda que os especialistas de literatura ou de história aceitassem rever seus julgamentos rápidos (alguns deles o fizeram, mas sem

[18] Ver Thiesse (2000), Kalifa (1994, 2005), Dumasy.-Queffelec (1995), Vareille (1994) e Ambroise-Rendu (2004).

grande repercussão entre seus pares),[19] a massa das obras que se deve levar em conta coloca tanto o historiador quanto o especialista dos estudos teatrais diante de um dilema:

– ou ele adota os procedimentos sumários do historiador quantificador ou classificador da história do livro, arriscando-se a não dispor das mediações necessárias à compreensão das relações que se estabelecem, no caso específico do teatro, entre vários grupos participantes do processo de comunicação literária, na medida em que se trata de um espetáculo vivo: autores, diretores, atores, críticos, públicos, autoridades administrativas;

– ou escolhe, ao contrário, o procedimento intensivo e qualitativo, privilegiando esta ou aquela obra para compreender sua trama íntima e encontrar nela a fonte explicativa da boa, má ou medíocre recepção que ela teve à época. Mas como justificar a arbitrariedade de uma loteria tão arriscada e comparar o caso escolhido ao conjunto do repertório, para determinar sua banalidade ou sua eventual originalidade?

Esse dilema pode ser resolvido ao combinarmos os princípios antecipados no primeiro aos do segundo ponto: a abordagem histórica globalizante deve ser enriquecida pelas inúmeras monografias parciais que certas obras ou autores puderam suscitar, apesar do opróbrio que ainda se atribui, em geral, a esse repertório. A abordagem global permite, com efeito, em primeiro lugar, romper com o preconceito de que esse teatro se dirige aos mesmos grupos, qualificados sem mais delongas de "burgueses", e depois adota seus preconceitos, seus gostos e seus conformismos, o que torna vã qualquer abordagem da

---

[19] Conferir Baron (1986), Asholt (1984), Le Naour (2001), Lebel (1996). Em sua síntese, Michel Autrand (2006) se esforça em abrir o panorama dos gêneros, mas suas reabilitações se fazem em função de critérios exclusivamente estéticos, ainda que eles sejam menos estreitos que as antigas leituras inspiradas pelo cânone da "modernidade" teatral. Ver também as obras coletivas e os livros pessoais de Jean-Claude Yon (2010, 2012), que tentam abarcar em sua globalidade as diversas formas de teatro.

literatura e incerta ou decepcionante qualquer tentativa de descobrir o inédito, no que se refere às representações sociais veiculadas. Dentro da massa de obras produzidas não só nos teatros parisienses, mas também nos londrinos ou berlinenses, o grau de sobrevivência é, de fato, muito desigual desde que se pisa o palco pela primeira vez; ele esboça, assim, círculos de público quantitativa e qualitativamente distintos, revelando cisões e fraturas internas social e literariamente significativas. Seria impensável tentar explicar essa desigualdade de sobrevivência unicamente pelo valor "literário" definido em relação às normas da época dessas obras (poderíamos fornecer uma lista das obras incensadas em sua época cujo valor foi rapidamente considerado nulo, e inversamente). Por isso, convém mobilizar interpretações históricas e sociais específicas, que levem em conta o contexto próprio à representação (momento, lugar teatral, companhia, temas e formas da obra etc.), e, sobretudo, praticar a comparação lógica das séries típicas, para fugir da monografia anedótica, cujo valor geral é bastante incerto.

Como esboço do esquema suplementar que representa a combinação desses dois olhares, um mais histórico, outro mais literário, tomarei como exemplo as peças que colocam em cena homens de negócios nos teatros parisienses, no final do século XIX. Essas personagens são figuras clássicas do teatro tradicional (cf. *Turcaret*), mas foram bastante renovadas em função das questões sociais e políticas levantadas nesses anos da República oportunista, onde os negócios, no duplo sentido do termo, são o assunto principal do noticiário político e judiciário.

Contrariamente ao preconceito que quer que os teatros dominantes de Paris, englobados sob o termo genérico e simplificador de "Boulevard", apresentem apenas peças centradas na vida conjugal e suas metamorfoses, evitando as grandes questões sociais, à diferença do romance realista contemporâneo, o recenseamento das peças que colocam em cena homens de negócios traduz uma presença contínua e intensa dessa questão central à transformação social do capitalismo da época: uma tese americana enumera 17 dessas peças entre 1871 e 1889, 15 entre 1890 e 1900, 16 entre 1901 e 1913. Se acrescentarmos aquelas em que esse tema está presente sem ser central, chegamos a um total de 30, 39 e 65 peças respectivamente, nesses três períodos (Turcotte, 1936). Sabendo-se que os teatros parisienses propunham, em média, na época, uma centena de novidades por ano, pode-se deduzir que esse tema mobiliza de 3 a 5 % do repertório. É pouco, se levarmos em conta a massa enorme das outras peças propostas nos gêneros cômicos, musicais ou dramáticos populares; mas se nos limitarmos aos grandes gêneros (comédia, comédia dramática, teatro de tese, drama), dos quais faz parte a maioria das peças, esse número é concludente, na medida em que esses gêneros mais distintos representam apenas cerca da metade das peças encenadas.[20] Assim, contrariamente ao que se escreve normalmente a partir de abordagens puramente qualitativas e não verificadas, o teatro dito burguês encena uma proporção relativamente importante de peças de conteúdo social atualizado. A cronologia fina das peças que tiveram maior impacto mostra que os diretores e os autores pensam certamente em tirar proveito das atualidades para atrair um público disposto a se apaixonar pelo tema através dos debates políticos do momento sobre certos assuntos. O apogeu das peças em torno dos homens de negócio é, com efeito, posterior ao escândalo do Panamá. Mas esse oportunismo dos autores implica duas eventuais contrapartidas negativas: o risco de lassidão para com um tema já muito tratado ou de polêmica interna à crítica ou ao público. Na medida em que essa imagem corresponde

[20] Todos esses dados quantitativos repousam em estudos fundados no *Almanach des spectacles* de Albert Soubies (1875-1914) e nos *Annales du théâtre de la musique* de Noël e Stoullig.

ou não ao consenso dominante, há sempre o perigo de que a sala se divida, ameaçando o sucesso esperado. Estariam os autores e os diretores prontos a correr esse risco social, depois de já terem arriscado fazer um teatro que não se dirige mais ao maior número, tanto por sua forma quanto por seu conteúdo?

A comparação da carreira das peças atesta efetivamente as lentidões do circuito social teatral da época. Apenas cinco peças, de 48, fizeram um verdadeiro sucesso (100 representações ou mais). Um leitor menos atento poderia pensar que isso é bem pouco, mas essa taxa (cerca de 10 %) é, de fato, rigorosamente similar à taxa de sucessos do conjunto das novidades parisienses da época. Para um diretor ou para um autor, a escolha de um tema similar não é nem mais nem menos arriscado do que o ordinário da produção média, em que só se abordam questões da vida privada. Em contrapartida, a seleção mediante os sufrágios do público não se faz ao acaso: as peças que conseguiram mobilizar mais de 100 mil espectadores, ou seja, o centro do público teatral na época, foram aquelas que adotaram as posturas menos conflitivas ou as mais conformes à ideologia dominante desse mesmo público. Nessas peças, o papel positivo é atribuído a uma burguesia empresarial vítima dos complôs dos financistas e dos novos homens sem escrúpulos, velho esquema retomado dos clássicos do gênero desde *Turcaret*, baseado numa economia da moderação partilhada pelas classes médias engajadas no comércio e na pequena indústria, que formam o grosso do público parisiense dos teatros centrais da *rive droite*. Mesmo ligado à atualidade, esse teatro permanece preso aos modelos literários de longa duração.

Mas o historiador não deve se deter nessa relação funcional, sob pena de incorrer na censura antes formulada: esquecer a literatura pela simples medida das convenções, dos conformismos e das estruturas mentais de longa duração, dos quais esse tipo de teatro é mais vítima do que as outras formas literárias. Ao fazer uma releitura diferenciada, com relação a esse público ordinário, das raras peças cuja notoriedade não se extinguiu com o fim do século, ele pode igualmente determinar as margens possíveis de liberdade e de evolução dadas aos autores, a seus comanditários e às expectativas dos espectadores. A história do teatro conservou apenas duas peças em meio às cinquenta obras aqui evocadas: *Les Corbeaux* (1882), de Henry Becque, e *Les Affaires sont les affaires* (1903), de Octave Mirbeau, regularmente reprisadas para além de sua data de criação. Nem uma, nem outra remetem, porém, a formas inovadoras de vanguarda; nem uma, nem outra foram obras marcantes, representativas de uma mudança de gosto durável. Elas tampouco obtiveram os sinais invertidos de escolha, aos olhos da história literária vanguardista, do escândalo memorável, do fiasco desastroso ou da encenação num lugar marginal por personalidades carismáticas, em resposta ao ostracismo das instituições dominantes. Uma e outra chegaram mesmo a ter acesso ao palco mais conformista da época, a Comédie Française. Contrariamente ao que veicula o preconceito, isso era sinal de que também existia, no centro mesmo do sistema, um espaço de liberdade e de não-conformismo. Uma leitura comparada dessas peças e daquelas que as precederam permite a formulação de hipóteses de explicação tanto de seu semifracasso ou semissucesso quanto de sua sobrevivência paradoxal.

Contrariamente aos sucessos, uma e outra rejeitam as meias medidas e chegam ao fim com uma imagem globalmente negativa da sociedade burguesa, na qual nenhum grupo é poupado, exceto as personagens que defendem valores não mercantis, intelectuais ou morais e servem de máscaras cômodas aos autores. Aliás, como para os sucessos intermediários, a representação corrosiva dos especuladores e dos corruptos não é suavizada por uma imagem conciliadora ou positiva da burguesia empresarial familiar, cujas capacidades de sobrevivência e de resistência ao novo capitalismo parecem antes bem medíocres. Os dois autores rejeitam voluntariamente a função de reconciliação com a ordem e a moral estabelecidas da "peça bem feita", norma do tempo, expondo-se assim, logicamente, à reprovação de um público cujo riso se azeda à medida que ele vê também postas em questão suas mais sólidas crenças literárias e sociais. Nas duas peças, os sentimentos e a família são submetidos às forças superiores do lucro e dos negócios. Esse distanciamento precursor explica a difícil recepção inicial, mas também a possível recuperação a médio prazo, quando o bom público liberto da visão familiarista e bem-pensante está presente na hora certa. *Les Corbeaux* levou seis anos para encontrar quem a encenasse (nada menos que 11 diretores rejeitaram a peça de Becque entre 1876 e 1881) (Arnaoutovitch, 1927, tomo 1, p. 34), só ficou em cartaz 18 *soirées* mas foi reprisada a seguir por um período mais longo; *Les Affaires sont les affaires* foi representada 57 vezes em 1903, marca de sucesso num teatro como a Comédie Française, que muda de programação com maior frequência do que os teatros comuns, para dar lugar às reprises e aos clássicos.

Se o leitor interessado sentir necessidade de prosseguir a análise literária para além desses poucos índices, com base sobretudo nas cenas e nas réplicas que constituíram pomos da discórdia reveladores da relação entre o autor, a peça, as convenções literárias, ou entre o público e as representações sociais, poderá fazê-lo a partir de um outro livro.[21]

Graças às compatibilidades e aos enriquecimentos recíprocos entre os métodos históricos e literários que evocamos rapidamente aqui, as duas disciplinas podem hoje abandonar o regime de condescendência, de indiferença ou, pior ainda, de confusão de gêneros que certos adeptos da fusão ficção/história alimentaram, para grande dano da credibilidade científica das duas áreas. Em sua autobiografia, Eric Hobsbawm (2005, p. 122-123) observa *en passant* que vários futuros historiadores

[21] Ver Charle (2008c).

marxistas de sua geração (Christopher Hill, Victor Kiernan, Leslie Morton, Edward P. Thomson, Raymond Williams e ele mesmo) seguiram essa via depois de uma intensa formação literária (por falta de formação filosófica, que não era conferida na época pelos estabelecimentos de ensino secundário ingleses) e a partir de um questionamento das relações entre as formas literárias e a sociedade global. Sabemos que, na França, essa fase da historiografia coincidiu – também com a mesma conotação orientada para o marxismo – com a emergência da história das mentalidades e os primeiros trabalhos sobre "*la bibliothèque bleue*" e a "cultura popular". Embora disponhamos hoje de conceitos mais sofisticados do que nos anos 1930 ou nos anos 1950, a questão ainda permanece atual: como e por que as representações sociais evoluem? Como elas se articulam às estruturas? Como perceber sua diferenciação segundo os grupos, medir sua contribuição à autodefinição desses mesmos grupos e à percepção de sua relação mútua etc.

Nos séculos recentes, o conjunto dos textos literários, segundo a definição ampla e frouxa que adotam em geral os historiadores, é uma das vias de acesso essenciais a essas questões, já que a literatura se torna quase co-extensiva ao conjunto da sociedade. Em segundo lugar, todas as instituições que a fazem viver e prosperar (edição, teatro, imprensa, escola etc.) se adaptam estreitamente às diversas divisões do espaço social (sexos, gerações, regiões, meios, nações etc), dependendo, de um lado, das múltiplas interações entre produtores e mediadores e, do outro, das representações e dos gostos dos "públicos". Esta nova configuração fornece inúmeras referências e visões sobre a questão global da socialização das representações e dos processos de identificação. O exame extenso e aprofundado dessa massa de textos consumidos ou rejeitados – sem isolá-los das outras manifestações de preferências políticas, sociais, intelectuais etc., para não cair nem no fetichismo literário, nem no textualismo escolástico, nem nas múltiplas mediações e mediadores do campo propriamente literário, sem falar na autonomia relativa e variável dos autores – propõe a esses dois conjuntos de disciplinas tanto um espaço de cooperação quanto um lugar de resposta a essas questões centrais, o que Chartier (1989, p. 1511 et seq.) chamava, em 1989, de projeto de uma "história cultural do social".[22]

[22] Essa questão é retomada em Chartier (1998, p. 67-85).

7 História social e história cultural: em busca de uma aproximação?[1]

Certos representantes da história social, tal como ela foi definida nos anos 1960-1970, tenderam a considerar que a expansão da história cultural a partir dos anos 1980 representava uma ameaça contra seu terreno de predileção e até colocava em causa modelos de explicação da dinâmica histórica.[2] Essa análise em termos de concorrência, de territórios que se sobrepõem ou de crise de paradigma conduz a oposições artificiais ou a críticas injustificadas. Essa será a tese defendida aqui. Há três razões principais para isso.

Em primeiro lugar, aquilo que hoje chamamos de história cultural sempre existiu paralelamente à história social, ainda que fosse designada por outras etiquetas: história das mentalidades, história da civilização, história do livro, história da educação, história religiosa, história das ideias, história literária etc. Esses temas não esperaram os últimos vinte anos para constituir, por fragmentos, o que hoje chamamos de história cultural.

Em segundo lugar, se examinarmos as maneiras atuais de fazer história cultural, teríamos dificuldades em encontrar um paradigma teórico unificado, ou uma inspiração convergente, como era o caso da história social clássica, cujo substrato provinha ou do marxismo difuso dos anos 1960-1970, ou

---

1 Comunicação realizada no colóquio internacional Labour and Culture, na Universidade de Gante, em 2 de dezembro de 2005.

2 Ver Kocka (2003) e Kaelble (2003).

das diversas teorias sociológicas que existiam então. Na história cultural, além da existência de uma massa de trabalhos puramente empíricos e ilustrativos, assiste-se ao confronto entre os adeptos dos modelos de explicação antropológico, etnográfico, culturalista, psicossociológico, hermenêutico, filosófico, pós-moderno, econômico etc.[3] A "virada cultural" não constitui, portanto, de forma alguma, uma "virada epistemológica". Alguns gostariam que ela o fosse; outros, mais numerosos, continuam a praticar o ecletismo frouxo comum a vários ramos da história. Assim, Pascal Ory (2004, p. 13) define a história cultural como "a história social das representações", o que vai no mesmo sentido de minha tese, mas não resolve inteiramente a questão, pois seria preciso chegar a um consenso sobre que história social se pratica e sobre a definição das representações, que também varia muito de um autor a outro.[4]

Por fim, na medida em que depende da história no duplo sentido do termo, a história cultural se define em função da história da historiografia de cada tradição nacional, apesar das trocas e das influências crescentes entre historiografias. Ela se define igualmente em função das fontes que pode mobilizar, as quais, evidentemente, não são as mesmas segundo as épocas históricas e os tipos de cultura analisados. Basta examinar os trabalhos segundo as épocas para ver que ela depende, mais que da história social, dos temas sintonizados com as interrogações de nossa sociedade, encontrando-se assim prisioneira, tanto quanto a história social em suas primeiras etapas, dos movimentos sociais, culturais e políticos de hoje: pensemos nos assuntos em voga como a memória, o patrimônio, os

---

[3] A leitura da coletânea de conferências anuais proferidas por ocasião do congresso da associação pelo desenvolvimento da história cultural, animada por Pascal Ory, fornece uma visão de conjunto cômoda dessas divergências dentro do campo da história cultural do contemporâneo: ver Cohen et al. (2011).

[4] Para um balanço mais atualizado das diferentes propostas de história cultural, ver também, além da coletânea já citada na nota anterior, Martin e Venayre (2005).

lazeres, a violência, o corpo, as imagens, as relações sociais de sexo, as identidades nacionais e locais etc.

Em função dessas três considerações, parece-me mais frutífero ir além de um raciocínio em termos de oposição, de divisão ou de concorrência entre ramos alternativos e, acima de tudo, buscar de que modo a história cultural pode revigorar certas maneiras rotineiras de praticar a história social, o que Roger Chartier (1989, p. 1511 et seq.; 1998, p. 67-85) chamou de "história cultural do social". Em segundo lugar, de que maneira essa história sociocultural pode acelerar a descompartimentalização nacional das historiografias, contribuindo assim para a emergência de um comparatismo renovado que a história social clássica nem sempre conseguiu implementar, apesar do programa traçado por Marc Bloch e, antes dele, por Durkheim ou Weber. Enfim, essa prática de dois gumes parece também levar à definição de novos temas, de novas problemáticas e de novas periodizações que a análise puramente social ou puramente cultural não consegue abordar.

"História cultural do social"?

A história social recente ampliou tanto o campo de suas preocupações que parece a ponto de se dissolver nas disciplinas limítrofes (antropologia, história biológica, sociologia, psicologia social, ciência política) e de ceder ao que Alain Corbin (1992), inspirado em Alphonse Dupront, chamou da "vertigem da abundância". Este pulular é uma marca de vitalidade, de descompartimentalização, de espírito crítico. Ele chega, no entanto, a um resultado paradoxal, ilustrado precisamente pelos trabalhos de Alain Corbin (2000) e de seus discípulos e discípulas: a dissolução do social numa "história sem nome", pois o próprio Alain Corbin se define hoje como um "historiador do sensível", muito distante da história econômica e social de sua tese sobre o Limousin.

Na medida em que a história social inscreve a representação do social em sua problemática como uma condição prévia indispensável à identificação e à compreensão da sociedade, seria lícito inverter a ordem dos condicionamentos e pôr a termo a lógica construtivista que inspirou tantos trabalhos históricos ou sociológicos nos últimos vinte anos.[5] Esta "história cultural do social" substitui a história social das representações, das sensibilidades ou da cultura. Essa inversão do paradigma pode, no entanto, suscitar resistências ou perplexidades, seja devido à ambiguidade intrínseca do conceito de cultura, seja devido à recusa da maior parte dos adeptos dessa abordagem em teorizar globalmente sua maneira de fazer, sejam quais forem os temas ou os objetos que escolheram. Os mais coerentes dos "culturalistas" chegam mesmo a adotar um raciocínio antropológico, em vez da inspiração sociológica que prevalecia até então na história social. Isso pode por vezes levar à deriva do *linguistic turn*, onde qualquer testemunho ou documento recebe o mesmo tratamento que a ficção, desvirtuando a história enquanto método, saber específico, tratamento hierarquizado de fontes múltiplas e empresa cumulativa de conhecimento.[6] Isso pode igualmente levar à relativização da dimensão histórica em benefício de invariantes culturais autossuficientes de longa duração ou a explicações preguiçosas sempre perigosas para os especialistas da dinâmica das sociedades (o que se chama comumente de "culturalismo").

Mas a antropologia social foi concebida, em sua origem, para sociedades bem diferentes das sociedades contemporâneas, o que faz com que a questão da adequação de seus conceitos e de suas formas de raciocínio a sociedades complexas

[5] Muitos títulos desses trabalhos começavam, de maneira significativa, por "a invenção de" ou "nascimento": conferir Salais, Baverez e Reynaud (1986); Charle (1990b); Luc (1997).

[6] Ver a crítica feita por Chartier (1998, p.108-125) do livro de Hayden White e dos historiadores que se inspiraram nele.

submetidas a um outro regime de historicidade permaneça válida. Não é por acaso que essa empresa seja mais convincente em situações extremas ou para grupos e momentos muito específicos que respondam às condições de validade da abordagem antropológica das sociedades restritas: guerras, momentos de insurreição, situações de medo ou de violência exacerbados, massacres, formas múltiplas de desvio, grupos ou indivíduos submetidos a instituições fechadas (internatos, hospitais, conventos, prisões, casernas, campos de concentração), populações isoladas e comunidades rurais reduzidas.[7]

Essa abordagem introduz um outro mal-estar interno à comunidade histórica, produtivo, que acarreta a contestação dos recortes cronológicos clássicos que a história social havia preguiçosamente tomado às escansões políticas e militares ou às grandes fases da economia. Retomando a fórmula do filósofo alemão Ernst Bloch, a abordagem cultural do social enfatiza a "não-contemporaneidade dos contemporâneos", os descompassos e os desengates entre níveis e formas de cultura numa mesma sociedade, o que chamei em outro lugar de "discordância dos tempos" (Charle, 2011a). Os contemporâneos aparentes não se situam em relação às mesmas referências passadas, presentes ou futuras, nem têm a mesma concepção da relação à história que o historiador, com suas concepções atuais. Ela permite definir de outra forma as diferenças sociais e remete não apenas às diferenças sociais de relação com o tempo, mas sobretudo às modalidades culturais da relação com o tempo, cheias de mal-entendidos e conflitos visíveis ou subjacentes. As representações e as sensibilidades opõem tanto os espaços e as gerações quanto os grupos, em função das proximidades, dos meios de difusão e de encontro dos produtos culturais ou dos modos de vida e de consumo que coexistem num dado momento. Num país tão diverso e tão rural como a

---

7 Entre os vários exemplos possíveis, Corbin (1990), Caron (1999), Roynette (2000) e Audoin-Rouzeau (1993).

França dos séculos XVIII-XIX, tais descompassos entre espaços e entre estratos culturais são particularmente acirrados, como o mostram, por exemplo, Daniel Roche (1997), em sua *Histoire des choses banales* e Alain Corbin (1990), em *Le Village des cannibales*.

A partir de então, para delinear essas cartografias e encontrar esses desnivelamentos do espaço sociocultural, devemos retomar ao contrário as questões clássicas da antiga história social. A escola ou a caserna não são mais analisados apenas como instrumentos de inculcação, de domesticação e de "civilização dos costumes", mas como espaço de transações, de tradução (no sentido próprio e figurado), de transferências e de contatos, desigualmente efetivos ou duradouros, entre *habitus* rural, local, dialetal ou popular e o que se poderia chamar de "*habitus* nacional",[8] progressivamente definido por certas elites ou classes médias em posição provisoriamente hegemônica.[9] Tal empreendimento deve ser prolongado para além desses lugares produtores de arquivos maciços. Foi o que fez Anne-Marie Sohn (1996), quando utilizou fontes judiciárias para buscar os comportamentos mais íntimos, no terreno da sexualidade, com todos os riscos e dificuldades que comporta uma pesquisa em âmbito nacional e os limites de compreensão de um discurso construído em função da instituição que o colige e de exemplos cuja representatividade será sempre indemonstrável por definição. Ela mostra ainda o descompasso dos comportamentos em função de uma linha Paris-Lyon-Marseille de modernização das representações e das práticas da sexualidade, por oposição a

---

[8] Explicito esse conceito, fundado sobre a ideia da instalação progressiva de uma dinâmica social específica ao espaço estatal francês, em *La Crise des sociétés impériales (1900-1940), essai d'histoire sociale comparée de l'Allemagne, de la France et de la Grande-Bretagne* (Charle, 2001b, cap. 4).

[9] Ver Chanet (1996) e Luc (1997, p. 418). Ainda que esses trabalhos retomem temáticas lançadas por Michel Foucault e seus discípulos, eles deturpam, no essencial, suas conclusões quanto a uma leitura do século XIX como "pré-totalitário".

outras zonas cujos comportamentos são fortemente marcados pela influência da Igreja.

Ela também foi prolongada, mas de outra maneira, pela análise dos conteúdos culturais de algumas novas mídias de massa (romances populares, folhetins, *faits divers*, canções, imagens, periódicos ilustrados etc.) como indicadores dos gostos, das representações e das expectativas – que são em parte modelados pela fonte, mas também a modelavam parcialmente – das camadas sociais que passam do oral ao escrito ou de um universo visual a um outro durante todo o século XIX.[10] A leitura social tradicional queria ver nisso apenas uma "cultura do pobre", prejudicada por uma alfabetização recente, que acarretava uma linguagem acanhada, uma retórica estereotipada, a valorização de esquemas narrativos ou de clichês que remetiam à literatura dos mascates. A leitura que se restringia apenas ao cultural pretendia descobrir uma nova cultura de massa modelada pelo suporte moderno da imprensa ou da literatura barata e construída em oposição à imprensa burguesa ou à literatura legítima. Na verdade, percebemos que os leitores desses novos suportes ou objetos culturais compõem um conjunto mais diversificado, que não é apenas formado pelos membros recentemente aculturados das classes populares, o que permite apropriações mais variadas do que as feitas pelos esquemas binários evocados anteriormente. Da mesma forma, a imprensa dita burguesa também não negligencia os gêneros do folhetim e do *fait divers*, o que também atenua a clivagem entre os grupos de leitores e leitoras.[11] Além disso, o fato de que os autores desses gêneros não sejam unicamente recrutados no seio do proletariado literário e de que eles não sejam majoritariamente de origem modesta

[10] Ver Thiesse (2000), Kalifa (1994, 2005) e Ambroise-Rendu (2004).

[11] Os trabalhos desenvolvidos em torno dos leitores de Eugène Sue e dos primeiros romances folhetins mostram essa diversidade dos públicos bem antes da passagem a uma escolarização e a uma imprensa de massa (Lyon-Caen, 2006).

implica que esses tipos de cultura são veículos de transmissão de temas, de linguagens e de esquemas morais e sociais entre as classes. Eles são uma contribuição involuntária, mas eficaz – porque nem explícita, nem política – à construção de uma cultura mínima comum. Ela aproxima as cidades emissoras e as cidades ou áreas rurais receptoras, os grupos médios e os grupos mais modestos e até mesmo os homens, as mulheres e as diferentes gerações que se apaixonam pelos mesmos acontecimentos ou relatos que os jornais e publicações de grande tiragem veiculam no mesmo momento. Tais formas culturais participam assim da "nacionalização das massas", para retomar a expressão de George Mosse, talvez de maneira mais eficaz e invisível, e por isso mesmo mais insidiosa, do que as outras tentativas de doutrinação mais voluntaristas pela escola, pelo exército ou através das cerimônias oficiais.

Uma das principais funções da literatura, dos espetáculos e da imprensa populares, principais suportes dessas representações, é fazer com que, por intermédio dos *faits divers*, das canções e dos romances folhetins (mas também através dos refrões das canções, dos jogos e dos esportes midiatizados), a população mantenha a crença numa ordem social global e na necessidade de se conformar a ela, sob pena de sofrer as catástrofes ilustradas pelas transgressões reais ou imaginárias narradas nesses diferentes tipos de relatos. Ela tem ainda a função de propor aos homens e às mulheres modelos comuns de identificação nas circunstâncias dramáticas excepcionais que eles podem atravessar, as quais são próprias a essa nova sociedade, em que os modelos mais antigos, específicos de um mundo rural cuja evolução é mais lenta, se tornaram inadaptados. De tanto ler, ouvir ou ver que pessoas ordinárias podem se tornar heróis ou heroínas apenas pelo fato de estarem presentes em certas circunstâncias extraordinárias (ponto de partida dos folhetins, dos *faits divers*, dos esportes e espetáculos populares), os leitores comuns (diretos ou indiretos) agem ou reagem quase de maneira unânime, em conformidade com esses modelos inventados, quando se produz uma circunstância extraordinária, como a tensão internacional ou a ameaça de mobilização.[12]

Olhares comparados

É sempre arriscado propor um prognóstico sobre as novas direções da história social (que deveríamos sem dúvida chamar de história sociocultural, para levar em conta as mudanças de olhar que acabamos de evocar). Ninguém pode pretender ler o conjunto da produção, mesmo de uma parte limitada da historiografia contemporânea, em virtude da multiplicação dos trabalhos que ainda permanecem inéditos na França e no exterior por falta de oportunidade editorial (*maîtrises*, mestrados, teses, trabalhos de conclusão, Ph.D. ou teses sobre a França realizadas nos países vizinhos). Eu mesmo assim gostaria de propor uma abertura, ligada sem dúvida a meus próprios interesses, mas suficientemente na contracorrente das tendências atuais para ter uma chance de ser validada, quando os efeitos inovadores das primeiras tiverem se esgotado. Para um século decisivo para a construção nacional, tanto na França quanto nos países vizinhos, a possibilidade que os historiadores do sociocultural têm de sair de seu autismo territorial ou monográfico, devido à ausência de paradigmas teóricos universalmente aceitos, reside provavelmente na criação de comunidades de pesquisa comparativa em âmbito transnacional ou europeu. Da mesma forma que a miopia da juventude é por vezes corrigida pela presbiopia trazida pela idade, o espírito comunitário de clã que distingue os historiadores de cada nação só será superado por um esforço de europeização, ou, como dizem alguns, de "globalização" das pesquisas.

---

[12] Os trabalhos comparativos sobre as capitais em guerra dirigidos por Robert e Winter (1997-2007) demonstram esse ponto de modo detalhado e convincente.

Tal proposta não significa uma volta à macro-história do passado. Ela é, ao contrário, uma maneira de trilhar o caminho já aberto pela história moderna, sobretudo pelos historiadores do século XVIII, cujos trabalhos, logicamente, extravasam cada vez mais para o primeiro século XIX, franqueando as fronteiras das "nações", na época ainda nebulosas e pouco definidas. Assim, em *Le territoire du vide*, Alain Corbin (1988), especialista do século XIX, teve que voltar ao século XVIII para poder compreender a mudança de sensibilidade em relação aos espaços marítimos. Ele mostrou, da mesma forma, a importância das relações de transferência cultural entre as elites britânicas e francesas na difusão europeia do fenômeno.

De maneira mais geral, para os novos temas da história sociocultural do século XIX e, mais ainda, do século XX, com a internacionalização das formas culturais através da cultura de massa e/ou da cultura de elite e das interações sociais oriundas da mistura de populações ou dos efeitos das guerras, a escala de estudo deve combinar o aprofundamento monográfico e a confrontação multivariada dos contextos culturais e sociais abertos pela comparação e pela transferência de problemáticas para além do espaço nacional convencional. Assim saberemos se as especificidades que isolamos com relação a certos fenômenos se devem a um espaço, a um grupo, a um momento ou se elas são apenas uma readaptação ou variantes (a explicar) de fenômenos passados em outro lugar, anteriormente ou ao mesmo tempo. Quer se trate de lazeres (logo, da relação com o tempo)[13] e dos esportes, da doença e do sofrimento (logo, da relação com o corpo),[14] das relações entre os sexos, das capitais e das grandes cidades como lugares de fusão e de confronto de múltiplas identidades, de identidades locais e regionais, dos fenômenos de memória ou de

---

[13] Ver Corbin et al. (1995).

[14] Ver Hubscher (1992); Murard e Zylberman (1996); Corbin, Courtine e Vigarello (2005-2006).

ocultação, das formas de ação coletiva (operárias, masculinas, femininas ou feministas, da juventude),[15] das relações com o espaço ou com o Estado, as monografias ficarão inconclusas enquanto os pesquisadores não as confrontarem com estudos similares feitos sobre outros espaços regionais ou nacionais – [16] com a condição, claro, de definir as fontes e as problemáticas adaptadas aos contextos comparados. Poderíamos, por exemplo, sonhar que um historiador alemão, inglês ou italiano nos desse um "mundo reencontrado" como o de Louis-François Pinagot, escrito por Alain Corbin (1998). Saberíamos então se uma tal história vista de baixo seria possível em outro lugar que não na França e se esse fragmento de uma vida desaparecida pode ser outra coisa que não o produto da aposta de um historiador, êmulo de Flaubert, e da onisciência relativa sobre seus administrados por parte de um Estado centralizador e produtor de arquivos únicos na Europa.[17] Isso não significaria reencontrar, aqui também, o olhar antropológico que, com base nas finas descrições etnológicas alicerçadas sobre a pesquisa de campo, só pode isolar as lógicas sociais por meio do comparatismo entre as sociedades ditas primitivas de uma ou várias áreas culturais?

Pessoalmente, faz alguns anos que tento adotar essa perspectiva comparativa a respeito dos intelectuais, das sociedades imperiais, das capitais culturais europeias e da sociedade do espetáculo. Neste último caso, encontro na França o peso da tutela do Estado sobre esse tipo de atividade cultural, a vigilância ao mais alto nível dos públicos, dos autores e mesmo dos diretores de teatro; também encontro, no entanto, a implicação

[15] Ver as obras comparativas de Robert, Boll e Prost (1997); e Pigenet, Pasture e Robert (2005).

[16] Para uma tentativa desse tipo de comparação: Robert e Winter (1997-2007).

[17] Dispomos, em revanche, sobre os outros países, de trabalhos muito mais numerosos baseados na história oral das classes populares ou nas autobiografias menos excepcionais do que os que dispomos na França – conferir, por exemplo, Lüdtke (2000) e Roberts (1984).

das elites na vida teatral como um espaço essencial de seu poder e de sua visibilidade ou de seu questionamento durante os períodos instáveis. Já num país como a Inglaterra, onde o controle ético e religioso não é menor, devido ao moralismo do século da rainha Vitória, isso se conjuga com uma liberdade muito maior de empreender, uma arbitragem muito mais direta pelas leis do mercado e pelo gosto de um vasto público, mas, em troca, também com a dificuldade dos autores e atores comuns em defender seus interesses e sua autonomia diante dos empresários (Davis, 2000). O espaço germânico apresenta ainda uma outra configuração, diferente da francesa e da inglesa, devido à concorrência efetiva entre os centros de criação dispersos e à importância do investimento público das cidades e dos principados para reanimar teatros de qualidade diante do teatro comercial. Esse "antigo regime" teatral persistente cede também, progressivamente, às forças do mercado e à diversificação social dos públicos numa Alemanha que se unifica e se urbaniza a partir de 1870, sem que, no entanto, as relações culturais e sociais entre os teatros e os grupos sociais se alinhem aos modelos inglês ou francês que acabamos de evocar. Esse tipo de comparação sobre um objeto como o teatro, sujeito tanto à história social quanto à história cultural, e até mesmo à história econômica e política, deve assim acarretar análises multivariadas que evidenciem não só certas convergências transnacionais (a luta entre o Estado e o mercado, a evolução dos gostos do público em direção a gêneros alegres, mistos e leves), mas também a manutenção de certas especificidades nacionais que remetem à história de longa duração das elites, do Estado, das dinâmicas territoriais, dos tipos sociais representados, do grau de tolerância à transgressão pública etc. Em conformidade com a noção de história cultural do social, pode-se propor a hipótese de que a evolução dos papéis-tipos apresentados no palco contribuem para a modelagem das representações que os espectadores têm dos grupos sociais, em um dado momento. Em função de uma história social do cultural, a mudança de composição dos públicos explica as transformações dos repertórios, dos estilos de representações, da mudança dos cenários e do jogo dos atores, da renovação mais ou menos rápida dos espetáculos, de seu fausto ou de seu despojamento, e assim por diante. É portanto surpreendente ver nascer, a partir dos anos 1880, numa reação contra o teatro comercial, e apesar da redução do público propriamente popular, atraído por outras distrações menos custosas (*music-hall*, circo, feira, café-concerto etc.), um teatro dito "livre", que chamaríamos de teatro de vanguarda, em que todos os princípios de funcionamento são construídos sobre a inversão dos parâmetros do teatro dominante: recusa das *stars*, da peça "bem feita", autores e atores obscuros, ênfase na atmosfera e na encenação, distanciamento do palco e da sala. Ora, esse teatro fora das normas só pode viver com o apoio de uma rede de assinantes recrutados entre as elites culturais mais exigentes, que desprezam o gosto da maioria.

Sejam quais forem suas dificuldades e seu risco, as comparações facultam ao historiador ou à historiadora a virtude reflexiva indispensável ao progresso da compreensão do objeto sempre muito restrito que somos obrigados a escolher e das fontes sempre incompletas de que dispomos.

Novos temas, novos problemas

Até o presente, a história cultural se ateve sobretudo às duas extremidades da cadeia de transmissão dos bens simbólicos que vai da criação ou da inovação ao consumo e a sua reapropriação pelos grupos sociais mais modestos. Para tanto, ela recorre aos esquemas de análise estratigráfica ou econômica (da alta cultura à cultura popular, da produção original à vulgarização), à importação de noções derivadas da sociologia (teoria dos campos culturais, processos de constituição do capital simbólico) ou da antropologia (estudo dos processos de mudança da sensibilidade ou das práticas culturais). Tais abordagens permitem uma visão da dinâmica interna da história da cultura. Elas comportam, no entanto, uma lacuna, a de substituir um eterno presente à diacronia, sem dúvida redutora, mas real, do historiador da cultura, no sentido estrito do termo.

Para chegar a seu estágio adulto, a história cultural precisa levar mais efetivamente em conta um nível de análise negligenciado, o dos mediadores, aqueles que chamei de "homens duplos" num de meus artigos, que se distinguem dos intermediários culturais (Charle, 1992a, 1998). Numa primeira aproximação, os homens duplos podem ser definidos pela série cronológica de especialidades que surgiram na história da cultura ocidental, com alguns descompassos segundo os países: censores, diretores de teatro, críticos literários e teatrais, animadores de revistas e de jornais e, de maneira mais geral, formadores de opinião, fundadores e organizadores de sociedades intelectuais, editores (no sentido anglo-saxão, mas também francês, quando estes dirigem pequenas empresas), diretores de coleção, diretores literários, diretores de teatro, empresários de espetáculos, produtores de filmes, produtores de televisão, membros de júris literários e artísticos etc. Eles representam a interface estratégica entre a inovação cultural e sua inscrição social, sendo assim mediadores ativos. Seu papel é tanto mais central quanto mais se alonga a cadeia dos participantes na esfera cultural. Pesquisas como a tese de Thomas Loué (1998) sobre a *Revue des Deux Mondes* ou o livro de Christian Delporte (1998) sobre os jornalistas mostram que se trata de um setor promissor da história cultural, o qual pode, porém, igualmente contribuir para a história social, na medida em que ajuda a compreender como esses periódicos são produzidos por grupos cujas trajetórias, características, posições políticas ou ideológicas e modos de formação condicionam, no final da cadeia, os artigos e os recortes do real propostos aos leitores. No sentido inverso, a crescente diferenciação desse espaço midiático é estruturada pela interação entre os movimentos sociais e culturais presentes nesse campo dos periódicos e pelas transformações dos diversos tipos de público e sua permanente recomposição, em parte autônoma, em parte devido à oferta produzida por esses homens duplos.

Tais mediadores não podem ser isolados de sua contribuição para o processo social de fazer passar da esfera privada ou individual do autor à esfera do público ou do consumidor. Essa transferência pode ser interna a uma cultura e a uma sociedade ou ocorrer entre culturas ou sociedades. Inúmeros trabalhos iniciados por Michel Espagne e Michael Werner se debruçaram sobre esse tema. Quer se trate da importação da literatura estrangeira (Blaise Wilfert), da internacionalização das vanguardas artísticas (Béatrice Joyeux-Prunel), do patrimônio museográfico (Bénédicte Savoy) ou dos colecionadores doadores do Museu do Louvre e do Art Institute de Chicago (Véronique Long), todas essas pesquisas aparentemente sobre objetos pertencentes à cultura da elite colocam em evidência, da mesma forma que os trabalhos que tratam de formas mais médias ou populares de cultura, o quanto as relações de dominação, sejam elas sociais, entre os atores dos diversos campos presentes, nacionais, entre os espaços que assim se comunicam, ou simbólicas, segundo a hierarquia específica dos gêneros, das disciplinas, dos gostos e das atividades culturais, condicionam as formas, a intensidade, a permanência ou a fragilidade da formação de espaços socioculturais que transgridem as barreiras nacionais ou linguísticas, mesmo em áreas onde a linguagem e a escrita não participam diretamente.[18] Blaise Wilfert e Béatrice Prunel-Joyeux destacam a importância de pequenas elites cosmopolitas no lançamento

[18] Ver Wilfert (2002, 2003, 2012), Joyeux-Prunel (2009), Savoy (2003) e Long (2007). Animei pessoalmente, junto com colegas alemães, franceses e ingleses, grupos de trabalho que resultaram em obras coletivas mobilizando as perspectivas das transferências no campo universitário: ver Charle, Schriewer e Wagner (2004); Charle e Vincent (2011).

de certos autores ou pintores fora de seu espaço de origem. Eles sublinham como os autores e os pintores dependem dos homens duplos evocados anteriormente, sejam eles tradutores, críticos, diretores de galeria ou até mesmo fotógrafos, que contribuem para a notoriedade de uma obra pictural ou de uma escultura antes que ela se desloque de um país a outro. No caso de temas ou de exemplos como esses, a distinção aparentemente clara entre história social e história cultural é não somente arbitrária como sobretudo de pouca utilidade. Ela equivaleria, com efeito, a reduzir as questões, a negligenciar certas fontes, a dividir o que deve ser pensado junto: a estratégia de conquista de um mercado e a recepção, o modo de apresentação de si e a seleção das obras exportadas, a sociologia dos atores do campo e os gostos formados ou em vias de formação numa dada sociedade etc.

Para sair desse estado ainda incerto, a história cultural deve elaborar sua própria cronologia, que não deve ser calcada sobre a de outros tipos de história. A comparação deve permitir essa nova periodização na medida em que, na escala europeia, certas transformações culturais são concomitantes ou ligadas entre si por fenômenos de transferência e de imitação, mas também de rejeição e resistência. Podemos lembrar, nesse ponto, da cronologia dos processos de alfabetização e dos processos de construção do sistema escolar no século XIX, ou ainda da difusão do material impresso de massa ou dos *best-sellers* europeus.

Uma história cultural autonomizada também deve propor esquemas explicativos que não sejam apenas calcados sobre os esquemas externos de que falamos. Sem recair num culturalismo excessivo, a hipótese fundamental da história cultural na época contemporânea é a de que existe um *trend* rumo à autonomização relativa dos processos culturais. Esse *trend* é contrariado de maneira permanente pela interferência dos outros campos, campo do poder, ou religioso, forças sociais e econômicas que sempre tentam, como no passado, instrumentalizar as formas culturais para fins que lhes são próprios. A comparação dos processos de autonomização mais ou menos contrariados, mais ou menos fáceis, segundo os tempos e os espaços, permite propor modelos explicativos mais gerais quanto aos funcionamentos das diversas culturas europeias.[19]

Essas observações de caráter bastante geral podem se tornar mais concretas mediante um exemplo. Durante os anos 1860, os governos de vários Estados europeus abrandaram seu controle sobre o teatro, principal distração dos habitantes das cidades, introduzindo nesse setor a liberdade econômica de empreender, como no resto da economia. Nem por isso o controle cultural das produções, por meio da censura prévia, foi suprimido, mesmo nos países mais liberais, como a Inglaterra e a França.[20] No entanto, esse freio político e moral à autonomia da criação foi aplicado de maneira bastante diferente, segundo os contextos e as relações de força sociais e religiosas mais gerais. Na França, desde o Segundo Império, as altas esferas se queixavam do desrespeito às recomendações e às injunções dos censores.[21] Em contraposição, na Baviera católica, apesar da presença de governos liberais em Munique no fim do século XIX, a pressão da opinião conservadora manteve as proibições, marginalizando a vanguarda e os não-conformistas. Certos autores foram condenados à prisão, outros foram obrigados a buscar espaços alternativos de expressão e mesmo a se exilar (Jelavich, 1985). No entanto, no mesmo momento, na capital da Prússia não menos conservadora, o esforço articulado de uma elite intelectual não conformista e de um poderoso

[19] Conferir o posfácio de Charle (2001b) e as conclusões de Charle e Roche (2002).

[20] Sobre a Inglaterra, ver Stephens (1980) e Nicholson (2003).

[21] Conferir, por exemplo, Loubat (1998, p. 60-61) e, de modo mais geral, Yon (2012, sobretudo o cap. 2).

movimento socialista conseguem impor espaços de liberdade que fogem às injunções da censura ao final de um combate difícil (movimento dos teatros livres e dos cabarés, copiado da França).[22] Novos espaços de modernidade teatral conseguem se impor na capital alemã, apesar da hostilidade das forças políticas e religiosas.[23]

Para explicar a convergência relativa entre Paris e Berlim (convergência auxiliada por uma série de transferências culturais) e sua divergência em relação a Munique ou Viena em termos de inovação teatral, seria preciso construir um modelo sociocultural multivariado que fizesse intervir: a rapidez da renovação do público, sua diversificação, a existência de uma comunidade intelectual e crítica diferenciada, capaz de apoiar o esforço dos inovadores, as clivagens internas às elites e seus investimentos variáveis no terreno cultural, o relativo poder de atração das cidades em âmbito nacional e internacional, a vida associativa dos diversos grupos sociais e seu grau de mobilização política, a evolução das relações de força políticas, a força do poder religioso etc. São muitas as pesquisas a desenvolver dentro de um marco comparativo rigoroso que explique os sucessos ou fracassos das inovações culturais e das práticas sociais que as acompanham.

[22] Ver Davies (1977) e Jelavich (1993).

[23] Ver Schumacher (1996), Freydank (1988) e Charle (2008c, 2011b).

8 História e histórias: para além de nações, comparações e fronteiras[1]

Enquanto ciência humana e social, a história sempre esteve dividida entre várias opções que criaram tradições historiográficas cada vez mais divergentes. A primeira é sua ligação a espaços e períodos bem delimitados, com vistas a pesquisas exaustivas presas da maneira mais estreita às fontes e às problemáticas das diferentes áreas culturais. Grande parte das divisões dos cargos universitários, das classificações da produção, das revistas especializadas obedece a esse imperativo e é amplamente apoiada pela demanda social ou pelos imperativos memoriais propostos pelos Estados-nações. A segunda é igualmente muito antiga, na medida em que tem como precursores ilustres Voltaire (*Ensaio sobre os costumes e o espírito das nações*, 1756), Montesquieu (*O espírito das leis*, 1758) ou Guizot (*História geral da civilização na Europa*, 1828-1832), antes de ser retomada pela primeira geração de historiadores ligados aos *Annales d'histoire économique et sociale*.[2] Seu objetivo é, ao contrário, cruzar as fronteiras temporais e geográficas e estabelecer as bases de uma sociologia histórica, de uma economia histórica e até mesmo de uma história comparada ou transversal das culturas.

A tensão ou o equilíbrio entre essas duas opções é mais ou menos visível ou administrável segundo as conjunturas

[1] Comunicação realizada no colóquio internacional Sciences Humaines et Sociales 1970-2010, na Université Paris Quest-Nanterre La Défense, em 17 de dezembro de 2010.

[2] Ver Atsma e Burguière (1990).

historiográficas. Esse conflito renasceu ao longo dos últimos quarenta anos e, por vezes, os mesmos historiadores defenderam sucessivamente uma ou outra dessas opções. Dentro da segunda opção, que revive há quinze anos, uma nova abordagem contesta a antiga perspectiva comparatista em nome de novos paradigmas como a história transnacional, a história global ou ainda a história cruzada, acrescentando assim um conflito subsidiário no seio de um polo historiográfico já estruturalmente dominado no espaço universitário e no espaço público. Este último se choca, além disso, com políticas de pesquisa cada vez mais intervencionistas, que se arrogam o direito de ditar suas prioridades (cada vez mais nacionais e relacionadas ao tempo presente) à agenda dos pesquisadores que se esforçam para sair dos caminhos pré-definidos.

A primeira parte deste capítulo terá assim o objetivo de dar maior precisão e nuança a esse quadro grosseiramente esboçado. A seguir, deveremos nos interrogar sobre os motivos que levaram os adeptos das propostas historiográficas que tentam escapar ao fechamento nacional a dispender mais energia enfrentando-se em torno de suas diferentes variantes do que em se unir contra a tradição centrada no nacional. Isso fez com que essa última, em vez de recuar, conseguisse finalmente reconquistar uma nova aura no contexto contemporâneo de guerra das memórias e das identidades, de midiatização patrimonial ou de ansiedade em face de um mundo globalizado que ela não domina. As lógicas de distinção introduzidas pelas novas terminologias produzem mais efeitos negativos que positivos, na medida em que instauram um crescente esoterismo no seio de um tipo de história não convencional. Tentaremos, por fim, mostrar como a combinação das abordagens não convencionais poderia fornecer uma alternativa crível às maneiras de fazer dominantes.

História nacional e história comparada

Ao ler balanços recentes que se limitam à história contemporânea, ou seja, aos séculos XIX, XX e XXI, espantamo-nos com o contraste entre a autossatisfação dos representantes autorizados da disciplina encarregados dessas ordenações e a penúria das novas perspectivas desses ramos dominantes, quando comparadas aos balanços mais antigos. Em 1995, por ocasião do Congresso Internacional das Ciências Históricas que se realizou em agosto, em Montréal, François Bédarida (1995), na época secretário-geral do Comitê Internacional das Ciências Históricas, coordenara um livro no qual ele propunha a um conjunto de historiadores de diferentes sensibilidades e especialidades a elaboração de um balanço global da disciplina que cobrisse um período de cinquenta anos depois da guerra. Em janeiro de 2010, o presidente do comitê francês das ciências históricas, Jean-François Sirinelli, organizou um colóquio por ocasião do congresso das ciências históricas de Amsterdam, em agosto de 2010, que renovava a mesma operação para os quinze anos subsequentes (Sirinelli; Cauchy; Gauvard, 2010). Ainda que os sumários desses dois livros registrem três assinaturas comuns, Roger Chartier, Jean-Paul Demoule e Jean-François Sirinelli, e apesar da mudança de geração e de uma maior participação de historiadoras, o que choca é a menor ambição dos temas abordados e das perspectivas abertas. O livro de 1995 comportava uma seção inteira sobre metodologia histórica e ciências sociais, com contribuições sobre a filosofia e a história (Roger Chartier), sobre a antropologia histórica (André Burguière), sobre a abordagem regional (Michel Denis) e sobre a internacionalização da pesquisa e da escrita da história (Maurice Aymard). Uma seção inteira foi consagrada à situação da história na sociedade, com quatro contribuições; e uma outra à logística da pesquisa, igualmente com quatro capítulos. Enfim, uma sexta parte solicitava que historiadores de outros países (Rússia, Grã-Bretanha, Alemanha, Índia e Itália) dessem sua opinião sobre a historiografia francesa. Em 2010, em troca, o que prevaleceu amplamente foi o fechamento autorreferencial francês. A maior decepção provém sobretudo da comparação das duas partes homólogas, uma que faz desfilar os períodos canônicos (Antiguidade, Idade Média, época moderna, época contemporânea), outra centrada em temáticas transversais. A história social, analisada por Arlette Farge em 1995, desaparecera inteiramente. A história econômica, evocada então por Alain Plessis, foi escrita pelo medievalista Mathieu Arnoux e indiretamente designada pela etiqueta bem abstrata e restritiva de "Produção, consumo, troca". A demografia histórica, que há quinze anos ainda se beneficiava de uma certa aura, não mais figurava como um ramo de pleno direito da história. A história militar, tratada pelo medievalista Philippe Contamine, cedeu lugar a um capitulo mais restrito, unicamente sobre a violência, confiado a Stéphane Audoin-Rouzeau. Apenas cinco recortes permaneceram inalterados nos dois balanços: a história política (com duas contribuições), a história religiosa, a história das relações internacionais, a história cultural e a história das ciências e das técnicas. A história colonial, embora em plena renovação através da história imperial e da história pós-colonial,[3] foi esquecida em prol de um rápido olhar sobre os historiadores franceses e as mundializações, redigido de maneira bastante polêmica por Olivier Pétré-Grenouilleau (Sirinelli; Cauchy; Gauvard, 2010, p. 287-300). A história de gênero, única inovação da historiografia recente que fazia cruelmente falta no balanço de 1995, teve direito a um capítulo confiado a Christine Bard, o que corrobora a parte mais

[3] Ver Cooper (2010).

importante de mulheres já constatada na repartição mais igualitária dos redatores entre os dois sexos.[4]

Além dessa contabilidade comparativa um pouco redutora, parece que a historiografia francesa, tal como suas instâncias representativas (?) a propõem em âmbito internacional, não chegou a modificar seus marcos temáticos ou, quando o fez, foi de maneira marginal, defensiva ou inspirada em correntes estrangeiras. Tanto Stéphane Audoin-Rouzeau quanto Christine Bard sublinham a influência e a atração exercidas pelas pesquisas de língua inglesa sobre duas novas temáticas, a violência e o gênero. As aquisições fundamentais da disciplina, ligadas à história nacional, servem de diques fixos e fornecem o grosso das teses, dos manuais e dos programas de ensino em todos os níveis: política, religião, cultura, relações entre os Estados. O diálogo com as demais ciências sociais (o desaparecimento da história social é significativo), a abordagem comparativa (mencionada muito rapidamente no capítulo sobre história contemporânea),[5] a antropologia ou a reflexão sobre a temporalidade foram relegados às margens tanto nesse balanço quanto na realidade dos trabalhos, tal como recenseado nas bibliografias.

Esta primeira visão de conjunto que concerne, no essencial, às gerações mais antigas de historiadores e historiadoras foi confirmada por outros indicadores mais gerais, que permitem integrar as populações mais extensas de pesquisadores em ciências históricas ou os mais diversos tipos de trabalhos. O estudo de Charles Soulié (2006) sobre as temáticas de pesquisa em ciências sociais com base nas teses defendidas em 1993 e 1994 indica que, de todas as ciências sociais, a história é a mais francocêntrica (47,3 % das teses são consagradas à França como um todo ou a uma de suas

[4] Contava-se com 37 historiadores e 3 historiadoras em 1995, com 4 historiadoras e 19 historiadores em 2010.

[5] Ver Poirrier (2010, p. 83-84).

partes, contra 38,9 % no conjunto das disciplinas observadas) e também a mais eurocêntrica (24 % contra 15,3 %). O estudo que eu mesmo realizei com base nos repertórios de pesquisadores em história moderna e contemporânea nos anos 1980 e 1990, assim como dados de outra origem, confirma que essas orientações permaneceram estáveis, apesar do discurso ritual sobre a internacionalização da pesquisa, a política de estímulo aos centros de pesquisa no exterior (hoje em dificuldade por razões orçamentárias) ou os períodos de pesquisa de campo fora da França. Em 1985, mais da metade dos 102 pesquisadores que dependiam da comissão de história moderna e contemporânea do Centro Nacional de Pesquisa Científica (CNRS, na sigla em francês) – que seriam em princípio os mais bem colocados para sair das trilhas pré-traçadas – se consagrava à história da França; as proporções diferem pouco nos repertórios dos historiadores da época moderna e contemporânea em 1982, 1991 e 2000, e diferentes relatórios sublinham a insuficiência dos trabalhos sobre as áreas extraeuropeias (Charle, 2003a).[6]

Nessas condições, compreende-se por que todos os balanços historiográficos sobre a França deploram ritualmente a falta de abertura às abordagens que buscam se libertar dos recortes tradicionais ou propor métodos transversais em relação aos objetos canônicos da historiografia dominante. Em março de 1988, a redação dos *Annales* conclamava a uma virada crítica em seu editorial:

> Como criar as condições de ajustamento e de confronto dos resultados, e, mais fundamentalmente, desenvolver um comparatismo cuja exigência continua a ser proclamada, mas cuja implementação permanece uma exceção? (Histoire..., 1988, p. 292).

[6] Ver Charle (2003a) e o capítulo 1.

Ora, curiosamente, o número de novembro-dezembro de 1989, que respondia a esse apelo, não apresentava nenhuma contribuição sobre essa abordagem comparada. Da mesma forma, a obra coletiva *Passés recomposés*, dirigida por Jean Boutier e Dominique Julia, publicada em janeiro de 1995, não encontrou nenhum historiador francês interessado em refletir sobre a história comparada ou não-nacional e teve que confiar essa tarefa ao historiador social alemão Heinz-Gerhard Haupt (1995), cujo balanço sublinhava aliás que essa forma de praticar a história era muito rara na França e se limitava a procedimentos estandardizados (comparações nacionais, modelos ou escalas de comparação derivadas de ciências sociais como a demografia, a economia, a sociologia, a ciência política, a orientação em direção a relações binárias simplificadoras), enquanto na Alemanha grandes empreendimentos comparatistas tinham sido lançados à época pelo que se convencionou chamar de "escola de Bielefeld". Tais modos de comparação, então dominantes, alimentaram durante muito tempo as críticas dos historiadores hostis a essa abordagem, na medida em que eram considerados redutores e simplificadores. Voltamos aqui à atitude de Charles Seignobos em 1903, quando recusou o diálogo com o sociólogo François Simiand por razões análogas; ou à de Lucien Febvre ao deplorar, em 1922, a perda do mais significativo que esse procedimento implica para o historiador.

Mal fora publicada essa apologia alemã da história comparada, e apesar da produção de um certo número de teses ou de pesquisas fundamentais que praticavam esse método a partir de uma comparação com a França (trabalhos de Frédéric Barbier, Laura Lee Downs, Nancy L. Green, Joël Michel, Gérard Noiriel, Jean-Louis Robert, Anne-Marie Thiesse ou do autor destas linhas),[7] uma crítica geral foi lançada, não mais pelos historiadores, mas pelos especialistas em transferências culturais Michel Espagne e Michael Werner. Michel Espagne (1994), em artigo para a revista *Genèses* publicado em setembro de 1994, insistia sobretudo em certas insuficiências do comparatismo em história social e cultural: reforço das oposições binárias, armadilha do contexto nacional, construção de uma grade de interpretação arbitrária, abstrata ou a partir do ponto de vista privilegiado do observador. Diante disso, ele pleiteava que se privilegiasse a análise das transferências culturais, segundo ele mais frutífera e esclarecedora para a compreensão das verdadeiras relações entre as sociedades e as culturas vizinhas. Suas críticas, bastante justas, se dirigiam em realidade mais aos historiadores alemães, com frequência influenciados em demasia por uma certa sociologia americana da modernização e, como Charles Tilly (1992) ou Theda Skocpol (1985), adeptos das comparações em grande escala e pouco atentos, na época, à imbricação dos fenômenos sociais e culturais. Essa última objeção não poderia ser imputada à historiografia francesa, que, desde os anos 1990, não cessou, ao contrário, de acentuar sua virada culturalista, após os trabalhos de Maurice Agulhon, Roger Chartier, Alain Corbin ou Daniel Roche.

Além da resposta que lhe dirigi, num artigo de março de 1995 em *Actes de la recherche en sciences sociales* a respeito da história comparada dos intelectuais e das profissões (Charle, 1995b), é preciso ainda insistir sobre o aporte do pequeno tratado de defesa e ilustração do método comparativo de Hartmut Kaelble (1999, p. 21 e seguintes), *Der historische Vergleich* que, por não ter sido traduzido ao francês, não pôde infelizmente ser integrado ao debate na França.[8] Essa elegante

[7] Ver Barbier (1987); Robert, Boll e Prost (1997); Charle (1994a, 2001a); Downs (2002); Green (1990, 1998); Guichard e Noiriel (1997); Michel (1989); Thiesse (1999).

[8] Trata-se da resposta de Kaelble a Espagne; uma resenha em inglês desse livro foi efetuada por Lorenz (2001).

síntese leva amplamente em conta as objeções levantadas por Michel Espagne e demonstra, através de inúmeros exemplos derivados de ramos bem diferentes da história ou das historiografias de diferentes países, toda a riqueza da biblioteca comparativa em história contemporânea. Ela valoriza as múltiplas modalidades da comparação histórica, a necessidade de combiná-la à análise das inter-relações e das transferências, a importância da escolha dos recortes, da análise comparativa das fontes e de sua construção como requisito prévio à toda interpretação, a inclusão no questionário das representações recíprocas dos atores das diversas sociedades e culturas, ou ainda a necessária variação dos níveis de análise.

Apesar desse avanço da reflexão e da emergência de uma bibliografia francesa, fundada com frequência em cooperações bi ou multilaterais com historiadores europeus ou americanos, fica a impressão contemporânea de que as formas alternativas de história que tentam fugir aos recortes tradicionais ou dominantes continuam mal-amadas, controvertidas ou pouco legítimas. Raríssimas são as teses, na França, que se arriscam a adotar uma abordagem comparativa ou transnacional. Pode-se citar, sem dúvida, os livros de Florence Tamagne (2000), sobre a homossexualidade na França, na Grã-Bretanha e na Alemanha; de François Jarrige (2009), sobre os destruidores de máquinas na França, na Inglaterra e na Bélgica; de Alice Primi (2010), sobre os movimentos feministas na França e na Alemanha, no século XIX; de Élise Julien (2009), sobre as comemorações da guerra de 1914 em Paris e em Berlim; de Pierre Boudrot (2012), sobre os cultos prestados aos escritores na Europa; ou a tese ainda não publicada de Benoit Agnès (2009), sobre as petições na França e na Inglaterra.

As crescentes pressões impostas aos doutorandos (limitação cada vez maior do tempo de preparação da tese imposta pelas escolas doutorais, redução dos subsídios, encargos crescentes nas instituições de ensino superior e no ensino secundário, rarefação de cargos abertos pelo CNRS, redução das chances de se obter um cargo ou uma bolsa no exterior etc.), as denominações conformistas dos cargos comprometidos e o localismo crescente das carreiras infelizmente não incitam, de maneira alguma, à inovação. Acrescente-se a isso a crise da edição histórica, pronta a adotar os recortes menos chocantes para tentar "vender" a um público mais vasto, que prefere as visões nacionais ou locais. Apesar do interesse que as novas gerações demonstram por uma visão da história menos mesquinha que a de seus predecessores, tudo milita para desestimular os espíritos curiosos a praticar o método comparativo ou uma abordagem da história que não seja nacional ou local. É bem provável que uma pesquisa sobre as teses mais recentes apresente conclusões bem pouco diferentes das mencionadas em 1993-1994. No entanto, a esses obstáculos que são mais estruturais e institucionais do que intelectuais ou específicos ao campo historiográfico soma-se, há alguns anos, um novo debate em torno da "guerra das etiquetas", que passaremos a examinar.

A guerra das etiquetas

Durante os anos 2000, as críticas novas ou tradicionais às abordagens de tipo comparatista cederam lugar a um novo debate em torno de novas perspectivas, com frequência abertas no mundo anglo-saxão ou na porção da historiografia alemã mais influenciada pelas modas vindas de além-Atlântico. Esse descompasso entre as historiografias é mais flagrante na história contemporânea. A história medieval e a história moderna, cujos pais fundadores reivindicados (Marc Bloch e Fernand Braudel) estiveram na vanguarda dessas visões mais amplas da pesquisa histórica, contam com representantes franceses à escuta dessas correntes transnacionais (história global, história mundial, história cruzada, história misturada ou mestiça): podem-se citar os nomes de Serge Gruzinski (2004) ou Patrick Boucheron.[9] Os especialistas franceses da época contemporânea brilham, em troca, por sua ausência quando se percorrem os sumários das revistas ou as resenhas que tentam avaliar esses trabalhos. Em janeiro de 2001, o número dos *Annales* "Une histoire à l'échelle globale" ostentava três artigos, todos da autoria de especialistas das épocas antigas: Sanjay Subrahmanyam, Serge Gruzinski e R. Bin Wong. No ano seguinte, o número 1 de janeiro de 2002, "l'exercice de la comparaison", editado por Lucette Valensi, defendia a cooperação não mais com os sociólogos, mas com os antropólogos, através da comparação à distância, mas também pela experimentação de novos procedimentos a partir das fronteiras, dos limites incertos, das interações ou das trocas entre grupos e culturas, em prol de uma recusa do essencialismo e das tipologias rígidas, ou seja, de certa forma, o mesmo programa da história "conectada" e "partilhada" ou da história das transferências, mas aplicado prioritariamente às sociedades orientais ou mediterrâneas, onde coexistem grupos heterogêneos linguística ou religiosamente.

Cinco anos mais tarde, a Société d'Histoire Moderne tentava, por sua vez, sensibilizar a comunidade dos historiadores franceses para esses trabalhos vindos do exterior ou que só eram considerados pelos especialistas de áreas culturais, cujas práticas e leituras eram muito mais internacionalizadas do que as dos historiadores e historiadoras centrados no espaço nacional. Aqui ainda, as pessoas que intervieram nessa jornada de estudos foram recrutadas dentro das mesmas especialidades afastadas do centro de gravidade da disciplina: Giorgio Riello, especialista do século XVIII, da Universidade de Warwick; de novo Sanjay Subrahmanyam (UCLA), especialista dos impérios do mundo indiano, já presente no número antes mencionado dos *Annales*; Jean-Paul Zuniga, responsável pela história atlântica na Escola de Estudos Avançados em

[9] Ver Boucheron, Loiseau e Monnet (2009).

Ciências Sociais (EHESS, na sigla em francês); Romain Bertrand, pesquisador do Centro de Pesquisas Internacionais (Ceri, na sigla em francês), especialista da Indonésia e dos encontros euroasiáticos. Philippe Minard e Caroline Douki (2007, p. 9-10), os editores do boletim que resumia o encontro, enfatizavam o atraso francês em relação a essas abordagens: o primeiro número do *Journal of World History* data de 1990; a World History Association, de 1982 (1.400 membros em 2002). Longe de se limitar às universidades americanas, essa nova forma de história atinge há certo tempo o Reino Unido, por intermédio do *Journal of Global History*, publicado pela Cambridge University Press; e a Alemanha, através da revista *Comparativ, Zeitschrift für Globalgeschichte und vergleichenden Gesellschaftsforschung*. Criada em Leipzig no ano de 1991, com o subtítulo de *Leipziger Beiträge zur Universalgeschichte*, derivado de Karl Lamprecht, seu projeto e seu título se ampliaram a partir de 2007 para englobar essas novas abordagens. Foram seus animadores que organizaram os primeiros congressos europeus de história global. A historiografia francesa aparece, assim, bem isolada, através desses modestos números especiais e de seus raros especialistas trabalhando em instituições externas à universidade, enquanto os espaços anglófonos e germanófonos dispõem de redes de pesquisa, de centros e de revistas consagradas ligadas a esses polos.

A essas novas especialidades vindas do oeste ou do leste somou-se, nesses mesmos anos, uma variante autóctone, denominada história cruzada, proposta por Michael Werner, antigo especialista da história das transferências, e Bénédicte Zimmermann (2001), especialista da história do trabalho na Alemanha.[10] Logo após o artigo programático publicado no primeiro número de janeiro de 2003 dos *Annales*, eles reuniram num número especial da revista *Le Genre humain* uma série de contribuições sob o título "*De la comparaison à l'histoire*

[10] Ver Didry, Wagner e Zimmermann (1999).

croisée".[11] Se podemos subscrever a parte crítica de sua demonstração (que retoma, aliás, os temas contra o comparatismo evocados anteriormente por Michel Espagne ou pelos adeptos da história conectada ou transnacional), suas propostas concretas, compreendidas sob a noção de cruzamento, equivalem a colocar a ênfase sobre a necessária variação de pontos de vista, de níveis, de fontes e sobre o exercício de uma reflexividade crítica em relação às grades, aos conceitos, aos espaços e às temporalidades englobados que deveriam compor o *vademecum* ordinário de qualquer historiador atual, comparatista ou não, que assimilou as lições de Norbert Elias, Reinhart Koselleck ou Pierre Bourdieu. Os estudos de caso reunidos em função desse programa, sob as rubricas pomposas de "novos objetos", "epistemologia em ação" e "reflexividade aplicada", não passam de monografias extremamente clássicas, conduzidas segundo as regras do método histórico como, por exemplo, a que foi consagrada às transformações da história e da consciência histórica no Japão em contato com a historiografia europeia, às interações entre cientistas e aportes locais na constituição de uma cartografia da Índia, à instalação de um espaço de circulação dos projetos administrativos na Europa das luzes etc. Esse conjunto se assemelha finalmente a uma variante mais sofisticada da história das transferências, a qual restringe, porém, suas ambições em relação ao que pode ser um comparatismo interpretativo ou uma história transnacional, na medida em que os procedimentos de validação repousam sobre as fontes escritas mais tradicionais da história dos saberes, da história das práticas políticas ou administrativas, ou da história das disciplinas. Não poderia a história, enquanto disciplina global, alimentar ambições mais vastas do que esse encerramento intelectualista e especular sobre

[11] Publicado em 2004, o número 42 da revista *Le Genre humain* contou com as contribuições de Sebastian Conrad, Kapil Raj, Christine Lebeu, Heidrun Friese, Alexandre Escudier, Nicolas Mariot, Jay Rowell e Valérie Amiraux.

esses pequenos mundos eruditos, sem renunciar às formalizações e modelizações, quantificadas ou não, para retomar as grandes questões sempre pendentes, abandonadas aos ensaístas e aos filósofos de circunstância?

O balanço desses debates fornece afinal um duplo contraste. Em primeiro lugar, o refinamento das etiquetas e das propostas de método aumenta a ruptura entre a historiografia francesa modal, indiferente a essas questões, que só interessam essencialmente aos especialistas dos espaços não franceses e aos pesquisadores situados quase todos fora da universidade e, portanto, sem grande poder de influência sobre os públicos estudantis ou os futuros pesquisadores. Em segundo lugar, visto que o ponto anterior não apresenta nada de novo, como expliquei na primeira parte deste livro, essas guerras internas ou esses debates em torno das especialidades contribuem mais para enfraquecer do que para reforçar as propostas dos historiadores que buscam sair da história de dominante nacional ou local. Ao aprofundar um pouco os reais pontos de divergência, percebemos que eles se referem a nuances de ênfase, a terrenos de pesquisa específicos que sugerem problemáticas diferentes, devido às fontes e aos métodos a serem mobilizados, aos diálogos privilegiados com esta ou aquela ciência social (antropologia *versus* sociologia, abordagem cultural *versus* abordagem estrutural etc.), às ambições opostas de intervenção no debate público (opção ocidentalista *versus* opção pelas sociedades não ocidentais, relações de dominação *versus* relações de troca), ou ainda a recomendações mais ou menos adaptadas segundo os ramos da historiografia privilegiada.

Tais descompassos são bastante normais e remetem à dispersão crescente das disciplinas históricas entre lógicas espaciais, cronológicas, empíricas, eruditas ou políticas, que encontramos constantemente na história da historiografia, mas que assumiu um viés incontrolável sob o efeito das transformações morfológicas nacionais e internacionais daquilo que temos uma certa dificuldade em ainda chamar de comunidade internacional dos historiadores profissionais.

Essa autonomização de tendências divergentes que teriam, no entanto, tudo a ganhar ao formar uma frente comum contra a *doxa* própria à história, de base nacional, vai assim alimentar uma nova "crise da história", bem diferente daquela que Daniel Roche (1986) e Gérard Noiriel (1996) assinalaram. Com relação a isso, podem-se propor dois diagnósticos opostos. Para os nostálgicos dos debates binários em que se basearam algumas das revoluções historiográficas anteriores, essa multipolaridade seria a prova de que a história está entrando numa nova idade e, análogo à das outras ciências sociais, em desacordo a respeito de tudo, exceto num ponto, o da existência de desacordo e de que este é normal na medida em que não existem mais paradigmas dominantes ou globais. É o que se chama ritualmente, com uma tristeza hipócrita, de fim dos grandes relatos, cujas novas abordagens devem sobretudo mostrar que não são uma nova metamorfose disfarçada.

O segundo diagnóstico, utilizado com menor frequência, me parece mais correto e mais explicativo: esse novo estado do campo historiográfico é a imagem, de um lado, da evolução do mundo universitário e, de outro, do estado da opinião intelectual que faz uma utilização clandestina, mas recorrente, da história e da comparação, para o bem e para o mal.

Mal-estar na historiografia

Em relação ao que foi chamado de "história em migalhas", o quadro da historiografia contemporânea que acabamos de pintar traduz uma crise muito mais profunda do que aquela nascida do esgotamento do paradigma braudeliano da história como síntese, da tirania do "presentismo" denunciada por François Hartog (2003) em *Regimes de historicidade* ou de um poderoso retorno da história centrada sobre a nação, diante da incapacidade das formas de história comparada ou transnacional de se fixarem na paisagem universitária francesa. Essa situação faz com que essas formas não convencionais percam suas principais virtudes em relação às abordagens tradicionais: por um lado, a capacidade de propor, para além dos especialistas, espaços de diálogo e convergência com as demais ciências humanas e sociais (programa inicial da primeira escola dos *Annales*); e, por outro lado, a vontade de fornecer uma nova função de síntese crítica, mais necessária do que nunca nesses tempos de conflitos cada vez mais tribais. Essa crise de vocação se soma, com efeito, a uma crescente dificuldade de acessar o espaço público tradicional. A história foi particularmente atingida (66 % de redução do volume de vendas entre 1974 e 2002) pela crise editorial que afetou de maneira desigual as ciências humanas, e essa situação piorou ainda mais (Barluet, 2004, p.53).[12] A conhecida deriva da produção científica em direção aos volumes de miscelânea subvencionados, por um lado, e em direção aos manuais cada vez mais simplificadores ou às obras de síntese para um público não acadêmico, por outro, contraria a afirmação de uma história científica que sai dos caminhos pré-definidos ou do fechamento monográfico, exatamente como deveriam ser as formas de história não centradas no espaço nacional. Outros espaços universitários apresentam dificuldades similares, como indicam os ataques contra as disciplinas não rentáveis nas universidades dos países que atravessam crises financeiras e são submetidos a políticas de rigor nesses últimos anos. Na França, soma-se a isso a fragilidade suplementar de um campo universitário fragmentado. A maior parte das formas não

[12] Bruno Auerbach (2006, sobretudo p. 82) relativiza as conclusões desse relatório enfatizando as mudanças de nomenclatura que afetaram a rubrica "história" nas estatísticas; no entanto, apesar dessa correção, o setor universitário dos livros de história perdeu mesmo assim 34 % dos exemplares vendidos entre 1994 e 2002, enquanto o setor grande público progredia 47 %.

convencionais de história se encontra isolada em instituições à parte (grandes estabelecimentos, laboratórios do CNRS, algumas universidades parisienses) que padecem particularmente com as novas políticas de pesquisa e de ensino superior implementadas desde a metade dos anos 2000; ou seja, exatamente no momento em que o debate intelectual em história começava a se interessar pelo mundo historiográfico exterior. O definhamento dos laboratórios de pesquisa, sobretudo daqueles que permitiam estudos fora do campo nacional, em benefício das pesquisas dos programas financiados pela Agência Nacional de Pesquisas (ANR, na sigla em francês), o desejo de orientar as ciências sociais para questões mais imediatas, todos esses fatores somam seus efeitos negativos ao enfraquecimento intrínseco da história feita fora das fronteiras. Último ponto a ser acrescentado à inquietação do comparatista de longa distância, a reforma conhecida como *masterização* e a redução dos postos nos concursos de ensino desestimulam as vocações de professores-pesquisadores, ou seja, reduzem o público e os substitutos potenciais para as formas não clássicas de história.

Um quadro desses reitera a imagem de lamentável regressão intelectual do qual dá testemunho um debate público como o que agitou os historiadores a respeito da Maison de l'Histoire de France, permitindo imediatamente concluir que o que deveria ser a vanguarda da história foi vencida sem nem mesmo ter lutado ou tendo consagrado o essencial de sua energia em combates internos e, como tentamos demonstrar, secundários em relação às verdadeiras questões que estavam em jogo no momento. Para não terminar com uma nota pessimista, convém avançar algumas propostas construtivas que, apesar da conjuntura morosa, podem talvez impedir a derrocada total das formas de história que têm minha preferência.

Algumas propostas construtivas

O primeiro ponto a relembrar, para além dos indicadores objetivos negativos acima mencionados, é que ainda existe uma forte demanda geral de história, como atestam certas formas de vulgarização ou certas emissões de rádio ou de televisão. A obra intitulada *À quoi sert l'histoire aujourd'hui?*, dirigida por Emmanuel Laurentin (2010) e proveniente de uma crônica regular na emissora France Culture, animada por historiadores de diferentes gerações, permite medir a diversidade dos olhares (dos mais clássicos aos mais dissonantes) que os historiadores e historiadoras, dos mais jovens aos mais idosos, lançam sobre sua disciplina e sua função. Pode-se então constatar que existem pessoas e instrumentos (podem-se mesmo acrescentar certos *sites* da internet que criticam trabalhos não comentados em outro lugar ou pelo menos não tão rapidamente) necessários para praticar e difundir os novos procedimentos, libertando-se das lentidões dos circuitos acadêmicos ou editoriais, pouco abertos às novas maneiras de fazer história.

Os programas dos concursos, que por muito tempo foram os instrumentos de preservação de uma historiografia convencional ou ligada a seus elementos fundamentais, se modernizaram bastante. Eles permitiram sobretudo, por várias vezes, a introdução de olhares comparativos e transnacionais, tanto nos cursos dispensados quanto nos manuais publicados na ocasião ou nas problemáticas propostas nos exercícios escritos e orais. Entre a história do grande público e o manual de base, de um lado, e a história para os *happy few* consumida pelos pesquisadores, do outro, atualizações abertas aos trabalhos novos e estrangeiros puderam abrir caminho, permitindo que os/as melhores estudantes das novas gerações não pensassem unicamente em termos "nacionais", como seus predecessores.

Quando me candidatei à *agrégation* em 1973,[13] o tema de minha redação foi particularmente inovador: "A França e os franceses de 1934 a 1958". Membro da banca em 2001, tive que dar aulas e corrigir provas sobre "Religião e cultura na Alemanha, França, Reino-Unido e Itália no século XIX". Os adeptos da história cruzada ou transnacional pensariam, sem dúvida, que um título como esse estava um pouco fora de moda, mas ele permitia sensibilizar as novas gerações de historiadores e historiadoras para problemáticas e trabalhos que não puderam ser integrados aos currículos dos precedentes níveis de formação: história comparada da educação, história das circulações religiosas e culturais, história da secularização na Europa, história comparada das produções e dos produtores intelectuais etc. Outros exemplos mais recentes de programas, como guerras e sociedades no século XX, campos e sociedades rurais no século XIX, a história do mundo britânico, as circulações internacionais na Europa, o príncipe e as artes, as sociedades coloniais (África, Antilhas, Ásia), vão no mesmo sentido.

As situações de crise ou de derrota do pensamento também podem gerar um sobressalto e um reagrupamento a respeito do essencial. Os historiadores, sobrecarregados pela necessidade de encontrar fontes e assuntos factíveis que se prestem aos crescentes limites materiais e institucionais que pesam sobre eles, em função da degradação da situação universitária antes evocada, têm todo interesse em acabar com esses combates fratricidas ou inspirados num puro espírito de distinção em benefício de uma combinação pragmática das abordagens mais adaptadas a esses limites. De que serve afinar métodos, questionários ou categorias, se é impossível acessar as informações necessárias às demonstrações mais sofisticadas? Existem ainda, pelo menos em história contemporânea, imensos

[13]Nota do revisor técnico da tradução: *Agrégation* é o concurso nacional da França que permite acesso aos cargos de professor no ensino secundário (liceu) ou no ensino superior.

caminhos a serem abertos, novas fontes a explorar mediante um questionário sistemático, cruzado ou comparativo; e em relação ao espaço europeu, há mesmo necessidade de coleta de dados elementares indispensáveis para que se possa propor hipóteses ou modelos interpretativos válidos em história econômica, política, social ou cultural.

As novas correntes da história não-nacional denunciaram com frequência o eurocentrismo (talvez seja melhor falar em umbiguismo nacional, que se esconde sob um aparente eurocentrismo) das formas clássicas de história comparada, eurocentrismo esse que certas ciências sociais comparativas substituíram por um americanocentrismo teoricista. Os trabalhos sobre as transferências e as circulações permitiram lutar contra esse viés. Mas mesmo no seio desses espaços acadêmicos que concentram uma parte desmesurada dos trabalhos de história ou de ciências sociais, a ausência de trabalhos coletivos ou de pesquisas sistemáticas em função dessas novas problemáticas torna incertas as interpretações dos fenômenos centrais, simplesmente porque eles caem no interstício das disciplinas ou implicam a exploração e a *expertise* de fontes não clássicas ou não solicitadas com relação a essa problemática. Conhecemos, por exemplo, as histórias de certos *best-sellers* europeus, podemos seguir as carreiras internacionais de certas obras nos mais diferentes gêneros, mas, em geral, trata-se de uma porção muito limitada dos possíveis *best-sellers* ou das obras significativas que não permite compreender o estado das sensibilidades ou dos imaginários de amplas porções dos públicos europeus nas áreas da literatura, do teatro, da arte ou da música. Para poder passar do estudo de caso das "obras-primas", dominante nos ramos especializados da história cultural, às identificações sistemáticas em vários gêneros e vários espaços, abordadas em termos de comparação, de circulações ou de transferências, pouco importa, teríamos que aproveitar as fontes utilizáveis, selecionar as amostras, definir os itens dos questionários, construir quadros ou cartografias suficientemente homogêneos ou confiáveis para propor uma interpretação que não fique a reboque de esquemas derivados de pesquisas análogas em ciências sociais, com o inconveniente do anacronismo ou da confusão das temporalidades.[14] Essas observações e propostas poderiam ser transpostas tanto para a história social como para a história imperial ou a história econômica.

Um outro motivo nos incita ainda a não renunciar à preocupação de desenvolver uma história transversal e transnacional: sua virtude heurística em contribuir para a elucidação dos debates públicos mais atuais. Todos lemos inúmeras explicações recentes sobre as diferentes classificações que povoam diariamente as manchetes dos jornais ou figuram na "agenda", como se diz hoje, dos responsáveis pelas decisões. É relativamente fácil ironizar as aberrações de algumas destas comparações desferidas como elementos de prova, de combate ou de "reformas" em certas conjunturas. Diante do "ranking de Xangai", diante do Programa Internacional de Avaliação de Estudantes (Pisa, na sigla em inglês) e de outras comparações internacionais midiatizadas, nem os historiadores familiarizados com essas operações, nem os especialistas das ciências sociais devem se contentar em dar de ombros ou ironizar sobre seus vieses ou sobre os erros de interpretação e de construção dos questionários.[15] Suas competências de comparatistas ou de historiadores do transnacional devem ser mobilizadas para desmontar seus pontos fortes e fracos, propor os indicadores a serem reformados ou construídos, adotando um procedimento pedagógico e militante junto aos públicos que deixamos abusar e manipular sem elevar um contradiscurso crítico audível. A história comparada e transnacional também

[14] Ver exemplos desse tipo de pesquisa ou de questionamento em Charle (2008c, 2009d, 2010a). Ver também Joyeux-Prunel (2012) sobre uma história cartográfica das trocas artísticas e literárias na Europa.

[15] Eu mesmo propus uma análise crítica da classificação de Xangai e de suas reais finalidades. Ver Charle (2007a).

pode transformar-se em arma de dissuasão e de persuasão para questões que não são exclusivamente científicas, num mundo cada vez menos nacional.

9 Os modos de circulação e de internacionalização culturais na Europa (segunda metade do século XIX – primeira metade do século XX)[1]

Dois fenômenos marcaram os últimos quinze anos: a multiplicação dos trabalhos sobre as transferências culturais e a difusão, na história, de uma abordagem transnacional. Certos autores ingleses, como Chris Bayly (2007), em *The Birth of the Modern World*, ou, mais recentemente, Donald Sassoon (2006), em *The culture of the Europeans*, tentaram realizar sínteses que combinavam o estudo das transferências, a história cruzada e a história comparada ou transnacional.[2] Sociólogos da literatura propuseram modelos de compreensão mais rigorosos a respeito da "mundialização" ou da "internacionalização literária". A multiplicidade desses termos no estudo dos campos culturais dentro de uma perspectiva inter- ou transnacional atesta o caráter ainda incerto e fronteiriço dessas questões. Como em todas as áreas emergentes, os métodos, os conceitos, os objetos e as fontes são ainda problemáticos. Seria pretensioso propor soluções definitivas antes que se realizem balanços cuidadosos dos trabalhos e das pesquisas complementares sobre os pontos cegos. Parece-me mais frutífero alinhar os problemas e as questões a serem resolvidas com base em terrenos sobre os quais eu mesmo já trabalhei e nos quais pude medir os progressos e os limites dessas abordagens.

---

[1] Conferência proferida no encerramento do curso sobre história das trocas culturais da escola doutoral da Universidade de Saragoça, em 26 de fevereiro de 2010.

[2] Ver também Douki e Minard (2007).

Gostaria, assim, de propor aqui o relatório de uma etapa que permitisse tirar lições de algumas leituras e de alguns trabalhos, pessoais ou coletivos, em que esses temas foram abordados ou mencionados.[3] Deve-se sobretudo examinar três pontos: os problemas de método que se referem ao estudo das circulações culturais, a variação e a medida das hierarquias culturais que essas circulações traduzem no tempo e no espaço. Seria preciso perguntar-se, por fim, se a internacionalização cultural progride ou regride de maneira similar segundo os diferentes campos culturais.

Problemas de método

As metáforas financeiras ou econômicas da transferência ou da importação não devem ser entendidas apenas no sentido material. Elas compreendem uma dimensão simbólica ou mesmo psicanalítica. Para que um bem simbólico circule, é preciso que ele seja um objeto de desejo, que suscite uma expectativa ou uma valorização (não apenas econômica). Qualquer mercadoria corre sempre vários riscos ao cruzar uma fronteira, seja ela política ou linguística, mas um bem simbólico enfrenta riscos suplementares – ausência de recepção ou mal-entendidos de interpretação – enquanto as mercadorias ordinárias dispõem de circuitos de troca traçados há muito tempo em função de necessidades materiais relativamente predefinidas ou estabilizadas. De maneira geral, com efeito, toda cultura tende a viver encerrada em si mesma, a transmitir àqueles que a seguem categorias de apreensão (não apenas a língua, obstáculo mais evidente, mas gêneros de organização do escrito ou da representação visual etc., normas de gosto, hierarquias de temas). Essas categorias divergem até mesmo dentro do espaço europeu, na medida em que

[3] Conferir Charle e Roche (2002a); Charle (2004a, 2009d); Charle, Schriewer e Wagner (2004); Charle, Vincent e Winter (2007).

as culturas nacionais se autonomizam em relação à herança comum, seja ela cristã ou latina, e as sociedades se transformam em ritmos desiguais e segundo caminhos divergentes. A energia necessária para superar tais obstáculos pode ter várias fontes, combinadas de maneira desigual.

A primeira em que se pensa, por analogia com a economia, é a esperança de lucro por parte dos autores, dos donos de livrarias, dos tradutores, dos *marchands* de arte ou dos editores (a clássica metáfora da conquista de um novo mercado). Mas os trabalhos contemporâneos ou os exemplos históricos conhecidos mostram que oferecem quase sempre uma margem de lucro inferior e mais aleatória que a das produções autóctones. As línguas menos reconhecidas possuem tiragens ainda menos importantes do que os produtos nacionais, exceção feita de alguns raros *best-sellers*. Fala-se sem dúvida, hoje em dia, de uma *world fiction*, composta de livros em grande parte ingleses ou americanos, cujos direitos autorais são rapidamente vendidos a outros editores estrangeiros nas grandes feiras editoriais, como a de Frankfurt,[4] quando tiveram boas vendas em seu país de origem. Trata-se de um mercado de ampla difusão, análogo ao dos filmes para o grande público vindos de Hollywood. Mas, para a maior parte das traduções, o limite de rentabilidade do investimento consentido (gastos com a tradução e a promoção) é raramente atingido. Os dados fornecidos por Sassoon com relação a certos autores franceses e ingleses do século XIX amplamente traduzidos em outras línguas enfatizam que até mesmo as obras mais populares passam por uma segunda seleção: nem sempre as mesmas obras são bem-sucedidas de um país a outro e autores que têm grandes tiragens num país não atingem necessariamente o mesmo nível de vendas em outro, o que revela uma modificação do público atingido.[5]

[4] Conferir Casanova (1999, p. 235-236).

[5] Ver Sassoon (2006, sobretudo os capítulos 10 e 25) e Schlösser (1937).

Os fatores simbólicos, sociais e/ou políticos são muito mais importantes no que se refere à maior parte das obras de difusão restrita: exigências de exotismo e de distinção de certas frações do público e dos editores letrados; conjuntura política que coloque na moda um país e sua cultura; efeito de dominação de uma cultura prestigiosa ou em expansão, como atesta a parte crescente do francês até os anos 1860, e depois do inglês, para a maior parte das obras traduzidas na maioria dos países da Europa; ponto de acesso ao mercado do livro pelos pequenos editores, que procuram assim conquistar um segmento menos atravancado do mercado do que o que é reservado à literatura dominante, nas mãos dos grandes editores. Finalmente, uma fração de intelectuais ou de exilados encontra um meio de sobreviver por meio da tradução ou da introdução de obras de seu país no país de recepção.[6]

Quanto mais se avança na direção de setores com finalidade não lucrativa da economia dos bens simbólicos, mais esses fatores simbólicos, literários ou políticos tendem a superar as considerações econômicas. Tal é o caso dos livros eruditos, universitários e científicos que repousam sobre uma economia administrada de dádiva ou de contradádiva e sobre um trabalho gratuito invisível dentro dos circuitos de edição subvencionados ou fora do mercado, baseados em compras de bibliotecas ou de instituições científicas. O campo literário por vezes oferece, aliás, circuitos análogos, antes da passagem à tradução em volume (traduções parciais em revistas confidenciais).

A passagem de fronteiras entre culturas não se limita à acessibilidade material de um texto, de um artigo ou de uma obra em outra língua ou outro país. O principal obstáculo reside menos na produção do que na recepção. Trata-se de suscitar no leitor, no espectador ou no auditor o desejo de ler, de ver ou de escutar, conseguindo assim acesso a seu espaço de representações, estruturado pela cultura ambiente e por suas

[6] Ver Wilfert (2002, 2008).

relações históricas com a cultura externa de onde provém esse novo bem. Acompanhamos aqui algumas das análises de Pascale Casanova em *La république mondiale des lettres*. Como as economias que fazem trocas em âmbito europeu ou mundial, as culturas tampouco se situam em posição de equidistância ou equivalência. Elas se organizam em cada época segundo antigas hierarquias de prestígio, cuja evolução é lenta. O discurso atual a respeito da mundialização e da globalização e a teoria do livre-câmbio intelectual que lhe subjaz são tão falaciosos quanto na economia, ainda que as hierarquias sejam mais culturais e políticas do que econômicas, o que pode, por vezes, autorizar reviravoltas simbólicas espetaculares em relação às lógicas exclusivamente comerciais das trocas.

É preciso, portanto, reconstituir a história longitudinal e estrutural, num momento "t", desse inconsciente das hierarquias culturais entre as nações, entre as línguas, entre as práticas culturais. Ela condiciona *a priori* tanto a oferta quanto a demanda, a recepção e a percepção desses bens e influi na probabilidade de sucesso ou de fracasso dessas circulações. As obras de grande difusão remetem sempre a estereótipos de longa duração ligados às culturas estrangeiras, utilizados com maior ou menor cinismo pelos importadores ou pelos mediadores que tentam promovê-las. Podemos tanto mais nos libertar deles quanto mais afastados estejamos da esfera da grande produção, onde o peso das questões econômicas é mais forte (cinema, *best-sellers*, ópera). Mas sua ação não é jamais totalmente abolida, mesmo nos gêneros ou nos tipos de obras que desfrutam de um alto valor agregado ou que tenham um público reduzido. Para atrair a atenção do público para esse setor literário ou intelectual, seria preciso implicá-lo nas questões atuais de luta simbólica dentro da cultura importadora, ainda que as obras importadas não tenham inicialmente nada a ver com elas, na medida em que são derivadas de um outro contexto e frequentemente de uma outra época, devido ao atraso geral das traduções diante das datas iniciais de publicação.[7]

Tomemos aqui o exemplo do romance russo.[8] Antes do fim do século XIX, a maior parte da produção literária russa, com exceção de Pushkin e Turgueniev, era praticamente desconhecida na Europa, em particular na França, apesar da francofilia da *intelligentsia* russa, do papel do francês como língua de cultura na Rússia desde o século XVIII ou ainda da presença constante, em Paris, de inúmeros russos da mais alta sociedade. O sucesso do romance russo e das inúmeras traduções produzidas num curto período acontece antes mesmo da aproximação política franco-russa dos anos 1890. O elemento dominante reside na intervenção de mediadores franceses e russos, primeiramente de Eugène-Melchior de Voguë (1971), diplomata nobre casado com uma russa: seu livro *Le roman russe*, editado em 1886, foi inicialmente publicado sob forma de artigos separados, a partir de 1883, na *Revue des deux mondes*. Certas grandes revistas literárias que promovem esses romances dão as chaves de apreensão das primeiras obras traduzidas, reinvestindo simultaneamente nelas antigas representações estereotipadas desse país e questões ideológicas e literárias próprias à França dos anos 1880. A promoção dessas obras visava propor uma literatura inspirada numa visão espiritualista e cristã ("a alma eslava" dos estereótipos), colocando grandes questões metafísicas sobre a condição humana (*Crime e castigo, Guerra e paz*), ao contrário da visão então dominante na França, que se resumia à abordagem social materialista e cientificista dos romances naturalistas de Zola. Enquanto certos autores, como Tolstoi, se opõem ao poder conservador e religioso da autocracia russa oficial, esses autores

[7] Para um exemplo de uma análise recente de introdução de uma corrente estruturalista estrangeira no seio das ciências humanas francesas, ver Matonti (2009).

[8] Conferir Charle (1998, p. 177-199) e o livro de Blaise Wilfert *Du monde entier. La littérature, l'étranger, la nation. France 1885-1930*, a ser publicado pela Éditions Belin como integrante da coleção Socio-histoires.

franceses, conservadores e católicos, põem, ao contrário, os autores russos a serviço de sua cruzada contra a irreligião e o cientificismo literário, provisoriamente hegemônicos na França dos anos 1880. As obras russas servem mesmo de fontes de inspiração a peças de teatro e romances franceses que visam oferecer um contrafogo autóctone ao naturalismo. Os fluxos das traduções são notoriamente ampliados pelo sucesso desse *connaisseur* da Rússia, antigo diplomata em São Petersburgo. Antes de seus primeiros artigos, até 1883, traduzia-se por ano de dois a cinco romances russos. A partir de 1884, esse número se eleva a oito, em seguida a nove por ano. A publicação dos artigos em forma de livro, por Voguë, em 1886, amplia mais ainda a abertura ulterior, com um máximo de 25 títulos traduzidos em 1888. Apesar do refluxo que se seguiu, o nível das traduções do russo permaneceu mais elevado do que no ponto de partida.[9]

Na época contemporânea, voltamos a encontrar fenômenos análogos de um interesse variável pelas literaturas estrangeiras em função dos contextos nacionais. Em *Translatio*, Gisèle Sapiro (2008, p. 204 et seq.) valoriza os diversos fatores opostos que estruturam as escolhas das traduções estrangeiras ao francês segundo o tipo da obra (romance ou outro gênero), o tipo da língua (língua central ou secundária), a concentração ou a dispersão do catálogo segundo um pequeno ou um grande número de línguas e de autores, conforme o objetivo dos autores de atingir um mercado internacional, conformando-se às grandes tendências dominantes oriundas do mercado anglo-americano, ou, ao contrário, conforme o cultivo de seu particularismo literário ou nacional, diferenciando-se desse *mainstream* para atrair o olhar, ou ainda em função de sua inscrição na atualidade política internacional.

---

9 Dados estabelecidos com base em Boutchik (1995) e constantes de Charle (1998, p. 187).

Se examinarmos, por exemplo, as relações de troca entre a França e a Itália na esfera do livro, constata-se a existência de fatores constantes de longa duração. O desequilíbrio estrutural França/Itália se origina, pelo menos, no século XIX: os editores italianos traduzem muitos mais livros estrangeiros em geral, e franceses em particular, do que os editores franceses importam obras italianas (Muller, 2011). Há evoluções no período recente (1985-2002), quando o número de traduções do italiano ao francês mais do que duplica. Esse fenômeno é comum a todas as línguas nessa época, mas é mais precoce e mais marcado para o italiano, no início dos anos 1980.

Ele remete ao efeito bola de neve provocado por um livro específico, *O nome da rosa*, de Umberto Eco. Esse romance não foi, no entanto, imediatamente identificado como um *best-seller* potencial pelos editores franceses. Ele foi, na verdade, rejeitado por todos os editores, antes que as edições Grasset o aceitassem. *O nome da rosa* não entrava nas categorias de percepção da literatura italiana pelos editores franceses: os grandes sucessos anteriores provenientes da Itália tinham sido a série dos *Don Camillo* (1951-1953), de Giovanni Guareschi, ou seja, romances de tipo etnográfico e cômico de conotação política (um padre católico contra um prefeito comunista), os romances realistas e políticos que evocavam o clima da época fascista, como *Le Christ s'est arrêté à Eboli* (1945), de Carlo Lévi, *Le Jardin des Finzi Contini* (1962), de Giorgio Bassani ou ainda os romances psicológicos de Alberto Moravia – *Le Mépris*, publicado originalmente em 1954 e traduzido ao francês em 1955 –, obras que o cinema italiano popularizou para um vasto público.

Com *O nome da rosa*, Eco, vindo da universidade e de uma certa vanguarda semiológica ligada ao estruturalismo francês, pratica alegremente a transgressão dos gêneros estabelecidos. Ele mistura tranquilamente a erudição medieval, o romance policial, o romance gótico e a reflexão filosófica, baseando-se numa cultura imensa para renovar esse gênero mais popular conhecido na França como "*le polar*", dominado desde o período entreguerras pelos autores ingleses ou americanos. Eco já era conhecido e reconhecido na França como discípulo de Barthes e seu livro havia sido um *best-seller* na Itália, o que deveria ter inspirado confiança aos editores franceses. Isso não impediu, no entanto, que os leitores especializados de várias editoras francesas o rejeitassem. Era bem possível que ele não figurasse nas categorias de percepção do que deveria ser um romance traduzido do italiano por um editor francês. Felizmente, o diretor da Grasset não se importou com o julgamento dos *experts*, ao constatar que sua mulher, italiana, ria às gargalhadas ao devorar a versão original (Bokobza, 2008, p. 218). E fez bem: traduzido em 1982, esse livro chegou a 800 mil exemplares na França e vendeu 8 milhões de cópias pelo mundo afora.

Esse sucesso inesperado mudou radicalmente os dados do mercado da tradução do italiano (um pouco como aconteceu com a voga dos romances russos, um século antes). Ele modificou as representações anteriores sobre a literatura italiana, incitando os demais editores a traduzir outros autores, que respondessem a características diferentes daquelas evocadas anteriormente. Ao mesmo tempo, essa abertura mantinha ainda uma certa fragilidade, na medida em que se traduziam poucas obras de um mesmo autor, como se a intenção fosse encontrar uma nova mina de ouro, por tentativa e erro, sem correr muitos riscos. Os editores franceses permanecem assim prisioneiros de uma lógica comercial de exploração de um mercado, aproveitando-se da voga do primeiro *best-seller*. No entanto, após o entusiasmo do início dos anos 1980, essa política começa a definhar, provocando uma redução drástica no número de romances traduzidos nos anos 1990. Apenas os autores consagrados e bastante idosos continuam a ser traduzidos. Os editores se concentram então sobre o setor literário de elite, ou seja, retornam à situação precedente (Bokobza, 2008, p. 226).

Tais exemplos, tomados a épocas diferentes, sublinham a importância dos mediadores como catalizadores ou como atores capazes de modificar as percepções no momento propício, para permitir o sucesso de uma transferência. Em outros terrenos culturais, porém, a modificação das hierarquias e das representações prévias implica muitos outros fatores e, consequentemente, muitas outras análises.

Variações das hierarquias: mercados da arte e teatro

Essa estabilidade dos fluxos ou das hierarquias das circulações não impede que as correntes dominantes sejam colocadas parcialmente em questão, em função de temporalidades muito variáveis segundo os campos e os tipos de bens simbólicos. Até aqui, nossos exemplos foram sobretudo derivados da literatura, ou seja, de um terreno intermediário da cultura por sua plasticidade e sua capacidade de evolução. Outros campos culturais independentes da linguagem e, portanto, das identidades nacionais podem conhecer circulações mais rápidas e modificações das hierarquias adquiridas, graças à sua autonomia em relação à hierarquia das línguas. Tal é o caso, em particular, da pintura, da música ou do teatro, nos quais a mobilidade dos atores e das obras e os contatos entre os criadores e os públicos, menos midiatizados que no terreno do livro, facilitam as circulações e as adaptações às transformações internacionais do gosto. Os investimentos prévios são igualmente menores e as dimensões do público mais modestas, o que torna mais fácil a instalação de novos circuitos.

Circulação artística

Os artistas têm uma longa e antiga tradição de viagens ao exterior, similar à da circulação das obras em função da internacionalização dos salões – particularmente o de Paris, como mostra a Tabela 1, onde desde 1869 a proporção de expositores estrangeiros ultrapassa os 10 %, acercando-se dos 20 % entre os pintores. Diferentemente da literatura, mais fechada para o exterior (na França do século XIX, as traduções representavam menos de 10 % da produção nacional), os pintores reconhecidos na França são proporcionalmente mais de origem estrangeira do que franceses, na medida em que a taxa de artistas que receberam uma medalha é 20 % superior entre os estrangeiros.

Tabela 1 – Presença estrangeira no Salon des Artistes Français, 1845-1880

	Número de expositores	% de estrangeiros	% de estrangeiros entre os pintores	Proporção de estrangeiros que receberam uma medalha
1845	1.237	8,6 %	6,7 %	21 %
1847	1.230	7,2 %	6,6 %	13,8 %
1869	2.975	13,3 %	19,5 %	23,2 %
1880				24,3 %

Fonte: Sfeir-Semler (1992, p. 259-262).

O movimento continua e se amplia na virada do século e se afirma progressivamente em toda a Europa, onde cada grande centro tentará atrair artistas estrangeiros, sobretudo franceses, para aumentar seu renome.

Tabela 2 – Proporção de pintores estrangeiros que expuseram em diversos salões em Paris e em Berlim (%)

Ano	1899 Nationale des Beaux-Arts	1899 Artistes Français	1909 Artistes Français	1909 Nationale des Beaux-Arts	1909 Salon d'Automne
Paris	34,7	21,3	30,3	34,1	35,1
Berlim 1897	9,1				

Fontes: Annuaire statistique de la ville de Paris;[10] Grosse Berliner Kunst-Ausstellung (1897).

A explosão dos espaços de exposição e dos salões em âmbito internacional faz com que essa circulação transnacional dos quadros e dos pintores se torne atualmente, no século XX, a forma normal de conquista de notoriedade. Ela também tem como contrapartida a intensificação da competição, provocada pelo crescimento exponencial da produção artística e da população de artistas, pela redução proporcional das encomendas dos Estados que, anteriormente, criavam mercados nacionais protegidos (exceção feita às novas ditaduras, como a Alemanha, a Itália ou a Rússia), pelo deslocamento do centro de gravidade da riqueza mundial e dos colecionadores, do Antigo ao Novo Mundo, ou ainda em direção às zonas periféricas (aparecimento de colecionadores russos no início do século XX), pela mudança progressiva dos gostos dos compradores, que abandonam os valores garantidos, cada vez mais inacessíveis com a museificação das obras antigas, por artistas mais recentes, que se transformam em objeto de especulação.

No sentido inverso, como mostrou em detalhe Béatrice Joyeux-Prunel (2009), os artistas inovadores parisienses que

[10] Sobre as diversas sociedades de artistas e seus salões, ver Monnier (1995, p. 269 et seq.). O salão mais tradicional é organizado pela Société des Artistes Français (o que explica a menor proporção de estrangeiros); a Société Nationale des Beaux-Arts (1889), embora contando entre seus membros com pintores acadêmicos, quer-se independente do Institut e apresenta uma parcela de estrangeiros quase tão grande quanto o Salon d'Automne, onde se concentra a vanguarda (fundado em 1903 por Frantz Jourdain).

não conseguem se fazer reconhecer no mercado interno começam desde muito cedo (desde a época de Courbet) a tentar expor e vender suas obras no mercado europeu: Bruxelas, Alemanha, Inglaterra e, mais tarde, Estados Unidos e Rússia.[11] A presença dos estrangeiros em Paris (artistas, críticos ou *marchands*) facilita a construção dessas redes de circulação: o irmão de Vincent Van Gogh, Théo, trabalha para Goupil, um dos grandes *marchands* parisienses; Durand-Ruel abre sucursais na Europa e envia seus quadros aos Estados Unidos; Whistler, amigo dos primeiros impressionistas, serve-lhes de intermediário no mercado de arte inglês; Kahnweiler, o *marchand* preferido dos cubistas, é de origem alemã. Vê-se assim como a internacionalização nesse setor é mais fácil e mais rápida do que na esfera literária, na medida em que se resume a um círculo de relações pessoais diretas com os burgueses e os aristocratas, bastante cosmopolitas nesse período de expansão das viagens, do turismo e do livre câmbio. Segundo Béatrice Joyeux-Prunel (2009), existem de fato dois circuitos de internacionalização: o primeiro se refere aos quadros mais conhecidos dos pintores tradicionais, objeto de cobiça dos amadores endinheirados na França e no exterior porque estão na moda; o outro atrai os pintores mal amados na França, para quem a venda no exterior é uma alternativa; no final do circuito, eles esperam passar por artistas internacionais na França, conquistando, mais tarde, com base nesse reconhecimento exterior, os sufrágios parisienses.

Vê-se assim que o processo de transferência assume um jeito bem diferente de sua manifestação na literatura. Todavia, no século XX, certas obras literárias, malditas em seu país de origem, seguiram igualmente as vias transversas da circulação artística, fazendo-se primeiro publicar na França para depois conquistar o reconhecimento em seu espaço de origem; os casos mais conhecidos são os de D. H. Lawrence (*O amante de*

[11] Ver Nerlich (2010).

lady Chatterley foi publicado em Florença em 1928 e traduzido para o francês em 1932, mas apenas em 1960 foi publicado na Inglaterra, onde o autor teve que enfrentar um processo), de James Joyce e de Samuel Beckett, os quais foram editados, traduzidos ou encenados na França devido aos rigores da censura britânica e obtiveram um reconhecimento nacional e mundial ao fim desse desvio parisiense.[12] A circulação internacional, com polos dominantes privilegiados, também pode ser encontrada no teatro do século XIX, bem como na ópera.

Circulação teatral[13]

O século XIX é marcado por uma circulação importante de peças parisienses rumo a outras capitais.[14] Na verdade, quando os palcos estrangeiros consomem obras importadas, eles escolhem sobretudo as novidades francesas que já passaram pelas luzes da ribalta de um mercado parisiense bastante concorrencial. Os palcos parisienses efetuam, com efeito, uma primeira seleção impiedosa das centenas de peças propostas cada ano a seus diretores. Há uma hecatombe considerável mesmo entre aquelas que foram efetivamente montadas: apenas cerca de uma em dez atinge um verdadeiro sucesso segundo as normas da época, ou seja, uma centena de representações. É entre essas peças selecionadas pelo público parisiense que os adaptadores, tradutores, empresários ou diretores estrangeiros fazem prioritariamente suas escolhas. Em Berlim, segundo as monografias que possuímos sobre diferentes teatros entre 1860 e 1900, a proporção de peças de origem francesa na programação varia de 10 a 26,7 %.

[12] Sobre Beckett, ver Casanova (1999, p.198-199); sobre Joyce, ver Casanova (1999, p. 204-205).

[13] Resumimos aqui alguns desdobramentos de Charle (2008c, sobretudo o cap. 8).

[14] Conferir Yon (2008).

Em Viena, uma estatística oficial mais exaustiva situa a presença francesa um pouco mais elevada, entre 15,2 e 26 %, entre 1885 e 1900. Nos teatros de Budapeste, as obras de origem francesa são proporcionalmente duas vezes mais numerosas: de 24,1 a 43,4 %, segundo os anos.[15] Podemos também encontrar esse nível elevado de apreciação em outras capitais ainda mais periféricas, como Christiania/Oslo, Praga (27 a 30 % das representações nos três principais teatros, entre 1862 e 1914, provêm do repertório francês), Belgrado (32 % de peças francesas no Teatro Nacional, entre 1868 e 1913) ou Varsóvia (33,1 % nos teatros); sem falar, claro, das cidades francófonas mais próximas, como Genebra ou Bruxelas (Anker, 1956; Reznikow, 2002, p. 612-613, p. 621-622). No mundo anglófono (Londres e Nova York), a virada dos séculos XIX e XX assiste, no entanto, a um declínio progressivo das produções dramáticas francesas, que contrasta fortemente com sua presença nos três primeiros quartos do século XIX; superior a 10 % no início dos anos 1890, a proporção de peças francesas nos palcos londrinos cai a 5 % no período entreguerras.[16] A evolução em Nova York é similar, declinando de 17,9 % a 3-4 % entre 1909 e 1919 (Mason, 1940).

Essa geografia diferencial corresponde em parte às relações de forças literárias internacionais ressaltadas por Pascale Casanova ou Blaise Wilfert, sobretudo a partir da esfera do romance. Ela apresenta, no entanto, certas especificidades que têm origem nas variações da censura (mais forte do que

[15] Dados derivados respectivamente de Buth (1965), Muhle (1955), Rhode (1966), Wilcke (1958), Windelboth (1956), Wischer (1967) e dos anuários estatísticos de Viena (Statistisches Jahrbuch der Stadt Wien) e de Budapeste (Budapest székesfováros statisztikai évkönyve: statistisches jahrbuch der haupt-und-residenzstadt Budapest, 1894-1898).

[16] Contagens efetuadas segundo as sondagens sobre os anos 1890-1892, 1900-1902, 1910-1912, 1920-1922, 1930-1932 com base no repertório de Wearing (1976-1990).

para o romance) e na importância dos mediadores, como os atores e as atrizes, frequentemente mais decisivos do que os autores ou os tradutores quando se trata de impor obras no exterior. Os países sem grande tradição teatral ou submetidos à influência cultural germânica importam obras francesas para compensar as carências locais e/ou para combater uma presença cultural sentida como opressiva, a exemplo de Praga ou Budapeste.[17] Em contrapartida, os países emancipados culturalmente da França (países de língua inglesa, hispânica ou germânica) rejeitam cada vez mais a produção dramática vinda de Paris ou a relegam a certos gêneros: comédia de salão, especialidade parisiense encenada nos teatros mais burgueses, peças históricas de conteúdo dramático em palcos consagrados ao drama e a públicos mais diversos, operetas e *vaudevilles* nos palcos especializados. Mas o grosso de seu mercado se encontra nas mãos dos fabricantes nacionais de peças em massa, adaptadas ao grande público em busca de divertimentos cômicos ou musicais, que retomam os modelos franceses adaptando-os às idiossincrasias sociais e linguísticas dificilmente transferíveis.

Além das representações prévias dos países, como as obras literárias comuns, a circulação teatral vai fazer intervir relações de força diretamente relacionadas às variáveis demográficas e econômicas: países grandes ou pequenos produtores, línguas próprias a um mercado teatral mais amplo ou mais estreito; Estados que respeitam as regras jurídicas e espaços que praticam a pirataria literária; culturas onde o teatro ocupa uma posição invejável ou é negligenciado na hierarquia dos gêneros. A força do mercado parisiense consiste em fornecer qualquer tipo de peças ou de produtos, do teatro de vanguarda ao teatro puramente comercial, do teatro com alta pretensão literária ao espetáculo dedicado ao puro divertimento.

---

[17] Conferir Bernard Michel (2008, p. 93-94, p. 116-117).

Avanço ou recuo da internacionalização cultural?

Segundo um certo preconceito veiculado pelas temáticas da modernização e da globalização, todo processo de interconexão dos espaços seria acompanhado de uma crescente internacionalização cultural. Essa interpretação é provavelmente verdadeira, se raciocinarmos em termos de fluxos quantitativos simples. Mas o historiador das circulações culturais internacionais não pode se limitar a raciocinar apenas em termos de oferta, ele deve tentar pensar em termos de demanda, de impacto e de recepção ou de dominação relativa, como já mostraram os exemplos das traduções e das circulações dos bens artísticos. O desenvolvimento da oferta vai de par com uma acentuação das hierarquias e dos fenômenos de dominação em benefício de alguns centros ou de alguns tipos de produção. Uma segunda questão importante se refere ao descompasso entre os campos de emissão e de recepção dos bens culturais. A rapidez das traduções, das midiatizações ou das transferências não é forçosamente proporcional ao desenvolvimento da oferta. Com efeito, o excesso de oferta ou a dominação de antigas produções, cujo escoamento é mais fácil na medida em que são mais ajustadas às estruturas já estabelecidas da percepção estrangeira, tende a bloquear a recepção das novidades ou dos gêneros menos consagrados. Ora, precisamente, quanto mais se avança no tempo, mais esses fenômenos são institucionalizados, tornando-se mais difíceis de serem postos em questão, o que freia a internacionalização ulterior.

Um exemplo de recuo da internacionalização: a ópera

A ópera fornece um exemplo caricatural desta retroação. A instalação, desde fins do século XIX, de um cânone de obras essencialmente produzidas nos séculos XVIII e XIX, dominado pelos compositores italianos e, secundariamente, por Wagner e algumas obras francesas (*Carmen, Fausto*), fez recuar dramaticamente a criação de novidades, a igualdade de acesso ao circuito internacional das óperas nacionais que emergem durante o século XIX ou a renovação do gênero.[18] As óperas recentes passam a ter um lugar extremamente restrito na programação das principais óperas do mundo, em comparação com a situação do início do século XIX.[19]

Se tomarmos o repertório das obras representadas no La Scala e na Ópera de Paris em 1880 e o compararmos à lista das óperas mais frequentadas na Alemanha dos anos 1970 e nos Estados Unidos dos anos 1990, ficaremos assombrados diante da extraordinária estabilidade de um gênero internacional centrado em algumas obras e autores de culto:

Tabela 3 – As óperas mais representadas em Milão (1880) e em Paris (1880 e 1912)

La Scala: número de representações de ópera 1879-1880	Ópera de Paris 1880*	Ópera de Paris 1912*
Aida (Verdi): 23	*Aïda*: 48 (criação) *Faust* (Gounod): 20 (323)	*Faust*: 22 (1210)
La Gioconda (Ponchielli): 14	*Les Huguenots* (Meyerbeer): 17 (692)	*Guillaume Tell* (Rossini): 1 (868)
Lucia di Lamermoor (Donizetti): 11	*La Juive* (Halévy): 14 (462)	*Samson et Dalila* (Saint- Saëns): 21 (350)
Rigoletto (Verdi): 8	*Guillaume Tell* (Rossini): 14 (646)	*Lohengrin* (Wagner): 18 (319)

continua...

[18] O estudo de Philipp Ther (2006, sobretudo p. 398-400) sobre os teatros de Dresden, Praga e Lemberg confirma esse fenômeno apesar da aparição de óperas nacionais mais diversificadas, que ocupam apenas um lugar menor diante dos grandes clássicos reproduzidos incessantemente a partir do fim do século XIX.

[19] Conferir Sassoon (2006, p. 762-765).

continuação

La Scala: número de representações de ópera 1879-1880	Ópera de Paris 1880*	Ópera de Paris 1912*
Faust (Gounod): 4	*La muette de Portici* (Auber): 13 (502)	*Roméo et Juliette* (Saint- Saëns): 10 (308)
Total: 60	*La favorite* (Donizetti): 12 (521)	*Aida* (Verdi): 9 (289)
	Le comte Ory (Rossini): 12 (399)	*Tannhäuser* (Wagner): 5 (233)
	L'Africaine (Meyerbeer): 11 (321)	*Rigoletto* (Verdi): 13 (229)
	Don Juan (Mozart): 9 (189)	*Sigurd* (Reyer): 3 (221) *La Walkyrie* (Wagner): 8 (215)
	Hamlet (A. Thomas): 9 (170)	*Thaïs* (Massenet): 8 (118)
	Freischütz (Weber): 9 (172)	*Le Cid* (Massenet): 6 (113)
	Total: 140	*Les maîtres chanteurs* (Wagner): 10 (98)
		Total: 134

Fontes: Sassoon (2006, p. 768); Verdi e Ricordi (1998, p. 229); Soubies (1880, 1912).

Nota: * O primeiro número corresponde ao número de representações durante o ano; o segundo, desde a estreia em Paris.

Tabela 4 – As óperas mais solicitadas (em número de espectadores) ou mais encenadas na Alemanha e nos Estados Unidos nas últimas décadas do século XX

República Federal da Alemanha	1973/1974	Estados Unidos e Canadá	1991/1992-2002/2003
Mozart	1.033.000	Puccini, La Bohème	207
Verdi	1.025.000	Puccini, Madame Butterfly	193
Puccini	670.000	Verdi, La traviata	175
Wagner	500.000	Bizet, Carmen	173
R. Strauss	425.000	Rossini, Le barbier de Séville	154
Rossini	345.000	Puccini, Tosca	151
Donizetti	199.500	Mozart, Nozze di Figaro	144

Fonte: Sassoon (2006, p. 764-765).

Os grandes sucessos da época em que a ópera italiana era dominante (Rossini, Verdi, Donizetti), na primeira metade do século XIX, vão perdurar até os anos 1880. Apesar do avanço de Wagner e de alguns autores franceses de nível internacional na virada do século XIX-XX, a segunda geração italiana (o segundo Verdi, depois os veristas) vai ainda ocupar a posição mais elevada no início do século XX, o mesmo acontecendo nos anos 1970 na Alemanha e mesmo no fim do século XX nos Estados Unidos e no Canadá. A única mudança notável que intervém durante o século XX é o retorno de Mozart, que serve de ponte entre a ópera alemã e a ópera italiana, embora suas obras tenham sofrido um certo ocultamento durante o século XIX.

Diante desse terreno altamente consagrado, mas aberto a um vasto público, as ciências humanas – que representam, ao contrário, um terreno novo e elitista em período de expansão no fim do século XIX – se beneficiariam ou não de uma abertura crescente aos trabalhos estrangeiros? As análises de conteúdo das revistas científicas podem nos ajudar a determinar esse fato.

A internacionalização das revistas científicas

A multiplicação das revistas científicas na Europa da segunda metade do século XIX[20] contribuiu de maneira importante para a abertura nacional dos meios universitários. Tais revistas possuem uma dupla característica: são organizadas por disciplina (e mesmo cada vez mais especializadas), em oposição àquelas publicadas desde o fim do século XVII; e

[20] Ver o quadro elaborado para a França em Charle (1992a). As histórias da imprensa de cada país registram a explosão do número de periódicos especializados, sem, no entanto, permitir uma análise por disciplina, apesar da probabilidade de o fenômeno ser paralelo ao que se produz na França, como mostram a história de certas disciplinas e a cronologia das criações de revistas nesse país. Haveria aqui um imenso campo de trabalho comparativo a desenvolver.

são nacionais, ou pelo menos só publicam artigos numa língua principal. Na época, o hábito dos resumos em língua estrangeira era muito raro. No entanto, ao mesmo tempo, elas se internacionalizam e multiplicam as trocas (de estudantes, de professores, os congressos internacionais, as correspondências intermediárias e o envio de livros ou separatas), o que é particularmente verdade para as disciplinas das ciências "naturais". Uma ótica otimista permitiria supor que a maior parte dos indivíduos leitores ou produtores dessas revistas dominam várias línguas e podem, assim, se o desejarem, sem maiores dificuldades, consultar as revistas das outras nações. Na verdade, esse poliglotismo generalizado das elites científicas é questionável, exceto nos países onde as elites são obrigadas a aprender as grandes línguas. Dado o que se sabe das estruturas do ensino secundário em diversos países onde, desde o período entreguerras, o lugar das línguas vivas permanece bastante restrito, só a última geração pode efetivamente se beneficiar de uma melhoria dos conhecimentos linguísticos, ou então certos casos individuais com um itinerário familiar ou pessoal excepcional (por exemplo, um bilinguismo familiar, como no caso de Bergson; professores alsacianos que optaram por se formar em alemão, como Lucien Herr ou Charles Andler; ou ainda, casos de casamentos cosmopolitas).

Sem esta fragilidade linguística das elites científicas não poderíamos explicar os longos debates sobre as línguas de uso em congressos internacionais, a presença notável de artigos traduzidos nas revistas científicas ou as inúmeras resenhas de publicações estrangeiras. *A Revue d'économie politique* ostenta em seu índice, desde seu primeiro número, uma lista de colaboradores europeus: um professor da Universidade de Utrecht, um outro da Universidade de Pávia, três outros respectivamente da Universidade de Liège, da Faculdade de Direito de Madri e do Instituto Técnico de Pérouse, dois professores da Academia de Lausanne e um professor de sociologia da Universidade de Genebra.[21] Esse índice internacional (onde se nota, no entanto, a ausência das duas maiores nações, a Inglaterra e a Alemanha) não é somente uma vitrine lisonjeira. Com efeito, a revista publica, entre 1887, data de sua fundação, e 1906, 136 autores estrangeiros para 114 autores franceses. De 1907 a 1913, a abertura em direção ao exterior diminui um pouco, mas permanece notável, com um quinto de não-franceses como autores de artigos de fundo (Pénin, 1999, p. 100-101). Da mesma forma, de 1907 a 1913, 35,9 % das 945 obras comentadas foram publicadas no exterior, das quais 53,4 % em alemão, 24,5 % em inglês e 19,2 % em italiano. Só uma estatística objetiva da produção dos livros de economia e de ciências sociais nas diferentes línguas permitiria avaliar o viés em prol da Alemanha assim introduzido pelos animadores da revista (os economistas liberais das revistas concorrentes preferindo a referência inglesa). Se é provável que os livros sobre esses assuntos publicados em alemão sejam mais numerosos do que os publicados em outras línguas, pois se sabe que, globalmente, a Alemanha é o maior produtor de livros na Europa (sobretudo de livros científicos), é bastante incerto que a produção de obras alemãs em economia represente a metade do total europeu. Sua preeminência nessa revista traduz tanto o fascínio que o modelo alemão exerce sobre esse grupo de universitários reformadores e animadores de uma disciplina emergente quanto a vontade de contrabalançar a influência inglesa, até então dominante na economia política liberal não universitária.

Julien Vincent constatou fenômenos similares de abertura seletiva às produções científicas europeias na Inglaterra do fim do século, a partir de dados baseados em amostras

[21] Ver fac-símile do índice do primeiro número da *Revue d'économie politique* em Marco (1996).

das obras analisadas em duas revistas inglesas de economia contemporâneas (o *Economic Journal* e a *Economic Review*). Aqui também, o alemão é a língua privilegiada pela primeira revista, mais acadêmica, em detrimento do francês. Os economistas franceses aparecem, aos olhos de seus colegas ingleses, como menos "científicos" e menos informados sobre os novos refinamentos da teoria. Como sua homóloga francesa, a *Revue d'économie politique,* o *Economic Journal* privilegia a literatura oriunda do espaço que se identifica, com ou sem razão, com a norma científica mais exigente. Em contraposição, a revista mais aberta à demanda social, a *Economic Review*, análoga sob esse ponto de vista ao *Journal des Economistes*, privilegia a literatura econômica em francês, que compartilha com ela a mesma preocupação de acesso ao público (Vincent, 2007).

Tabela 5 – Divisão dos livros recenseados em duas revistas de economia inglesas (1891-1914), segundo a língua de publicação

	Economic Journal	*Economic Review*	*Revue d'économie politique e Journal des économistes*
Inglês	67 %	75 %	8,1 %
Francês	10,8 %	14,3 %	68,3 %
Alemão	15,8 %	7,7 %	10 %
Italiano	5,7 %	2,3 %	8,6 %
Outra	0,7 %	0,7 %	5 %
Número de livros recenseados	1199	939	1428

Fonte: Vincent (2006, p. 288; 2007, p. 205).

Dispomos de estatísticas parciais para uma ciência como a história, intermediária entre as humanidades, bastante marcadas por um fechamento nacional, e a ciência econômica, já bastante internacionalizada. Segundo Charles-Olivier Carbonell (1976, p. 548), 85 % das obras recenseadas na *Revue des questions historiques* são francesas e apenas 2 % de origem alemã (1871-1876). Em contraposição, a *Revue historique*, fundada em 1876 e mais inovadora, dedica, em suas crônicas bibliográficas, uma parte mais importante às obras estrangeiras do que às obras francesas, com preeminência para a produção alemã: em 67 % de obras estrangeiras, 39,1 % são alemãs; 6,5 %, inglesas; 5,6 %, italianas; 5,5 %, austríacas; 4 %, suíças e 2,3 %, belgas (Carbonell, 1976, p. 551).

No que se refere à geração seguinte, podemos tomar o exemplo das resenhas redigidas por Lucien Febvre, para as quais dispomos de uma bibliografia exaustiva graças a Bertrand Müller. Através dele, podemos identificar de maneira bastante precisa o grau de interesse da vanguarda da história pelos trabalhos estrangeiros. Como Febvre é um dos mais ativos recenseadores em história de duas revistas centrais da disciplina na primeira metade do século XX, a *Revue de synthèse historique* e os *Annales d'histoire économique et sociale*, dispomos assim de um caso exemplar para medir a circulação internacional dos trabalhos entre a França e os países vizinhos.

Tabela 6 – Repartição dos trabalhos resenhados por Lucien Febvre entre 1906 e 1939, segundo a língua de publicação

Língua	Número de trabalhos resenhados	%
Francês	807	85,4
Alemão	79	8,3
Inglês	35	3,7
Italiano	13	1,3
Espanhol	5	0,5
Latim	3	0,3
Flamengo, polonês	2	0,2
Total	944	100

Fonte: Contagens efetuadas por Bertrand Müller (1990).

Como no caso da economia, esse puro produto da meritocracia da Terceira República manifesta igualmente um certo franco-centrismo. Como seus mestres da *Revue historique*, ele manifesta igualmente um interesse privilegiado pela historiografia alemã e muito mais marginal pela produção da Inglaterra. Isso traduz ao mesmo tempo a dominação do alemão como língua então praticada pela elite universitária, reforçada pela possibilidade de passar um certo tempo na Alemanha, mas também os centros de interesse específicos de Lucien Febvre, voltados, no início de sua carreira, para o espaço renano e para a Borgonha, e a seguir centrados no estudo da Reforma.

Uma estatística similar estabelecida com base nas grandes revistas históricas francesas contemporâneas mostra uma completa inversão da situação: os trabalhos ingleses ou americanos recenseados nessas revistas dominam de maneira esmagadora, deixando um lugar cada vez mais marginal aos trabalhos publicados em outras línguas. Assim, uma sondagem efetuada na *Revue d'histoire moderne et contemporaine* para os anos 1994-2002 mostra que, numa amostra de 453 resenhas publicadas, 101 (ou seja, 23 %) são de livros estrangeiros, três quartos dos quais eram escritos em inglês, 10 % em italiano, 10 % em espanhol e apenas 5 % em alemão. Vê-se que a pequena abertura constatada na época de Febvre sofre uma forte regressão na diversidade das línguas analisadas. Mesmo nesse terreno onde as tradições culturais resistem melhor do que em outras disciplinas, quase tudo é filtrado pelo prisma da língua inglesa.

Perspectivas e conclusões provisórias

Os diversos exemplos que retivemos aqui mostram que o debate historiográfico de método que opõe transferências, comparações e cruzamentos se resolve por si mesmo através da pesquisa empírica. Essas três abordagens são tanto mais fecundas quanto mais chegamos a combiná-las. Cada gênero ou tipo de obra sendo destinado a públicos ou a meios de amplitude diferente, desde o mercado elitista da arte ou os trabalhos universitários até os mercados de massa do romance ou do teatro, as transferências ou os cruzamentos culturais obedecem a modalidades muito diversas no tempo e no espaço social ou geográfico. A articulação social e cultural dos mediadores e dos circuitos também varia constantemente, ainda que perdurem dinâmicas de longa duração e hierarquias de gosto ou de atratividade difíceis de transgredir. Quanto mais os obstáculos a superar forem importantes, mais a energia utilizada para franquear as fronteiras deverá ser considerável ou deverá beneficiar-se de intermediários ou de alianças complexas. No entanto, sem a comparação dos casos e dos contextos, cada uma dessas análises recairia na monografia fechada sobre si mesma, sem possibilidade de generalização.

Para evitar cair no fatalismo do provável, a comparação de casos divergentes fornece hipóteses explicativas a serem verificadas e permite escapar à visão encantada dos encontros eletivos entre as culturas (dominante nas histórias especializadas de cada ramo da cultura) ou àquela, bastante cínica, dos sucessos previsíveis em função dos gostos dos consumidores dominantes.[22] Os trabalhos históricos sobre esses temas devem recorrer simultaneamente aos métodos clássicos da filologia (interpretação das leituras e releituras das obras para compreender se uma cultura pode ou não ser traduzida à outra) e às abordagens sociológicas e estatísticas para classificar os casos como normas ou como exceções em conjuntos culturais estruturados na longa duração.

A comparação entre áreas desigualmente dependentes da linguagem articulada parece ser também uma pista de pesquisa promissora: ela foi explorada, por exemplo, no caso da música, no último livro de William Weber (2008) ou nas obras coletivas sobre o concerto na Europa, dirigidas por Hans-Erich Bödeker, Patrice Veit e Michael Werner (2002,

[22] Tipo de interpretação privilegiado com grande frequência pelos *cultural studies* ou pelos historiadores da "cultura de massa".

2008a, 2008b). Por fim, e acima de tudo, as comparações no tempo enfatizam que o simples evolucionismo, longe de ser uma chave universal, é antes um obstáculo à compreensão. A curiosidade pela cultura do outro não tem nada de natural ou de imediato, a contestação dos gostos ou dos atrativos herdados não se deve apenas aos efeitos de geração ou às conjunturas históricas. Um preconceito letrado herdado das humanidades faz com que a história cultural tenha tendência a privilegiar tudo o que depende da vanguarda, tudo o que é inédito ou exótico; sendo assim, ela tende sempre a manifestar maior interesse pelo segmento inovador e internacional, muito minoritário nas produções culturais. Conhece-se hoje em dia muito mais sobre as razões do sucesso europeu das peças de Ibsen – autor bastante superestimado por razões éticas e estéticas – do que aquelas que permitiram que os autores do Boulevard francês fossem reconhecidos dentro de universos sociais e históricos às antípodas de suas condições parisienses de emissão. Sem dúvida, analisar esse tipo de transferência no seio da cultura média não é muito valorizador para os que se dedicam a isso, na medida em que eles se esforçam em fazer reviver uma cultura morta e desconhecida dos leitores atuais, deliberadamente estigmatizada pelas formas de história cultural consagradas à cultura letrada legítima. No entanto, se não levarmos em conta todas as formas de circulação cultural, das mais eruditas às mais vulgares, das mais elitistas às mais maciças, só conseguiremos estabelecer um inventário parcial e deformado das transformações da modernidade na Europa.

O interesse pela história é raramente um interesse puramente intelectual, tanto entre os historiadores profissionais quanto entre os outros amantes do passado. Mistura-se sempre a ele, mais ou menos explicitamente, um questionamento político, um efeito de eco em relação aos problemas atuais, mesmo quando fingimos nos afastar para melhor nos acercarmos deles. Isso corresponderia ao que Ernest Labrousse (1980, p. 115-121), que foi um militante político ativo em sua juventude, denominava de "foro íntimo político", que nem sempre se transforma num "foro exterior". A partir de fins do século XIX, a história científica passou, no entanto, a ostentar uma pretensão à neutralidade e uma ruptura com a história romântica ou com a filosofia da história. Os trabalhos sobre a historiografia desse período fizeram há muito tempo justiça a essa suposta erudição separada da paixão. As gerações seguintes sempre se viram mescladas aos engajamentos da cidadania, do caso Dreyfus à guerra de 1914, da relação com o fascismo e o comunismo às questões da descolonização e do lugar reservado à França no novo mundo do século XX, de maio de 1968 às controvérsias sobre as leis memoriais. Essas temáticas já foram abordadas em outras pesquisas, por mim e por outras pessoas. Trata-se, aqui, de ampliar esse questionamento sobre os efeitos do engajamento em relação à prática histórica, com base em estudos de caso mais aprofundados do que as visões transversais (frequentemente transdisciplinares) que tentei anteriormente. A outra ampliação, conforme à apologia do transnacional, da comparação e do diálogo entre disciplinas feita nas duas primeiras partes desse livro, consiste em apresentar, ao lado de figuras francesas, historiadores oriundos de outros contextos nacionais (Alemanha, Grã-Bretanha, Europa central) para medir indiretamente as invariantes disciplinares, as variações históricas e os efeitos de mal-entendido e de desconhecimento ligados ao contexto institucional e nacional. Meu objetivo não é propor uma galeria imutável de retratos acadêmicos. Esse retorno aos historiadores engajados daqui [da França] e de outros lugares – da Nouvelle Sorbonne de antes de 1914 e da Cambridge dos anos 1930 à Cambridge contemporânea, da Alemanha dos anos 1970 à Hungria dos séculos XIX-XX, dos leitores de Marx e/ou de Max Weber aos historiadores que aceitam o diálogo com a sociologia contemporânea – visa mostrar os múltiplos efeitos do engajamento político tanto sobre o questionamento histórico quanto, ao contrário, sobre as maneiras pelas quais a prática da história pode modificar o olhar político do historiador para o melhor, mas também, em certas circunstâncias, para o menos favorável.

10 Ferdinand Brunot e a defesa dos modernos: língua e pátria[1]

Ferdinand Brunot conheceu uma posteridade curiosa e contrastada. Ele é, junto com Lavisse, um dos únicos mestres da Nouvelle Sorbonne que mereceu a honra de ter um artigo em *Les Lieux de mémoire*,[2] esse panteão de papel da civilização francesa do fim do século XX. Imortalidade acessível ao maior número, seu nome tornou-se um topônimo central do XIV *arrondissement*, ao designar a praça da prefeitura, justa retribuição por sua abnegação durante a guerra de 1914 como primeiro magistrado (1910-1919) desse bairro, na época bastante deserdado (Hommage..., 1961, p. 161). Imortalidade tradicional, mas um pouco irônica para um adepto das ideias modernas, ele foi eleito membro da Académie des Inscriptions et Belles-Lettres em 1925, após uma primeira candidatura em 1914. Imortalidade literária relativa, seu nome foi quatro vezes citado por Péguy na edição das *Œuvres en prose* da Pléiade. Talvez ele não estivesse nas boas graças do demolidor da Sorbonne Nouvelle, mas seu escore é modesto, se comparado ao número de menções que receberam Lavisse ou Lanson. As zombarias que granjeou do autor de *Notre jeunesse* são antes benignas, se comparadas àquelas com as quais seus outros colegas foram gratificados:

[1] Texto publicado anteriormente em Charle (2005).

[2] Ver Chevalier (1992).

> Sinto pelos trabalhos de M. Brunot, enquanto escritor, o mesmo respeito que um soldado que enfrentou a guerra sente por um historiador das pólvoras e dos salitres que não a fez, o mesmo respeito que um pintor, autor de quadros, sente por um historiador da paleta, que não pintou nenhum. (Péguy, 1961, p. 1002).

Esse ataque, motivado pela publicação de uma resenha ditirâmbica do tomo 3 da *Histoire de la langue française*, da autoria de Gustave Rudler, corresponde, como bem podemos ver, a uma querela pessoal em reação a oposições clássicas do mundo intelectual: escritor contra crítico, artista contra filólogo, mundano contra erudito. Nada é dito, no entanto, sobre as inúmeras posições publicamente adotadas por Brunot, que tinham, como veremos a seguir, o dom de irritar o praguejador da rua da Sorbonne. Quem é posto em questão é Brunot, o mandarim cercado por discípulos solícitos, Brunot, o "patrono da gramática", para citar de novo Péguy, e não o defensor dos modernos – que não era, no entanto, muito apreciado por este.

Essa imagem pública, sóbria e banal, foi reforçada pelo culto de seus discípulos ou de seus herdeiros no terreno da linguística ou da gramática. Tudo se passa como se a monumental *Histoire de la langue française* tivesse provocado o esquecimento dos ardores do polemista, do adepto de todas as reformas, do homem engajado nas causas modernas de sua época: a reforma universitária, a defesa de Dreyfus e da República, a reforma do ensino secundário, a reforma da ortografia, a modernização dos métodos da gramática, a apologia do ensino feminino, a propaganda pela difusão do francês no exterior. É raro que um universitário dessa época apresente um tal grau de coerência nas posições que tomou ao longo de sua obra, de seus engajamentos e de seus combates, fossem eles intelectuais, sociais ou políticos. Tentaremos ilustrar essa coerência, ressituada no contexto tão polêmico desses anos de virada que vão do caso Dreyfus ao caso Agathon, por meio de três episódios principais: o inquérito sobre o ensino secundário de 1899, a querela em torno da ortografia de 1905 e a luta pelas humanidades modernas e a expansão do francês antes e depois da Grande Guerra.

Mudar o liceu

Quem leu o conjunto de depoimentos coletados pela Comissão Ribot em 1899 sabe que a intervenção de Ferdinand Brunot contrasta com a de seus outros colegas da Sorbonne, mesmo os mais críticos. Os comissários tinham consciência disso, pois o presidente nota, no breve diálogo introdutório ao depoimento: "O senhor pertence à jovem geração universitária" (Enquête..., 1899, p. 364). Com efeito, na época, Brunot tinha apenas 38 anos e dera aulas no ensino secundário apenas durante um ano, tornando-se *maître de conférences* aos 23 anos, na Faculdade de Letras de Lyon. Como já mostrei em outro lugar, trata-se aqui de um novo perfil de carreira, à moda alemã, em que a separação secundário/superior é muito mais clara do que nas gerações anteriores. Essa distância em relação ao objeto em debate, a prática pedagógica e os problemas internos aos liceus, poderia desqualificar a opinião de Brunot. Na verdade, nessa época, ele mantinha vários laços indiretos e estreitos com o ensino secundário. Como *maître de conférences* da Faculdade de Letras, sua tarefa era examinar todos os anos os candidatos ao *baccalauréat*, estando assim apto a avaliar seu nível escolar em fim de percurso. Membro da banca de *agrégation* de gramática, cabia-lhe recrutar os professores que ensinariam nas primeiras classes dos liceus, da 6.ª à 3.ª, suas reflexões sobre esse assunto tendo sido, aliás, publicadas na *Revue universitaire*.[3] A partir das questões colocadas pela comissão, o depoimento de Brunot propõe um conjunto de

[3] Ver Brunot (1896, 1900).

reformas radicais do pessoal, dos programas, das finalidades e das sanções, visando adaptar o liceu à sociedade moderna. O filólogo se apoia tanto em considerações sociais e políticas quanto em observações derivadas de sua experiência enquanto examinador ou historiador da língua, ou seja, de sua experiência de ensino. Voltaremos a encontrar esse método histórico e positivo (no sentido de que se apoiava na pesquisa e na experiência) em todas as posições tomadas por Brunot, algumas das quais já estavam esboçadas nesse texto global. Tudo isso atesta a continuidade de suas ideias apesar de todos os obstáculos, e sua ausência de timidez ao combater as mais veneráveis instituições: a *agrégation*, as línguas antigas, a ortografia etc.

Suas considerações sociais e políticas situam claramente Brunot no campo anticlerical. Para ele, o mal-estar dos estabelecimentos públicos de ensino se devia, em primeiro lugar, à virada conservadora e clerical da burguesia, que, por "esnobismo", queria educar seus filhos no ambiente protegido dos colégios católicos. Brunot não é totalmente cego a certos defeitos eventuais dos liceus e dos colégios públicos. Como várias outras pessoas que intervieram nesse debate, ele insiste sobre a ausência de prática pedagógica dos professores e os defeitos do enquadramento moral oferecido aos alunos – que era, ao contrário, um dos pontos fortes dos estabelecimentos religiosos. A esse quadro estrutural ele oferece duas respostas reformistas: é preciso modificar o concurso da *agrégation* para remediar as insuficiências pedagógicas dos futuros professores e, acima de tudo, recrutar repetidores entre os professores do ensino primário, dos quais ele faz um elogio vibrante: "[...] esses, sim, têm fé" (Enquête..., 1899, p. 365). Note-se que ele recorre a uma noção religiosa para qualificar a dedicação necessária aos funcionários públicos que queiram responder à concorrência dos professores religiosos. Há aí, ao que tudo indica, um *a priori* favorável às virtudes dos "primários" que repousa, sem dúvida, no discurso republicano oficial; mas também uma certa ausência desse rigor científico que Brunot pretendia, aliás, defender em suas análises.

Seu segundo conjunto de propostas sobre a formação dos futuros professores está em perfeita harmonia com aqueles que tinham conduzido as reformas das duas décadas anteriores. Brunot se identifica aqui com as ideias de Lavisse ou de Seignobos, que desejavam aumentar a autonomia da formação universitária em relação às limitações do ensino secundário que, na época anterior, impunha sua lei aos cursos das faculdades. Brunot invoca aliás o modelo dos estudos de história, no qual a parte profissional e a parte científica (o diploma de estudos superiores) são distintas e complementares, preconizando um sistema análogo para a formação dos professores de letras, chegando mesmo a colocar em questão o princípio do concurso tradicional:

> É preciso que a parte científica se torne um simples exame de faculdade – não um concurso, mas um exame que os professores de faculdade poderiam fazer em suas faculdades. Após esse exame, seria exigido seja um estágio, seja um concurso, ou melhor, um exame – porque não é necessário que seja um concurso – onde as aptidões e os méritos profissionais poderiam ser considerados. Para mim, não seria nenhum escândalo se homens com um nível de instrução um pouco inferior, mas que, por sua dedicação aos alunos, por uma espécie de instinto do ensino, são bem mais valiosos e superam de muito os professores mais instruídos em muitas classes, senão por toda parte, tenham as mesmas vantagens do que eles. (Enquête..., 1899, p. 366).

O mais impressionante é que esse discurso radical tenha sido pronunciado por um antigo cacique da *agrégation* de gramática e futuro presidente da banca deste mesmo concurso. Esse indício de uma possível transgressão dos privilégios do corpo herdado do Antigo Regime será, como veremos, um permanente pomo da discórdia entre as diversas categorias de professores do segundo grau, como lembra o livro de Yves Verneuil (2005, p. 101 et seq.) sobre os *agrégés*. Essa audácia iconoclasta de um puro produto do sistema dos concursos se torna, por isso mesmo, ainda mais digna de nota.

As análises de Brunot são ainda mais críticas a respeito dos programas do ensino clássico e do complexo de superioridade ostentado pelos adeptos dos clássicos, embora a realidade desminta suas pretensões. A verdadeira pedra de toque desse ensino não são seus ideais, mas o que se chega verdadeiramente a transmitir nas aulas e, sobretudo, o que fica delas no espírito de seus alunos. Ora, enquanto examinador do *baccalauréat*, ele constata um nível de conhecimentos muito fraco, em particular do grego, mesmo para os textos de fácil acesso. Essa competência medíocre se encontra igualmente entre os futuros *agrégés* de gramática quando se trata de improvisar sem preparação:

> Ainda este ano, discutimos a questão de colocar Homero na *agrégation*, como texto improvisado. Pois bem, não é possível.
> M. Marc Sauzet. Na *agrégation* de gramática?
> M. Brunot. Sem dúvida; não ousamos introduzir a Ilíada. Eis a verdade verdadeira, senhor presidente. (Enquête..., 1899, p. 367).

Brunot não é o único a se deter sobre o tema do fracasso dos estudos de grego no nível secundário; muitos outros professores interrogados vão no mesmo sentido. Segundo ele, o latim não tinha melhor sorte. O domínio linguístico era de melhor qualidade, mas a capacidade literária de compreensão dos alunos se deparava rapidamente com limites. Os autores mais difíceis, como Tácito ou Sêneca, eram-lhes inacessíveis e mesmo um autor considerado simples, como Cícero, não era compreendido em toda sua sutileza. O resultado é que foi preciso abandonar essa ambição de outra época, que queria fazer com que os alunos pudessem compreender as literaturas antigas:

> O ensino greco-latino, tal como ele existiu, se acabou; mas entendamo-nos bem, – não gostaria que minha formulação fosse além do meu pensamento – este ensino se acabou como tipo único de ensino secundário. (Enquête..., 1899, p. 367).

Brunot se junta implicitamente àqueles que queriam reservar o verdadeiro ensino clássico a uma elite escolar, em vez de impô-lo a uma massa de alunos que se submete a ele por necessidade social (ele é necessário para que se possa ascender a certos ramos ou a certas carreiras) e não tem aptidão alguma para tirar proveito disso. Diferentemente dos reformistas que gostariam de fechar os olhos sobre o assunto, ele, no entanto, revela-se um verdadeiro moderno, no sentido de que, para ele, essa evolução se inscreve no sentido da história, não apenas na França, mas no conjunto da Europa, já que as mesmas questões são levantadas na Alemanha. Ele inscreve essa transformação numa mutação iniciada no século XVI. Trata-se de libertar-se do culto aos antigos, herdado da Igreja e das universidades medievais e de dar à "língua vulgar" o lugar que ela conquistou em todos os demais terrenos da vida social: na administração, na justiça, na medicina, na ciência, na vida cultural. O ensino secundário é, assim, o último bastião de uma cidadela desmantelada em três séculos, a do monopólio dos intelectuais latinistas sobre a vida intelectual. A posição moderna de Brunot se inscreve na continuidade da grande querela entre os antigos e os modernos, depois na dos filósofos contra o clericalismo e na da República pela liberdade de pensamento. Ele retoma um esquema de seu autor favorito, Victor Hugo, o célebre "isso matará aquilo", de *Notre-Dame de Paris*:

> De onde veio, senhores, esse progresso? No início, penso eu, ele foi secundado por uma dessas causas irresistíveis que são os fatos de ordem econômica.
>
> Quero me referir ao desenvolvimento da imprensa. É evidente que, desde que se começou a fazer livros no lugar dos manuscritos, a situação se modificou.
>
> Como os numerosos ateliês necessitavam de um público muito extenso para poder sobreviver, era preciso outros leitores, além daqueles que conheciam o latim; em consequência disso, eles se viram compelidos a imprimir em francês. Foi assim que a reforma teve origem nas grandes tipografias de Lyon. (Enquête..., 1899, p. 368).

Ele acrescenta a isso uma consideração social, a necessidade de oferecer à nobreza uma cultura em francês; e um motor político, criar a unidade do reino em torno da língua da capital. Mas nem a monarquia (ele evoca Richelieu), nem os parlamentares no momento da expulsão dos jesuítas no século XVIII, nem a Revolução ousaram levar isso até o fim e reduzir a proporção dos estudos antigos para emancipar a cultura moderna de sua influência. Acrescentaram-se novas matérias sem que as línguas antigas fossem retiradas, o que resultou num ensino superficial de todas as disciplinas, já que o tempo consagrado a cada uma delas era insuficiente para que se atingisse um nível satisfatório. Essa recusa de optar e decidir provém, segundo Brunot, do sucesso de uma linha de defesa dos clássicos inteiramente falaciosa: a necessidade do grego e do latim para um verdadeiro domínio do francês e a ginástica intelectual favorável ao desenvolvimento da inteligência que permite a passagem de uma língua a outra. Apoiando-se em sua competência de historiador da língua e em sua experiência pessoal de antigo aluno excelente da seção clássica, mas também de praticante das línguas modernas, Brunot afirma que essas duas justificativas não são válidas. Opondo-se ao inspetor geral Foncin, ele defende a ideia da possibilidade de um ensino verdadeiramente histórico do francês que seja independente do aprendizado do latim — que não existe no momento porque todos os professores de francês, mesmo os do ensino moderno, haviam seguido uma formação clássica.

Ele reconhece parcialmente a legitimidade da segunda justificativa: "Reconheço que a versão latina é mais difícil, que ela exercita mais o espírito do aluno, porque a língua é mais afastada da nossa e o esforço, mais considerável"(Enquête..., 1899, p. 369).

No entanto, corrige essa consideração com uma tese cara aos modernos. Não seria melhor, hoje, conhecer em profundidade os grandes autores das literaturas europeias que formam a cultura comum dos contemporâneos do que uma cultura passada, que nos afasta de nosso tempo e nos separa da maioria? Ele chega mesmo a atacar ferozmente a literatura latina. Como ele havia dito, na medida em que não se conhece o grego e o latim só permite o acesso aos autores mais pobres, coloca-se à disposição dos alunos uma literatura passada, essencialmente medíocre quando comparada à francesa, à inglesa ou à alemã. O mais grave é que essa superstição relacionada ao latim contribui para um ensino ruim das línguas vivas, inculcadas como línguas mortas, por contaminação.

Seria então necessário romper com esses métodos para que se pudesse aproveitar melhor o conhecimento das línguas estrangeiras, começando bem cedo seu aprendizado (como se fazia para o latim, no tempo de seu esplendor). Ele preconiza igualmente a criação de colégios em língua estrangeira, como os que existem na Rússia. É preciso sobretudo terminar com o *status* aviltado do ensino moderno, que está na raiz de alguns de seus defeitos. Os professores de letras formados em literatura antiga são nomeados para esse ensino contra sua vontade e procuram deixá-lo assim que podem para ir ensinar nos ramos mais prestigiosos. Esse *turn over* diminui a estima dos alunos, que se sentem mal-amados porque não existe o que se poderia chamar de uma verdadeira equipe pedagógica que partilhe do mesmo ideal.

Brunot elabora, então, um duplo projeto de reforma: num primeiro momento, deve-se atribuir uma igualdade de sanções aos dois setores dos liceus; num segundo momento, deve-se acelerar o desenvolvimento do ensino moderno, o único adaptado à época atual e às expectativas da maioria, deixando subsistir algumas ilhas de cultura clássica para manter a tradição e evitar que certas famílias se refugiem nos colégios católicos:

> Eu ficaria muito triste se a cultura do grego desaparecesse inteiramente e se uma corrente grega, ou mesmo latina, deixasse de circular por alguns canais na nação francesa. (Enquête..., 1899, p. 371).

Muito otimista, Brunot afirma que sua luta é conduzida pela história. Os anos subsequentes à reforma de 1902 vão lhe mostrar, em contrapartida, o poder das forças de conservação e mesmo de tradição. Ele não cessará de lutar contra elas, nem em 1905, a respeito da ortografia, nem em 1911, em prol do francês e das humanidades modernas.

Modernizar a ortografia

Em 1903, uma comissão nomeada por iniciativa do ministro da Instrução Pública, Chaumié, relançou a questão da reforma da ortografia. Presidida por Paul Meyer, diretor da École des Chartes, ela compreendia sete membros do Conseil Supérieur de l'Instruction Publique, três "especialistas" (Louis Havet, professor do Collège de France, Antoine Thomas e Ferdinand Brunot, professores da Sorbonne) e dois deputados, Maximilien Carnaud, socialista anticlerical, e Lucien Cornet, radical-socialista, adepto do esperanto

(Jolly, 1963, p. 875, p. 1134). Excetuando Octave Gréard, presente enquanto antigo vice-reitor da Académie de Paris, nenhum membro da Académie Française figura entre eles, o que explica em parte a oposição desta instituição às conclusões entregues em 1904, na medida em que ela se estimava privada de uma de suas prerrogativas (Keller, 1999, p. 72-80). A esse primeiro obstáculo acadêmico soma-se uma mobilização hostil nos meios da imprensa, da literatura e das academias. A *Revue Bleue*, cujos leitores eram essencialmente recrutados no meio universitário no sentido mais amplo, anima essa campanha contra a ideia de reforma, abrindo suas colunas a escritores ou filólogos hostis à comissão Meyer. No número de 18 de fevereiro de 1905, um manifesto recebe o apoio de uma primeira lista de 120 signatários, na maioria oriundos da imprensa, das revistas e, em parte, do mundo universitário. 294 nomes suplementares constaram de três outras listas publicadas nos números ulteriores, entre os quais algumas celebridades acadêmicas costumeiras dos manifestos conservadores, como Lemaître, Sardou, Coppée, Vandal, mas também cientistas que haviam aderido ao mesmo campo que Brunot durante o inquérito de 1899 ou quando do caso Dreyfus, como Berthelot, Aulard, Michel Bréal, Bouché-Leclercq. Entre os escritores, as antigas clivagens literárias ou políticas parecem esfumar-se diante da defesa da tradição escrita que, segundo eles, a reforma colocaria em perigo. O nome do romancista Lucien Descaves, defensor de Dreyfus, avizinha assim o do poeta patriota nacionalista Déroulède; o poeta simbolista Viélé-Griffin junta sua assinatura à do autor de peças de Boulevard, Maurice Donnay; o deputado radical Caillaux não fica longe do deputado conservador Denys Cochin; André Antoine, o homem que revolucionou o teatro, apoia as mesmas posições de dramaturgos que não aprecia muito, frequentadores habituais da Comédie Française como François de Curel ou Henry Bernstein, numa espécie de conclamação à união sagrada contra os reformadores imprudentes.

Até mesmo André Gide, o iconoclasta, toma posição em meio a grandes batalhões de membros do Institut, da Académie de Médecine ou mesmo de academias locais e das redações dos jornais de província.

No cabeçalho dessas listas, podem-se ler as seguintes considerações, em completo descompasso com os motivos expostos por Ferdinand Brunot:

> Há cem anos, a ortografia em nosso país está relativamente determinada. Os mais nobres gênios do século XIX se submeteram a essas regras. Os grandes modelos clássicos se apresentam a nós sob uma forma que nos é ainda familiar.
>
> Um decreto que altera de repente a ortografia tradicional teria como efeito atribuir um aspecto estranho ou arcaico a todas as obras-primas editadas desde o século XVII, até mesmo as contemporâneas. Uma barreira mais alta se elevaria entre a multidão e os letrados; isso corresponderia enfim a correr o risco de comprometer mais cedo ou mais tarde toda a beleza plástica de nosso idioma, prejudicando dessa forma o prestígio universal da literatura francesa.
>
> Os abaixo-assinados manifestam o desejo de que não se dê sequência a um tal projeto, que não tardaria a colocar em perigo as letras nacionais. (Revue Bleue, 1905, p. 203).[4]

Quando redigiu seu panfleto *La réforme de l'orthographe: lettre ouverte à monsieur le ministre de l'Instruction publique*, Brunot (1905a) já tinha consciência desse movimento de resistência oriundo do mundo literário e baseado na invocação do sacrilégio contra os grandes escritores, sempre intimidadora na cultura francesa. Para reduzir o alcance desse argumento, ele não deixou desde então de coletar (os originais se encontram entre seus papéis pessoais, sob a forma de fotografias ou

---

[4] Outras listas foram publicadas nos dias 25 de fevereiro de 1905, 4 e 11 de março de 1905.

fac-símiles) trechos de autores ilustres tirados dos manuscritos ou das edições originais, para sublinhar que a modernização atual já os tinha feito adquirir uma fisionomia gráfica radicalmente diferente do que eles mesmos tinham escrito ou deixado imprimir, sem que nada se pudesse objetar.

Para sair desse impasse, o ministro J.-B. Bienvenu-Martin nomeou uma nova comissão encarregada de propor soluções aceitáveis para os dois campos. Presidida por Alfred Croiset, decano da Facultade de Letras, ela compreendia quatro antigos membros da comissão precedente, mas se abria à oposição acadêmica moderada, na pessoa de Emile Faguet. O relatório final é redigido por Brunot em 1906. Embora ele empregue um tom mais moderado do que em sua *Lettre ouverte*, para poupar certos membros da comissão e as resistências acadêmicas, ele se baseia nos mesmos argumentos sociais e pedagógicos que já utilizara quando de seu depoimento diante da comissão Ribot.[5] Trata-se de tornar a leitura e a escrita acessíveis à maioria, sem vãs dificuldades, em vez de consumir um tempo desproporcionado no aprendizado de grafias e de regras absurdas justificadas apenas pela rotina:

> Esquecemos muito facilmente o fato de que, para uma grande parte da nação, o francês não é ainda a língua materna, mas uma língua aquisitiva, que as crianças aprendem na escola através de exercícios orais, sem dúvida, mas também pela leitura. Esquecemos também que todos aqueles que não prosseguiram seus estudos para além da escola primária desconhecem uma grande quantidade de palavras; quando essas crianças se tornarem adultas e lerem os jornais, essas palavras que eles nunca escutaram serão para eles como palavras estrangeiras, que eles

[5] Uma cópia do relatório pode ser encontrada nos *Papiers Brunot* depositados no Institut de France. Em seu depoimento, Brunot (1905b, p. 369) abordava a questão da reforma da ortografia: "Esta cultura latina só trouxe benefícios para nossa língua. Duvido muito. Esquecemos que ela nos deu uma ortografia que é uma desgraça nacional, um obstáculo invencível ao progresso do ensino primário e à difusão de nossa língua no exterior".

vão ler da maneira mais estapafúrdia porque vão lê-las como estão escritas. As pessoas letradas riem com vontade desses barbarismos, sem desconfiar que elas também os cometem, e em grande quantidade. (Brunot, 1905b).[6]

Brunot apresenta uma segunda consideração, ainda mais política, na *Lettre ouverte a monsieur le ministre de l'Instruction publique*. Para ele, a língua francesa perde terreno no mundo porque sua ortografia difícil desestimula os estrangeiros ou os habitantes das colônias que gostariam de aprendê-la. As outras línguas, mais simples, lucram com esse hermetismo.

Essa visão, que antecipa a ideia de francofonia ou de França maior, é explicitada por um exemplo eloquente e pitoresco com ares de colonialismo da Belle Époque:

> Que reflexões pode fazer um jovem anamita a quem se ensina em nossas colônias que a escrita é a arte de "retraçar a palavra através de signos convencionados" (Académie) e a quem se ensina que, para escrever *oiseau*, utiliza-se um o, um i, um s, um e, um a e um u, embora nenhum desses sons se faça ouvir na palavra *oiseau*. (Brunot, 1905b, p. 4).

Brunot se baseia ainda na história para mostrar que as convenções atuais são invenções recentes que só passaram, na verdade, a ser respeitadas após o século XIX, sob a férula dos liceus e dos colégios fundados pelo Império e seus manuais. Ele cita vários "grandes escritores" presos em flagrante delito de ignorância e sublinha sem trégua todas as incoerências de inúmeras grafias adotadas tardiamente por puro pedantismo etimológico obsoleto:

> Os sinais da escrita são sinais "convencionados". Eles não são inerentes às palavras. Eles foram modificados ora pelos escribas, ora pelos impressores, ora pelos gramáticos, ora pela Academia,

[6] Relatório apresentado em nome da comissão encarregada de preparar uma resolução relativa à simplificação da ortografia (*Direction de l'enseignement primaire*, 2e bureau).

> ora pelo público: começa uma convenção, uma outra a continua e mais tarde, uma outra a sucede. (Brunot, 1905a, p. 29).

O que a história recente criou, a história pode desfazer, basta que o poder político assuma suas responsabilidades. Brunot invoca aí, outra vez, o exemplo de todos os regimes que tentaram fazer do francês o instrumento da unidade nacional. Ao romper com o arbitrário ortográfico, a República completará o que a monarquia não pôde fazer, na medida em que não dispunha nem da escola, nem da imprensa universais: tornar a língua e a escrita, facilitadas pela reforma, acessíveis a todos. Dessa maneira, ela contribuirá para a unidade nacional, suprimindo o privilégio dos letrados que, na medida em que frequentaram por mais tempo o ensino secundário, podem dominar essa ortografia de classe, enquanto o povo ou não pode fazê-lo, ou a esquece tão rapidamente quanto a aprendeu, sofrendo assim de uma deficiência permanente no que se refere à utilização do escrito ou até mesmo da pronúncia correta do que lê. Vê-se que esse programa modernizador ultrapassa amplamente seu aspecto técnico. Trata-se de tornar a leitura e a escrita do francês transparentes para todos, para fundar uma comunidade nacional sem barreiras culturais. Quando Brunot vai além das posições de compromisso da comissão, ele sonha até mesmo com a criação de uma grafia científica, de tipo fonético, cujos princípios de justa pronúncia serão estabelecidos a partir de pesquisas fonográficas sobre a boa utilização a fim de evitar os descompassos constantes entre uma escrita que cristaliza os usos antigos e as pronúncias admitidas pela maioria. Brunot (1905b, p. 65) fornece mesmo uma versão de *Booz endormi* corrigida na nova ortografia, para demonstrar que ela era perfeitamente acessível ao leitor habituado à ortografia tradicional.

Apaixonado pela literatura francesa, sobretudo do século XIX, que apreciava porque ela tinha enriquecido uma língua empobrecida por um classicismo rígido, Brunot invoca três argumentos contra a mobilização dos letrados. Qualquer reforma, por definição, altera alguns hábitos, por exigência da sociedade moderna e do interesse nacional.[7] Encerrados em seu mundo privilegiado, os letrados esquecem as novas camadas que têm acesso à instrução e devem também acessar essa literatura, mas a um menor custo, por falta de tempo. Enfim, outros grupos tão dignos de interesse quanto os escritores se mobilizaram para essa reforma: a Alliance Française, que amplia a irradiação cultural da França no mundo,[8] os professores de francês no exterior, que o cultivam nas novas gerações,[9] os professores primários que perdem tantas horas a repetir regras absurdas em detrimento do ensino, precisamente, da verdadeira cultura, fundada sobre a inteligência e o raciocínio.[10] A língua é um assunto nacional pelo qual o Estado é responsável, da mesma forma que o é diante dos pesos e medidas; é seu dever superar os conservadorismos, venham eles da Académie Française ou dos escritores profissionais em geral:

> Lá onde é possível, na medida do possível, ele deve, pois, à língua e à nação policiar nosso idioma como policia os pesos e as medidas. Como disse Gaston Paris, uma ortografia nacional é uma das formas da vida pública. (Brunot, 1905a, p. 19).

As altas esferas não aceitaram nem mesmo as posições mais moderadas que a comissão adotou; e o novo ministro, Aristide Briand, enterrou o relatório que, de qualquer maneira, não

---

[7] "Se a tranquilidade da 'república das letras' deve ser perturbada porque escreveremos *veu* como *aveu*, *euf* como *neuf*, *seur* como *douceur*, *téorie* como *trône* ou *trésor*, *coléra* como *colère*, *frénologie* como *frénésie*, essa tranquilidade que desejamos não é a paz, mas a morte." (Brunot, 1905a, p. 43).

[8] Ver Brunot (1905a, p. 18).

[9] Ver Brunot (1905a, p. 63).

[10] "Como tudo [nessa reforma] é tão ilógico e contraditório, feito para exercer unicamente a memória visual, ela oblitera a faculdade de raciocínio, em resumo, ela embrutece." (Brunot, 1905a, p. 7).

satisfizera nem a Brunot, nem aos moderados, nem *a fortiori* aos antimodernistas. (Keller, 1999, p. 85).

Defender o francês para defender a pátria

O engajamento patriótico de Ferdinand Brunot é um antigo fato reconhecido, pois ele adere à Ligue des Patriotes e à Union Patriotique du Rhône já em 1883, quando foi nomeado *maître de conférences* na Faculdade de Letras de Lyon. Originário de Saint-Dié, cidade de Jules Ferry, o autor de *Histoire de la langue française* teve sua infância marcada pela guerra franco-alemã, pela subsequente ocupação alemã e pela proximidade da nova fronteira, a famosa linha azul dos Vosges. Suas posições sobre o ensino secundário e a reforma da ortografia são, como vimos, justificadas por argumentos patrióticos e sociais. Trata-se de fazer com que a mesma cultura seja partilhada pela maioria da população, para reforçar a unidade nacional. A língua e a literatura que a ilustra são também armas do combate patriótico para a grandeza da França.

Pertencendo a uma geração que escapou ao dever militar (ele tinha apenas dez anos na declaração de guerra, em 1870), confrontado com o desenvolvimento de um nacionalismo militarista no momento do caso Dreyfus, Brunot viu essas ameaças emergirem a partir da crise marroquina, quando as ideias de reforma que ele defendia foram atacadas por uma forte reação conservadora, cultural e nacionalista. Diante do recuo de uma parte dos letrados e dos universitários, que abala seu otimismo do início do século, decepcionado pela pusilanimidade dos governos radicais que o tinham, no entanto, chamado como conselheiro, Brunot não se desencoraja e continua seu combate permanente pelo que ele considera ser o progresso e o bem da França. Ele já escrevera muito sobre a querela da Nouvelle Sorbonne, sobre a campanha de Agathon (1911) em torno da crise do francês e da germanização da universidade.[11] Mas o estudo foi sempre feito do ponto de vista dos atacantes. A consulta dos dossiês que Ferdinand Brunot conservou, depositados entre seus papeis pessoais na Bibliothèque de l'Institut, permitiu-nos restabelecer a perspectiva inversa, dos defensores da Nouvelle Sorbonne, tantas vezes caricaturados por seus sucessores, até mesmo universitários, enquanto os herdeiros dos escritores ou das correntes políticas que deram origem a essa campanha alimentaram cuidadosamente a memória dessa batalha como uma vitória essencial da "inteligência" e da "cultura" francesas sobre o positivismo e o cientismo.[12]

A querela da Nouvelle Sorbonne se inicia quando o governo publica decretos concedendo a equivalência do *baccalauréat* aos diplomas sem latim, permitindo que seus titulares se inscrevessem nas faculdades de letras e de ciências, em 28 de abril de 1910. Misturam-se dois debates, portanto, como enfatiza o subtítulo do livro que Henri Massis e Alfred de Tarde editarão a partir da série de artigos publicados em julho e agosto de 1910 sob o pseudônimo comum de Agathon: o primeiro se refere à perda da vocação literária da Sorbonne; o segundo, à nocividade da abolição das barreiras fundadas sobre o latim, que só pode agravar a involução do ensino superior renovado em direção à erudição mecânica e à especialização, na medida em que os estudantes serão formados em ramos nos quais o latim não será ministrado. Brunot não

[11] Brunot é colocado em questão em Agathon (1911, p. 49, p. 130) e é acusado de "socialismo gramatical" em Massis (1931, cap. VIII).

[12] Assim Robichez, que prefacia o livro bastante completo e cheio de nuances de Claire-Françoise Bompaire-Evesque, *Un débat sur l'Université au temps de la Troisième République,* retoma pura e simplesmente os ataques exagerados de Massis contra Brunot caricaturando suas posições: "Criam-se ligas a favor ou contra o latim, não sem segundas intenções políticas: a cultura moderna recruta seus defensores no eleitorado de esquerda, o latim é reacionário, burguês e clerical [...]. Para melhor confundi-lo, Ferdinand Brunot o ataca igualmente no plano científico, a despeito das evidências mais ofuscantes." (Bompaire-Evesque, 1988, p.11).

participa dessa querela desde o início: os primeiros professores que respondem aos ataques de Agathon são Ernest Lavisse (21 de agosto de 1910), Émile Faguet (15 de setembro), o decano Alfred Croiset (5 de novembro), Alphonse Aulard (23 de novembro) e Célestin Bouglé (29 de novembro). Esses são os professores mais conhecidos do grande público, ou os mais "políticos", que colaboravam regularmente nos grandes jornais.[13] Brunot (1911a) só se mobilizará em janeiro de 1911, através de um artigo de revista intitulado "La crise du français". Ele reage à segunda fase da polêmica, que fora relançada porque, em outubro de 1910, o ministro da Guerra questionara os pontos suplementares concedidos aos titulares de um *baccalauréat* que comportava o ensino do latim para a entrada na École Polytechnique. Seu ponto de partida é o protesto de Florent Guillain, presidente do Comité des Forges e antigo aluno da École Polytechnique. Essa querela aparentemente técnica permitia a volta aos supostos efeitos da reforma de 1902, cuja consequência fora o enfraquecimento dos estudos literários, demonstrado pelos resultados declinantes dos concursos. Os adversários que se tinham afrontado quando da *Enquête sur l'enseignement secondaire* de 1899 encontravam dessa maneira uma ocasião de expor de novo seus argumentos. Fervoroso adepto dos modernos na época, Brunot não podia perder a ocasião de entrar na arena. Partindo do protesto de Guillain, ele ironiza o raciocínio aritmético em que esse se apoia. Em 1910, dada a duração dos

[13]Faguet e Lavisse são membros da Académie Française; Aulard, próximo dos radicais, ocupa a prestigiosa cadeira de história da Revolução Francesa; Bouglé escreve regularmente no grande jornal radical *La Dépêche de Toulouse* e chegou a se candidatar às eleições. Ver Bompaire-Evesque (1988, p. 92-95)

estudos,[14] é matematicamente impossível que um aluno formado no novo quadro definido em 1902 já seja engenheiro do Estado. O argumento invocado por Guillain, de um declínio do nível linguístico dos engenheiros por falta de uma boa cultura humanista, traduz apenas um preconceito arbitrário e uma inquietante incapacidade deste de saber fazer cálculos, o que é no mínimo lamentável por parte de um antigo aluno da École Polytechnique. Diante dos detratores da Sorbonne que se orgulham de defender o francês clássico fundado nas antigas humanidades, Brunot (1911a, p. 163-164) sublinha que as faculdades de letras são as melhores propagadoras dessa língua, pois atraem estudantes do mundo inteiro, o que é uma prova do valor de seu ensino:

> Suponho que ninguém afirme que o francês tenha perdido seu prestígio no exterior. Esse prestígio nunca foi tão grande. O gênio da raça fez-nos reconquistar, por um lado, o terreno que as causas econômicas e políticas nos tinham retirado do outro. E se a maior parte dessa bela vitória se deve às letras francesas, uma outra cabe aos professores. A Alliance Française, a Universidade de Grenoble e de Nancy, a Sorbonne, a odiosa Sorbonne, souberam mostrar aos homens de todos os países os caminhos que conduzem à França, em particular aquele que leva à montanha em torno da qual a multidão da Idade Média se organizava por nações; ao fazer isso, elas fizeram mais pela língua francesa do que aqueles que gritam ao mundo sua irremediável decadência. [...] Apesar das injúrias dos que creem restabelecer a grandeza nacional cobrindo de lama quem não partilha de sua opinião política, sejam quais forem, aliás, os serviços que prestaram, bem sei que os operários

[14] Lanson desenvolve o mesmo raciocínio na *Revue Bleue* de 24 de dezembro (texto retomado parcialmente em Agathon (1911, p. 335-336) com a resposta de Colson, membro do Institut, conselheiro de Estado, engenheiro da École des Ponts et Chaussées, que afirma que o que se visa não é a reforma de 1902, mas o conjunto de medidas que, desde 1880, fizeram regredir os estudos clássicos. O objetivo reacionário é claramente confessado (Agathon, 1911, p. 336-342).

não estão dispostos a abandonar sua obra. Ao contrário, uma grande escola superior de língua francesa será rapidamente aberta em Paris, onde a eterna semeadora espalhará uma vez mais sob o céu claro a semente fecunda.

O tom patriótico trai, sem dúvida, a atmosfera tão particular desses anos, mas também a ligação essencial que Brunot estabelece entre seu trabalho de universitário e o engajamento a serviço dos interesses da França. Ele não suporta os ataques dos nacionalistas que se contentam em denegrir o país e suas instituições mais modernas em nome de combates saudosistas que destroem a imagem internacional da França e visam a um recuo tímido sobre a tradição.[15]

Mas a querela política contra a Nouvelle Sorbonne é também uma querela social que se aproxima dos combates anteriores de Brunot. Sob a aparência de ataques contra o germanismo e o declínio do latim, Brunot identifica um movimento de reação social às reformas anteriores. Eis porque ele amplia sua resposta, reativando uma associação que fundara pouco antes da reforma de 1902, a Société des Amis de l'Éducation Moderne. Em seu discurso à assembleia de 19 de março de 1911, ele define as questões da polêmica dos meses anteriores:

> As palavras de tradição francesa e de cultura francesa são desse tipo. A própria imprecisão das ideias que recobrem as tornam ainda mais nefastas; se contribuem pouco para iluminar o espírito, elas ecoam no coração de maneira avassaladora. O amor pelo francês quase se confunde com o amor pela França. Dizer que o francês corre perigo é uma maneira de declarar

[15] Agathon (1911, p. 204) deplora, com efeito, que a Sorbonne tenha se tornado uma torre de Babel: "Não sei se devemos preferir a antiga Sorbonne, onde alguns entusiastas vinham se instruir, a essa torre Babel moderna, onde se acotovelam estrangeiros de todas as línguas, que atraímos, lisonjeamos e seduzimos, multidão cosmopolita no meio da qual os estudantes franceses, desorientados, perdidos, não se sentem mais em casa".

> que a pátria também está em perigo, e sabeis de sobra o tipo de sentimento violento que fórmulas semelhantes fazem eclodir.
>
> Quero mesmo esquecer que, ao defender o antigo plano de estudos, várias pessoas só tinham na realidade como objetivo reservar ao grupo social a que pertencem o monopólio de certas carreiras consideradas como as mais honrosas e as mais vantajosas.
>
> Tanto na universidade como fora dela, chegou-se a criar uma certa inquietação a respeito dos perigos incorridos pela cultura francesa. (Brunot, 1911c, p. 2).

A mobilização dos partidários da cultura clássica e da rejeição às reformas de 1902 se amplia durante as polêmicas que marcam a primavera de 1911. Eugène Montfort funda uma primeira liga em maio de 1911, sob a presidência de Anatole France. Uma segunda, mais radical, é criada logo depois: a liga "Pour la culture française", presidida pelo acadêmico Jean Richepin, tendo por secretários Massis e De Tarde, o verdadeiro Agathon. Parece que assistimos então a uma espécie de ensaio da guerra das ligas à época do caso Dreyfus. Brunot, antigo *dreyfusard*, ataca violentamente esta última, homóloga da Ligue de la Patrie Française de 1899, num artigo de 13 de junho publicado no *L'Action*, sob o titulo "La ligue des fils de famille", artigo que ele assina, simbólica e ironicamente, como C. Gracchus.

Na segunda quinzena de junho, ele redige um manifesto, reproduzido em inúmeras circulares difundidas aos que partilham de suas convicções: universitários reformistas, professores de línguas dos liceus, membros do ensino primário e primário superior mobilizados por intermédio do jornal *Le Réformiste*, animado por Jean Barès, que havia apoiado sua cruzada pela reforma da ortografia, ou pelas redes de associações de ajuda mútua a professores primários. Como fizeram os animadores das campanhas de petição a favor de Dreyfus, Brunot e seus primeiros apoiadores elaboram listas de simpatizantes potenciais, fundadas nas respostas dos universitários conhecidos por suas posições "modernas" ao inquérito de 1899 ou nas redes e categorias que partilham as mesmas convicções e lutam pelo fim dos privilégios das línguas antigas, sobretudo no ensino primário.[16] No entanto, certos nomes conhecidos brilham por sua ausência, como Durkheim, Meillet ou Milhaud, que preferem escrever cartas pessoais ao "colega" Brunot para marcar seu desacordo com os termos da conclamação.

Uma vez reunida uma lista suficiente de signatários, estes são convocados para uma primeira reunião no sábado 1.º de julho de 1911, no café Voltaire, na Place de l'Odéon. A nova associação, Les amis du français et de la culture moderne, presidida por Brunot, adotou o texto de uma conclamação, na qual se reconhecem sem dificuldade todas as ideias já mencionadas deste último, expressas, no entanto, num tom mais defensivo, diante da ofensiva dos "clássicos":

> Les Amis du français et de la culture moderne [Os amigos do francês e da cultura moderna]

---

16 Documento manuscrito conservado no dossiê MS7787, da Bibliothèque de l'Institute de France: "Projeto de assinaturas: Educação moderna, Saint Cloud, prof Ec normale, insp primário, línguas vivas, línguas meridionais, *La Phalange* (homens de letras), antigos[gas] alunos[as] Sèvres, Rosset, Elbel, Mornet, Rudler, Gaffiot, ciências Brücker, Sorb[onne] Aulard, Seignobos, Lanson Durk[heim], Bouglé, Andler, Basch, Lichtenb[erger], Lapicque, Muséum, Gley, Coll[ège de France]. Nomes favoráveis extraídos da pesquisa de 1900: "Buisson, Fernet, G. Blondel, cam[ara] de comércio Angoulême, Armentières, Bourges, Dieppe, Bordeaux, Elbeuf, Chailley-Bert, prof Ecole des sc[iências] pol[íticas], Cam[ara] de comércio Rouen, Lille, Lyon, Paris, Pinloche, Foncin, S. Rocheblave, Dr. Bouchard (me Ac[ademia de] med[icina]), Ducrocq prof fac direito Paris, Mercadier Ec[ole] polyt[écnica]; Buquet Dir Ec[ole] Central, J. Gautier, Aubert prof Charlemagne, Morel, Lakanal, Boudhors, Henri IV, Beck, École alsacienne". (Para maior clareza, procurei restituir entre colchetes as palavras abreviadas do manuscrito original).

Recusam qualquer ideia de hostilidade contra a cultura latina, que deve, segundo eles, ter um lugar na formação da juventude. Eles veriam mesmo com prazer a instituição de uma verdadeira cultura grega.

Eles lembram, no entanto, que a cultura latina é ministrada em três das quatro seções do ensino secundário e se recusam a considerar essa cultura como a única possível e a única eficaz. Eles consideram mesmo que ela não apresenta mais nenhuma superioridade sobre as demais formas de cultura que possa lhe garantir um privilégio qualquer.

Eles protestam contra o preconceito que diz que apenas o estudo do latim pode permitir um domínio completo da língua francesa. Eles estão convencidos, ao contrário, de que o velho método indireto que pretende ensinar o francês através do latim, se ele pode dar resultados à condição de ser aplicado durante longos anos, é na maioria dos casos insuficiente e ineficaz; que ele impede o desenvolvimento de métodos infinitamente superiores, que consistem em ensinar o francês por e para si mesmo, e retarda a tão necessária criação das humanidades francesas. Eles assinalam os resultados excelentes e incontestáveis obtidos na seção não latina do ensino primário e secundário dos jovens dos dois sexos.

Eles apelam também, e sobretudo, aos testemunhos de tantos homens e mulheres de talento que, sem cultura latina, constituíram o orgulho das letras francesas.

Em consequência, eles solicitam aos poderes públicos que não acompanhem, numa reação injustificada, aqueles que, sem mesmo esperar os resultados da reforma de 1902, e sob o pretexto de salvar a cultura francesa, recusam deixar por mais tempo à história, às línguas vivas e às ciências seu legítimo lugar no desenvolvimento dos espíritos; que querem restaurar o monopólio do latim e fechar a todos aqueles que não fizeram estudos latinos o acesso às faculdades e às carreiras liberais;

> que se esforçam, sem se preocupar com os gostos ou as necessidades da sociedade moderna, em fazer com que a Educação nacional volte aos programas de 1860, correndo o risco de desferir um golpe funesto à cultura e aos interesses franceses; que fazem enfim à nossa língua, ao trabalho de tantas gerações, ao gênio de tantos escritores que lhe garantiram definitivamente sua independência, a injúria de ligar seu destino ao de um idioma morto há quinze séculos.[17]

O manifesto é acompanhado de uma lista de 115 nomes, rapidamente aumentada por outras adesões durante o mês de julho.[18] A guerra de manifestos e de ligas foi abundantemente difundida pela imprensa, que encontrou um maná inesperado para alimentar a querela da Nouvelle Sorbonne, coletando entrevistas e contra-entrevistas ou cartas e respostas dos principais protagonistas.[19] Devido a suas responsabilidades na associação, Brunot está na linha de frente e se empenha de corpo e alma numa polêmica contra o campo adverso, sobretudo contra Agathon, que ele acusa de fazer o jogo da Alemanha num artigo publicado em 20 de agosto de 1911 em *Le Siècle* intitulado "Nos bons chauvins". A resposta de Alfred de Tarde vem no artigo "Classiques et modernes" de 30 de agosto, publicado no jornal de direita *L'Éclair*, e por aí vai.[20]

Para além desses anos particularmente conflituosos, Brunot continua a defender suas posições modernas, mas suas novas funções (prefeito do XIV *arrondissement* a partir de 1910, decano da Sorbonne a partir de 1919, membro da Académie des Inscriptions em 1925) e sobretudo o trabalho desmesurado

---

[17] Esse manifesto foi publicado no jornal *Le Temps*, de 17 de julho de 1911, e em *Le Siècle*, de 21 de julho.

[18] Ver Anexo.

[19] Bompaire-Evesque (1988, p. 170-206) faz a crônica detalhada desse evento, que consideramos inútil reproduzir aqui.

[20] Todos esses artigos figuram, junto com outros, nos dossiês constituídos por Brunot e conservados no dossiê MS 7887 (da Bibliothèque de l'Institut). Ver também Brunot (1911b, 1911d).

que lhe solicita sua *Histoire de la langue française*, onde cada novo volume é mais longo do que previsto e mais amplo que o anterior, reduzindo assim o tempo hábil disponível para um engajamento intensivo. Provavelmente decepcionado pela estagnação de certas reformas que defendera no tempo do Bloc des Gauches e convencido da falta de coragem dos homens políticos em matéria pedagógica e linguística, tudo se passa como se seu combate pela modernidade se centrasse, a partir de então, no poder universitário ou no poder local, em nome do pragmatismo, da eficácia e da vaidade dessas grandes querelas retóricas onde se trocam eternamente os mesmos argumentos e os mesmos preconceitos, e onde se exprimem antes de mais nada os inconscientes de classe, no duplo sentido do termo.

As certezas de Brunot, baseadas numa visão progressista da história, foram certamente confirmadas após o período no qual se centrou esse estudo: a aproximação do primário e do secundário voltou à pauta depois da guerra, com o movimento dos Compagnons de l'Université Nouvelle. A difusão do francês no exterior conheceu uma nova expansão nos marcos da política cultural internacional da França e do desenvolvimento da Cité Universitaire, que ele contribuiu a fundar. Apesar da reforma Léon Bérard, que restaurou as línguas antigas, diretamente derivada do combate de 1911 contra a reforma de 1902, a causa moderna não cessou de avançar até o ministério Jean Zay, em 1936, quando Brunot desaparece, felizmente sem ter conhecido o desastre final do regime pelo qual tanto lutara.

11 Charles Seignobos, historiador pacifista e europeu[1]

Professor de história política dos tempos modernos na Sorbonne, Charles Seignobos jamais se recuperou totalmente do purgatório onde o mergulharam, na memória coletiva da disciplina, os sarcasmos de Lucien Febvre, de um lado, e as interrogações sociológicas de François Simiand, do outro. Nascido em 1854, filho de um deputado republicano de 1871, neto de um participante de 48 [Revoluções de 1948 ou "Primavera dos Povos"], o futuro autor da *Histoire sincère de la nation française* tinha, no entanto, a seu favor a antiguidade de idade e de títulos e todos os ascendentes da nobreza política republicana. Aluno da École Normale Supérieure durante a atmosfera clerical e opressora da Ordre Moral, ele foi enviado em missão às universidades alemãs de 1877 a 1879, voltando com ideias radicais a respeito das reformas universitárias necessárias para voltar a dar uma elite à democracia.[2] Discípulo de Fustel de Coulanges e de Lavisse, nem por isso partilha com eles seu patriotismo orgulhoso e bastante chauvinista. *Antiboulangiste, dreyfusard* da primeira hora, membro do comitê central da Ligue des Droits de l'Homme, sustentáculo do Bloc des Gauches e hostil ao prolongamento do serviço militar a três anos, em 1913, Seignobos, historiador engajado, mais parece um monumento da esquerda *dreyfusarde*, no

[1] Versão corrigida de Charle (2009a).

[2] Ver Seignobos (1881, 1904c); esses dois artigos foram retomados em Seignobos (1934, p. 63-132, p. 133-170).

momento em que tantos antigos adeptos desse movimento tinham aderido a formas mais ou menos confessas de conservadorismo ou até mesmo de nacionalismo.

Num trabalho anterior, tentei atribuir uma coerência intelectual e política a essa figura central da Nouvelle Sorbonne.[3] Levarei aqui a pesquisa um pouco mais longe, ao revisitar toda uma parte da produção jornalística de Seignobos, que seus detratores ocultaram e seus defensores não chegaram verdadeiramente a ler. Ela é, no entanto, abundante e acessível, já que os *Études de politique et d'histoire*, a miscelânea reunida por Joseph Letaconnoux e seus alunos, coletaram os mais importantes e fornecem a lista exaustiva dos que não foram republicados (Seignobos, 1934, p. XIX-XXVII). São cerca de quarenta textos de status diverso, entre os quais o mais antigo foi publicado em 1895 na *Revue de Paris*, dirigida então por Lavisse, e o mais recente, de 1933, numa pesquisa do *Temps*. Esses textos abarcam tanto questões de política interna como de política externa e foram publicados em revistas intelectuais (*Revue de Paris, Mercure de France*), em jornais diários franceses (*Le Temps*) ou estrangeiros (*New York Herald, Frankfurter Zeitung*), mas também em publicações semanais engajadas (*L'Européen, Le Courrier européen, Le Progrès civique*) ou em coletâneas. Por sua constância e pela diversidade de formas, essa reflexão sobre as questões do momento atesta a centralidade do engajamento e dos valores políticos de Seignobos, muito além das figuras do intelectual universitário médio. O fato de Seignobos ter aceito, em 1934, a reedição de muitos desses textos, apesar do caráter datado de alguns deles, mostra que ele considerava essas intervenções como uma parte essencial de suas publicações, em pé de igualdade, em termos de dignidade, com suas reflexões sobre o método histórico e o

[3] Ver Charle (1995c); esse trabalho foi retomado e corrigido em Charle (1998, p. 125-152).

ensino, uma vez que os textos de caráter político representam cerca de metade dos *Études de politique et d'histoire*.

Limitar-se a essa parte visível do *iceberg* seria, no entanto, falacioso. Seignobos só permitiu na verdade a republicação de seus artigos mais acadêmicos, mais próximos dos artigos históricos, deixando de lado os textos ligados a contextos muito polêmicos, quando não hesitou em tomar partido em questões bastante controvertidas, sempre com a mesma grade coerente de análise. A leve gagueira que o afetava tornou-o pouco dotado para os discursos públicos, mas Seignobos compensou essa deficiência através da escrita, numa cultura política em que as reputações dos políticos e dos intelectuais se fundavam na retórica e no dom da tribuna. Ele foi mais longe e, antes mesmo de Jaurès e *L'Humanité*, na esteira direta da mobilização *dreyfusarde*, conseguiu fundar um hebdomadário europeu que foi publicado, sob diversas roupagens, de 1901 a 1914.[4]

Nem mesmo esse corte maior, que aparentemente desfere um golpe fatal a seu pacifismo europeu, interrompe suas intervenções jornalísticas. Por isso, analisaremos também os textos publicados durante e depois da guerra, para examinar como, apesar das provas e das catástrofes, esse "*dreyfusisme*" fundamental conseguiu renascer no mestre de Arcouest.

Esconjurar a guerra (1897-1904)

Seignobos evitou a guerra de 1870-1871 devido à sua data de nascimento, pois tinha acabado de completar dezesseis anos quando foi proclamada a Terceira República. Originário

[4] Intitulado *L'Européen*, o primeiro número desse hebdomadário, cujos diretores eram Willem Van der Vlugt de Leyde e Charles Seignobos, de Paris, saiu em 7 de dezembro de 1901. *L'Européen* atravessou uma primeira crise em 1904, com o aparecimento de um órgão dissidente, *Le Courrier européen*, que terminou por absorver o primeiro em 1906, depois se fusionou a *Les Droits de l'homme* em 1910 e cessou definitivamente de ser publicado em maio de 1914. Seignobos participou dos dois hebdomadários.

da Ardèche, um departamento do sul, ele tampouco conheceu as operações militares ou a invasão do território, diferenciando-se, sob esse ponto de vista, de seu mestre Lavisse, originário do Aisne. No entanto, a guerra de 1870 e o tratado de Frankfurt alimentaram várias vezes sua reflexão pacifista e europeia. Assim, desde 1897, ele responde à pesquisa do *Mercure de France*, que coloca as seguintes questões a numerosos intelectuais:

> I – Houve em nossos espíritos um apaziguamento a respeito do tratado de Frankfurt ?
> II – Pensamos menos na Alsácia-Lorena, embora ainda se fale tanto disso, ao contrário do que aconselhava Gambetta?
> III – Existiria um momento em que a guerra de 1870-1871 poderia ser apenas considerada como um acontecimento puramente histórico?
> IV – Se uma guerra viesse a surgir entre as duas nações, encontraria ela uma acolhida favorável na França, hoje?

Em resposta, Seignobos (1897) afirma seu credo fundamental, ao qual sempre aderirá, mesmo nas situações mais críticas:

> Não creio que *nenhuma* guerra *jamais* tenha sido desejada pela massa da população, em *nenhum* país, nem mesmo na França. Tenho certeza que, hoje, a grande maioria dos eleitores não quer *em caso nenhum* uma guerra, mesmo que contra a *Alemanha*.

Sua posição não-conformista não se encontra isolada no conjunto da pesquisa, como já havia sublinhado Claude Digeon (1959) em sua obra clássica sobre *La crise allemande de la pensée française*. Ela, no entanto, não é evidente alguns anos depois da crise *boulangiste*, quando os nacionalistas contrários a Dreyfus encontravam-se em posição dominante na imprensa. Mas Seignobos, que tampouco mudará de posição nesse momento, não se deixa enganar pela agitação patriótico-

-militar da França das elites ou da França das cidades, em particular dos parisienses, sempre prontos a se inflamar. O historiador identifica a França prioritariamente com as áreas rurais e as classes populares, que têm tudo a perder no caso de um conflito. A própria burguesia que pôde, em outras épocas, aceitar a guerra porque podia burlar o serviço militar, "tinha então dela o mesmo horror que o povo, já que seus filhos corriam o risco de participar dela". Tendo afirmado essa posição desde o início, Seignobos (apud Digeon 1959) reconhece, no entanto, que o problema da Alsácia-Lorena não foi resolvido, na medida em que repousa sobre uma violação do direito dos povos a dispor de si mesmos, que a esquerda republicana, ainda que pacifista, não pode reconhecer:

> A soberania do povo expressa pelo sufrágio universal é o fundamento do direito público de toda a Europa civilizada. Ao manter toda uma população sob um regime que ela declara não aceitar, o governo alemão viola de maneira permanente o princípio fundamental da civilização contemporânea.

Os homens que defendem o pacifismo e o sufrágio democrático se veem assim confrontados a uma aporia, cuja única saída seria a esperança de que houvesse uma evolução democrática no continente europeu. Apenas essa evolução poderia resolver não só o problema da Alsácia-Lorena, mas igualmente as questões polonesa ou irlandesa.

Essa convicção universalista vai levar Seignobos (1901), quatro anos mais tarde, a apadrinhar a fundação de *L'Européen*, esse "Correio internacional hebdomadário", que mencionamos anteriormente e pretende ampliar e internacionalizar a luta iniciada com o caso Dreyfus, como mostrou seu editorial, no qual se reconhecem as temáticas caras ao diretor francês:

> Em todos os países, existem homens que compreenderam que as nações, da mesma forma que os indivíduos, são solidárias

> umas com as outras, porque trabalham para a obra comum da civilização, porque estão todas interessadas no progresso da ciência e da liberdade. Elas devem sentir uma simpatia mútua. Por toda parte, existem homens que, nesses últimos anos, sofreram e se indignaram juntos ao ver o direito dos povos e dos cidadãos serem violados. As guerras de Cuba, das Filipinas, do Transvaal, os massacres de Armênia e da China, o ataque à constituição da Finlândia, o caso Dreyfus, as diversas manifestações do imperialismo e do pan-eslavismo, fizeram emergir essa união de pensamento entre homens de todos os países. Assistimos à formação de uma opinião pública europeia. Poder-se-ia mesmo dizer que esses homens, disseminados por todo o mundo civilizado, formam o partido da justiça e da humanidade.

Esse hebdomadário pretende ser o órgão dessa internacional pacifista e dos direitos do homem em formação, que ergueu protestos por ocasião das diversas crises ou guerras enumeradas nesse parágrafo. Não se trata apenas de criar um "partido dos intelectuais" internacional. Os editorialistas querem crer que a história trabalha para eles. Ao lado da opinião pública europeia, que pesou incontestavelmente quando da guerra dos Boers, novas instituições como a Corte internacional de Haia se esforçam para inventar soluções de arbitragem que proscrevam o uso da força. Nossos dois editorialistas querem ver nisso "os germes da federação pacífica dos povos civilizados". Em resumo, eles retomam as temáticas do Congresso da Paz, de 1849, e apoiam a ação de Frédéric Passy e de sua Ligue d'Arbitrage Pour la Paix, cujas atividades são regularmente notificadas pelo jornal, que acolhe igualmente várias contribuições desse organismo.

Seignobos não se contenta em apadrinhar esse órgão pacifista, ele publica aí um total de nove artigos entre 1901 e 1912;[5] ele não escreverá nenhum outro artigo político nesse período,

[5] Os artigos aqui enumerados foram publicados em *L'Européen* e em *Le Courrier européen*, que o sucede e é igualmente apadrinhado por Seignobos.

exceto simbolicamente o que envia a um jornal alemão em 1913 para tentar acalmar a tensão internacional ascendente. Suas contribuições se dividem igualmente entre política interna e política externa:

– Política interna:

- "La situation électorale en France en 1902", *L'Européen*, n. 21, p. 1, 26 avril 1902.

- "La politique du prochain ministère", *L'Européen*, n. 27, p. 1, 7 juin 1902.

- "Les difficultés électorales de la séparation des Églises et de l'État", *L'Européen*, n. 166, 4 févr. 1905.

- "Les élections du 6 mai 1906 et le second tour", *Le Courrier européen*, 11 mai 1906.

– Política externa:

- "La politique internationale des partis en France", *L'Européen*, n. 1, 7 déc. 1901.

- "La morale de l'incident Delsor", *L'Européen*, n. 113, 30 janv. 1904.

- "L'impuissance militaire de la Russie", *L'Européen*, n. 128, 14 mai 1904.

- "La 'Pratique' loyale de l'alliance russe", *L'Européen*, n. 168, 18 févr. 1905.

- "Le conflit austro-serbe", *Le Courrier européen*, p. 769-771, 25 nov. 1912.

Se os artigos de política interior defendem sem surpresa a política do Bloc des Gauches, a separação das Igrejas e do Estado e a redução do poder do Exército, os artigos ligados à conjuntura estrangeira são mais originais e suscitam mesmo, por vezes, certas dificuldades no seio de seu próprio campo. Em sua primeira contribuição ao número 1 do hebdomadário, [com o artigo "La politique internationale des partis en france"]

Seignobos (1934, p. 296-297) defende uma tese paradoxal que faz do jornal o verdadeiro porta-voz de um sentimento profundo e durável – os franceses aderem visceralmente à paz e desejam que o governo evite a guerra a qualquer preço:

> Evitar a guerra na Europa, eis o único mandato imperativo dado a todos os deputados, o único programa comum de todos os partidos. Eis o segredo da política francesa. Na França, todos os homens políticos sabem disso, mas nenhum o dirá, porque todos acreditam ser um dever patriótico deixar que a Europa acredite que há certos casos em que a França poderia entrar em guerra.

Ele demonstra essa tese ao sublinhar que o Império desmoronou ao entrar em guerra, que os republicanos foram censurados em 1871 em prol de uma maioria pacifista, que eles ganharam em 1877 quando acusaram os conservadores de perturbar a ordem ou quando apresentaram Boulanger como o general Revanche, que a adesão à aliança russa repousa sobre a mesma ilusão de ser uma garantia contra a guerra.

Três anos mais tarde, em seu artigo provocado pelo incidente Delsor,[6] Seignobos volta com efeito às suas posições de 1897 a respeito da Alsácia- Lorena, radicalizando-as ainda mais. Ele denuncia frontalmente o mito da revanche, baseado numa falsa analogia entre Sedan e Iena. A França de após 1871 não pode ser a Prússia de após 1809:

> Como todas as analogias históricas, esta também é desequilibrada: Sedan foi Iena. Leipzig ainda viria. Mas Leipzig não

[6] O abade Delsor, deputado contestatário alsaciano, fora impedido de organizar uma reunião política em Lunéville e reconduzido à fronteira. Motivada pelo anticlericalismo e pelo temor a incidentes, essa decisão do chefe de polícia de Meurthe-et-Moselle foi objeto de uma interpelação, por parte da direita nacionalista e católica, na Câmara de deputados, em 22 de janeiro de 1904. Esta última desejava que, por tratar tão mal um deputado alsaciano patriota, o governo dirigido por Émile Combes confessasse que renunciara à Revanche. O governo Combes obteve, no entanto, [conforme edição do *New York Times* de 23 de janeiro de 1904] um voto de confiança por 295 votos contra 243.

> veio. O Imperador Guilherme não quis imitar Napoleão. A era das guerras europeias se encerrou sem ter dado lugar à revanche. Os patriotas belicosos esperaram vinte anos por isso; todo ano, eles anunciavam que a guerra ia acontecer na próxima primavera. Ainda não esqueci o ceticismo irritadiço dos homens da minha idade quando eu lhes dizia: "Não haverá guerra, o governo alemão é militar, ele não é belicoso nem cobiça novas conquistas". Hoje, o que chegou foi o desânimo; até mesmo os partidários da revanche não falam mais em guerra; a França "deve manter a mão sobre os copos de sua espada", mas apenas para se defender; – e ninguém a está atacando. Assim, não sabendo mais o que dizer sobre o tratado de Frankfurt, preferimos não falar mais disso – e pensar nisso o menos possível. (Seignobos, 1904b).

Como Jaurès (1911) fará pouco depois a respeito da reforma do exército, Seignobos denunciou a maneira pela qual os republicanos adotaram finalmente uma visão monárquica ou bonapartista da questão da Alsácia-Lorena. Era tão intolerável, para um republicano, que o tratado de Frankfurt tivesse violado a soberania da população das duas províncias quanto seria absurdo, segundo Seignobos, retomar da Alemanha sua concepção arcaica da posse de um território. Fiel às teses de Renan, ele crê que o pertencimento nacional se funda sobre a vontade do povo, não sobre a propriedade do Estado sobre um território. Ele lamenta que a República não tenha encontrado uma resposta à injustiça que sofreram os habitantes da Alsácia-Lorena, criando um novo direito de naturalização que outorgasse aos habitantes dessas províncias perdidas uma forma de marcar simbolicamente seu apego à França e mergulhasse a Alemanha na perplexidade:

> Todo Estado tem o poder de controlar à sua guisa as condições de naturalização. Para evitar qualquer reclamação, podia-se criar uma naturalização após exame e formar uma comissão que recolhesse os habitantes da Alsácia-Lorena; poder-se-ia

> assim recrutar para o exército os jovens assim naturalizados, em vez de exilá-los na legião estrangeira, junto com os desertores alemães. Dar-se-ia então aos habitantes dessa região a impressão de que permaneciam franceses, num território que se tornara alemão.
>
> Essa atitude teria despertado uma irritação muito menor e embaraçado muito mais os alemães do que a exibição de armamentos que não queremos utilizar. Ela era irrepreensível do ponto de vista do direito, já que o tratado de Frankfurt é um tratado monárquico que dispõe dos territórios e se preocupa pouco com as pessoas.

Aqui, Seignobos só faz antecipar a lei sobre a nacionalidade, votada pela Alemanha em 1913 para permitir que todos os emigrantes alemães pudessem conservar sua nacionalidade, mesmo depois de terem se tornado americanos ou brasileiros. Mas ele tem plena consciência do caráter parcialmente utópico e precursor em relação à opinião de sua proposta, na medida em que se opunha à concepção tradicional da apropriação dos territórios depois das guerras.

> É preciso esperar que o público e os políticos percebam como é ridículo "manter a mão na guarda da espada", quando estamos decididos a não desembainhá-la. Talvez assim eles compreendam que a única solução aceitável é o reconhecimento do direito dos alsacianos-lorenos e que a França só tem um meio prático de trabalhar para isso, ajudando os outros povos, sobretudo a Alemanha, através de seu exemplo e de sua propaganda democrática, a atingir um grau de evolução política no qual eles sentiriam horror de impor a um povo uma nacionalidade que ele não deseja.

A última frase é bastante significativa da filosofia da história otimista sobre a qual se apoiam as posições pacifistas do historiador. Desde a Revolução, a França está na vanguarda da evolução política e os outros países não têm outra opção senão segui-la. Congraçadas por seu estado político e social, as nações europeias poderão então construir uma nova ordem internacional. No entanto, no mesmo ano, a deflagração da guerra russo-japonesa parece desmentir sua teleologia política. Em vez de se afastar, o perigo da guerra vem ameaçar novos continentes, demonstrando pela primeira vez a inferioridade militar de um povo "branco" diante de um povo asiático. De que maneira poderá Seignobos integrar essa nova aceleração da história à sua visão eurocêntrica construída sobre o esquema do século das Luzes?

Acreditar nas chances de paz, apesar de tudo (1904-1914)

O historiador engajado reage rapidamente uma vez que, a partir de 14 de maio de 1904, ele reflete sobre os dissabores militares dos russos, vendo nisso uma confirmação de insuficiências duradouras. Os partidários da aliança russa, que se inquietam ao ver o principal apoio da França na Europa recuar diante do Japão, tinham ilusões sobre a realidade do poderio russo: "Nenhum grande Estado europeu, nem mesmo a Áustria, tem um passado militar tão medíocre", escreve Seignobos (1904a), sem piedade.

Quem derrotou Napoleão não foi a Rússia, foi o general Inverno. Os grandes Estados europeus sempre derrotaram a Rússia, como o mostra a guerra da Crimeia. Esta só vence os pequenos povos ou pequenas guerras. O fracasso diante do Japão mostra a desorganização do Estado e a corrupção predominante. Essas duas fragilidades impedem que o império dos tzares trave uma guerra moderna, que supõe organização e fiabilidade. A Rússia só pode extirpar esses dois males pela raiz se realizar profundas reformas políticas e administrativas. Da mesma forma que para a Alemanha, Seignobos defende uma ocidentalização e uma democratização do regime imperial, único meio de elevá-lo ao nível dos povos mais avançados. Essa análise leva Seignobos a se chocar frontalmente com a doutrina oficial, que fizera da aliança franco-russa a estratégia fundamental de isolamento da Alemanha. Mas ele finalmente se reconcilia com a opinião dominante, por meio de um raciocínio *a contrario*. Mesmo frágil, a aliança sempre foi um fator de paz e de aproximação entre os povos:

> Deverá a França lamentar por ter-se unido a um aliado tão frágil? Certamente não. A aliança franco-russa prestou ao povo francês um grande serviço: ela o tranquilizou contra o receio de um ataque da Alemanha, temor quimérico que nenhum raciocínio poderia eliminar das mentes francesas. Talvez ela tenha igualmente facilitado o entendimento com a Inglaterra e com a Itália, que mudaram a atmosfera moral da diplomacia. Seria pagar caro demais pelos bilhões da poupança francesa que passaram às mãos da Rússia? (Seignobos, 1904a).

Mas Seignobos não se satisfaz com esse realismo meio cínico. A Rússia precisa de reformas para se levantar e a França tem todo interesse de influenciar o governo russo, em seu próprio benefício. A liberdade de imprensa contribuiria para um recuo da corrupção e, assim, para uma melhor utilização dos bilhões que a França emprestara a esse país.

No ano seguinte, um passo tímido será dado nesse sentido, com o inicio da revolução de 1905; ao mesmo tempo, porém, a repressão aos movimentos revolucionários sublinha como Seignobos se iludia ao crer que as pressões internacionais e a vontade política interna das elites dirigentes russas poderiam romper com um passado que ele condenava. Os acontecimentos da Rússia tiveram repercussões importantes até mesmo no seio do hebdomadário *L'Européen*. A redação se dividiu entre moderados e mais radicais em função da avaliação do movimento revolucionário. A maioria conserva o título e a direção do jornal é atribuída a Francis de Pressensé, presidente da Ligue des Droits de l'Homme, enquanto a minoria funda um jornal rival, *Le Courrier européen*. Seignobos, um dos fundadores de *L'Européen*, gostaria de manter sua aliança com os dois grupos, mas termina por se juntar aos dissidentes. No entanto, em fevereiro de 1905, ele ainda publica dois artigos no *L'Européen*, onde reitera seu apelo às reformas na Rússia e à necessária ação do governo francês nesse sentido.[7]

Essa divergência não impede que os membros das duas redações se reúnam numa nova associação, a Société des Amis du Peuple Russe et des Peuples Annexés, fundada na primavera de 1905. Presidida por Anatole France, que também fazia parte do comitê de patrocínio do *L'Européen* desde 1904, a associação é dirigida por um comitê central composto da fina flor do dreyfusismo histórico: "Mme. Ménard-Dorian, Mme. Jean Psichari, Mme. A. Émile-Zola, o Dr. Auguste Broca, o pintor Eugène Carrière, André Chevrillon, Armand Davot, inspetor da École des Beaux-Arts, Mme. Camille Flammarion, Louis Havet, membro do Institut, e sua mulher, o Dr. Huchard, J.-P. Langlois, professor da Faculdade de Medicina, Paul Ménard-Dorian, Paul Meurice, Octave Mirbeau, Paul Painlevé, Jean Psichari, Mme. Séverine, Steinlen e Charles Seignobos". A secretaria geral foi assumida por uma outra grande figura "dreyfusista", Pierre Quillard, autor do *Monument Henry* e, à época, redator-chefe do *L'Européen*, tendo como adjunto André Mater.[8] Além das ações de solidariedade na imprensa, a associação publica uma série de brochuras sobre o império dos tzares e reedita textos de Seignobos, já publicados em manuais de

[7] Ver Seignobos (1905).

[8] A primeira brochura dessa sociedade reproduziu o discurso de fundação de Francis de Pressensé quando da sessão de 13 de abril de 1905 organizada no Hôtel des sociétés savantes.

síntese, para ajudar os cidadãos inquietos a compreender as origens da evolução do regime russo.[9]

Não obstante, após 1906, nota-se uma espécie de esgotamento das ações pacifistas dos intelectuais *dreyfusards*. Seignobos para de escrever artigos. *L'Européen* é absorvido por seu rival, enquanto *Le Courrier européen* passa a ser publicado apenas duas vezes por mês e se transforma numa revista intelectual, abandonando o grande formato semanal. O último artigo sobre a situação internacional que Seignobos publica em francês se refere ao novo paiol dos Bálcãs. Contra toda plausibilidade, ele gostaria ainda de acreditar nas oportunidades de paz nessa parte do mundo, se austríacos e sérvios superassem seus antagonismos. Ele se alegra com o resultado da guerra balcânica, que libertara certos povos da opressão turca, mas manifesta a seguir uma série de boas intenções no condicional, o que mostra seu próprio temor de que a situação mais uma vez degenere em conflito. Ironia da história, Seignobos (1912), o inimigo dos impérios, passa a confiar na sabedoria e na missão histórica do imperador Francisco José:

> A esperança de paz repousa hoje em dia, acima de tudo, na vontade do imperador Francisco José. Durante seu longo reino, ele sempre conformou sua conduta à sua concepção do dever: estando perto do encerramento de uma longa carreira de honestidade, sua consciência lhe dará forças para resistir às excitações belicosas dos que o cercam; ele recusará lançar seu império na aventura criminosa e perigosa de uma guerra contra um povo cristão que não violou nenhum de seus direitos; ele não gostaria de sobrecarregar sua alma com a responsabilidade de uma catástrofe europeia.

[9] O texto "L'empire russe jusqu'à Nicolas II", de Seignolos, integra o número 2 da série de brochuras de capa vermelha impressas pela Société nas prensas da tipografia "comunista" L'Émancipatrice. O exemplar conservado na biblioteca da École Normale Supérieure pertencia a Charles Andler. A última brochura (n. 18) foi publicada em 1910.

Menos de dois anos antes do atentado de Sarajevo, Seignobos quase descreve o cenário trágico e ameaçador que ele gostaria de banir da história. Com o mesmo estilo um pouco patético do historiador que vê seu otimismo inicial ser desmentido, ele (1912) dirige a mesma advertência meio irrisória aos sérvios, cujas reivindicações nacionais sobre a Bósnia não cessavam de se exacerbar na época:

> Os sérvios terão a sabedoria de facilitar ao imperador sua tarefa de pacificação; eles evitarão as formas provocantes que poderiam ferir o amor-próprio dos austríacos; eles rejeitarão os pretextos que poderiam dar lugar a uma intervenção estrangeira dando provas de suas intenções pacíficas nos portos do Adriático e garantindo aos albaneses todas as liberdades que um povo possa reclamar em nome do direito das nacionalidades. A Europa apreciará as precauções que eles adotarão para afastar o perigo de uma guerra geral.

Estaria Seignobos reconhecendo nesse texto que já fora vencido diante das forças que induziam ao confronto? Não, pois no ano seguinte ele apoiará a causa dos adversários da lei de três anos, assinando uma petição lançada pelo *L'Humanité* em 13 de março de 1913, ao lado de inúmeros colegas e amigos da Sorbonne (Charles Andler, Célestin Bouglé, Émile Durkheim) ou do Collège de France (Paul Langevin, Sylvain Lévi) etc.:[10]

> A seguinte petição circula atualmente nos meios universitários e literários; ela constitui, por parte dos representantes da alta cultura francesa que lhe manifestaram sua adesão, um apelo ao sangue-frio, que ficamos felizes em constatar:

[10] Ver Sirinelli (1990, p. 29 et seq.).

> Os abaixo-assinados,
> Comovidos com a agitação que poderia fazer com que seja votada, com precipitação sem precedentes, uma medida tão grave como a transformação da lei militar.
> Considerando que um tal projeto afeta profundamente a vida intelectual e econômica da nação, podendo até mesmo determinar um recuo da civilização francesa, além de apresentar graves objeções técnicas aos olhos de muitos oficiais,
> Exprimem o voto de que ele seja submetido a uma discussão mais aprofundada:
> Anatole France, membro da Académie Française;
> Louis Havet, membro do Institut e professor do Collège de France; Michel Bréal, membro do Institut, professor honorário do Collège de France; Meillet, Paul Langevin, Gley, Sylvain Lévi, Georges Renard, professores do Collège de France; Charles Seignobos, Charles Andler, Gabriel Séailles, C. Bouglé, Léon Brunschvicg, Em. Durkheim, Ch. Guignebert, professores da Faculdade de Letras;
> Louis Matruchot, professor da Faculdade de Ciências;
> Louis Lapicque, professor do Museu;
> Et. Rabaud, *maître de conférences* da Faculdade de Ciências;
> A. Prenant, professor da Faculdade de Medicina [...]

Dez dias mais tarde, Seignobos (1913) chegará a publicar na *Frankfurter Zeitung* um artigo reafirmando sua crença na paz, profecia desmentida, da qual ele mesmo zombará honestamente num artigo publicado após a guerra, em 1922:

> Predizer o futuro não é tarefa de um historiador e não tenho razões de me felicitar por ter, em 1913, na *Frankfurter Zeitung*, anunciado que a guerra não passaria de uma ameaça, porque os governos tinham um interesse muito evidente em evitá-la. (Seignobos, 1922).

Reconstruir a Europa (1915-1934)?

Como todos os antigos *dreyfusards* universitários, Seignobos adere à Union Sacrée e defende sem hesitar a ideia de que em 1914 a França combate pelo direito e, mais amplamente, pela civilização e pela democracia. Num longo artigo publicado simultaneamente na série *Études et documents sur la guerre* da editora Colin e na *Revue de Paris*, em 1915, ele compara a Europa de 1815 à de 1915. Ele visa, com esse paralelo, predizer o colapso do poderio alemão tal como, cem anos antes, a derrocada da França napoleônica e de seu imperialismo invasor. Em sua história da gênese do conflito, ele retoma inteiramente a tese oficial francesa da época: as frustrações da Alemanha, seu apetite de potência mundial e o desejo da Áustria de terminar com as humilhações perante a Sérvia conduziram à crise europeia que teve como pretexto o atentado de Sarajevo: "[...] os dois imperadores, sem maiores preocupações, marcharam rumo à catástrofe", escreve ele (1915; 1934, p. 235), distanciando-se da exortação à sabedoria que dirigira a Francisco José em 1912. Seignobos não se satisfaz com essa história oficial. Sua análise se encerra com uma reflexão sobre "as condições da paz duradoura", fiel assim a seus textos anteriores à guerra. A paz deve se fundar sobre "o sentimento nacional e a vontade das populações"(Seignobos, 1934, p. 237). Mas a guerra só será duravelmente impossível se mudarmos as regras das relações internacionais, banindo a soberania absoluta dos Estados e criando "instituições internacionais de paz", espécie de premonição da futura Liga das Nações.[11]

O resultado da guerra e a doutrina de Wilson só podem satisfazê-lo, na medida em que confirmam suas antecipações.

---

[11] Seignobos participou igualmente em 1916 das reuniões da Société des Études Documentaires et Critiques criada em 1916 por Mathias Morhard, mas defendeu aí a tese da responsabilidade alemã no desencadeamento do conflito, enquanto certos assistentes adotam uma posição pacifista e criticam a tese oficial (Prochasson, 1993, p. 163-165, p. 307).

Num artigo de [24 de julho de]1919 publicado em inglês ["The downfall of aristocracy in Eastern Europe"] em *The New Europe*, ele (1934, p. 374-382) vê no fim dos impérios a promessa do fim das aristocracias na Europa oriental e a possível emergência de uma sociedade de camponeses proprietários, à moda francesa, que garantirão a estabilidade social e fornecerão uma base para a paz. Ainda que sua análise peque incontestavelmente pelo otimismo, ela traduz a constância de sua filosofia da história, que tem como eixo da história europeia a convergência em direção ao modelo político e social iniciado pela França da Revolução e corroborado pela Terceira República. Ele já tinha publicado nesse mesmo jornal, em 4 de abril de 1918 ["The League of Nations: the obstacle of national sovereignty"] e em 23 de janeiro de 1919 ["The Society of Nations: a suggestion"], algumas reflexões complementares sobre a Liga das Nações. Mas sua principal preocupação no início dos anos 1920 é a reconciliação com a Alemanha vencida. Ele publica dois artigos a esse respeito na muito oficial *Revue rhénane*, patrocinada pelo governo francês com o objetivo de difundir as teses francesas no seio das elites políticas cultivadas dos dois lados do Reno. Em 1.° de junho de 1921, em "Les relations politiques entre la France et l'Allemagne", ele se esforçará em mobilizar a história para demonstrar que o antagonismo franco-alemão não está inscrito na natureza das coisas ou no temperamento dos povos. Ele retoma aí suas teses sobre a injustiça feita à Alsácia e a real ausência de um desejo de revanche entre os franceses. Ele não oculta nenhum dos mal-entendidos sobre os quais repousa a paz: o sentimento dos franceses de não terem recebido verdadeiras compensações a seus sofrimentos, a indignação dos alemães diante do preço a pagar em nome de uma responsabilidade que contestam. Seignobos (1921) lamenta profundamente a timidez das reformas da nova República alemã e a fragilidade da coalisão no poder, mas continua também a querer acreditar nas oportunidades de paz, na qual os dois povos têm um profundo interesse comum:

> Mas a massa dos alemães, assim como a massa dos franceses, quer a paz. Eles aderem a isso por motivos diferentes, mas não opostos. Os franceses querem a paz para poder viver tranquilos, os alemães, para enriquecer.
>
> Os franceses querem antes de tudo a segurança política; os alemães, a facilidade do trabalho econômico; esse acordo pode ser realizado à condição que cada um deles tenha a satisfação do que desejam com mais ardor.

Otimista impenitente, Seignobos chega a imaginar o fim do bolchevismo na Rússia, a criação de uma federação de repúblicas camponesas "sem exército nem indústria" nos novos Estados da Europa oriental, o que ofereceria à Alemanha um imenso mercado para suas indústrias, contribuindo para a volta da prosperidade indispensável para que ela pudesse pagar suas dívidas para com a França.

Cinco anos mais tarde, quando a evolução histórica mostra mais uma vez a fragilidade dos tratados e a persistência das correntes nacionalistas e vingativas, ele propõe uma nova interpretação da situação europeia para conjurar os alarmistas e os simpatizantes dos regimes autoritários. Sob o título "Dictators have given a lesson to Europe", Seignobos (1934, p. 383-390) retoma sua apologia da democracia como garantia da paz e do futuro no *New York Herald* de 24 de abril de 1927. Em 1934, quando a atualidade imediata parecia desmentir seu prognóstico de 1927 sobre o fim das ditaduras, Seignobos introduziu esse artigo em seu volume de miscelâneas e o "retraduziu da tradução inglesa pelo autor". Essa reedição atesta a estabilidade de sua fé no futuro, mesmo durante esse ano trágico em que Hitler consolida seu poder e a Áustria assiste ao enfrentamento sangrento entre os social-democratas e o regime cristão-social.

Esse retrato de um historiador da Sorbonne como analista da atualidade permite corrigir a imagem clássica de Seignobos em dois pontos. Sua imagem de diletante apreciador de banhos de mar e de regatas, que as lembranças sempre evocadas de Camille Marbo contribuíram para fixar, coexiste sem dificuldade com um engajamento constante na história mais contemporânea como comentador ou elaborador de petições. Em suma, esse historiador foi plenamente um homem de seu tempo até o fim de sua carreira universitária e mesmo além dela. Tendo se aposentado em 1925, acima dos setenta anos, ele continuou a intervir no debate público até 1934. Sem dúvida a dinâmica de sua análise por vezes nos parece enviesada por um francocentrismo e um eurocentrismo bastante datados, que o impedem de compreender certas rupturas ou certos regimes que não se enquadram nos marcos de um pensamento herdado do cosmopolitismo das Luzes e da missão civilizadora da França. Seus comentários nada deixam aflorar sobre as colônias, sobre os outros continentes, sobre as novas formas de politização das massas, e sua análise do fascismo é bastante convencional. No que se refere à Alemanha, ele recai com facilidade nos estereótipos alimentados por suas memórias de missão de juventude; e ele não se interessa muito pela Inglaterra ou pelos países do sul da Europa. A distância torna mais fácil identificar suas carências ou seus erros, e ele mesmo terá a coragem de efetuar sua autocrítica, numa entrevista de 1933:[12]

> Cometi duas vezes a imprudência de ultrapassar os limites outorgados à história. Em 1913 e 1914, com boas intenções, para tranquilizar o público, escrevi e publiquei em dois jornais, um alemão, o outro francês, que não haveria guerra entre a França e a Alemanha. Essa experiência me bastou, espero que vocês também a considerem suficiente. (Seignobos, 1934, p. 396)

[12] Com o título "Que reste-t-il de vivant dans le marxisme?", a entrevista foi publicada em *Les Enquêtes du Temps*, no dia 27 de agosto de 1933.

Ao mesmo tempo, sem esse engajamento e essa constante afirmação de convicções pela Europa e pela paz, Seignobos jamais teria tido o mérito de mobilizar seus colegas sempre tímidos para fora de sua torre de marfim e de sensibilizar uma opinião mais vasta por meio de seus artigos de jornal.

12 Eric Hobsbawm, perspectivas em descompasso[1]

Em sua autobiografia, e de modo mais amplo em algumas de suas obras mais recentes, Eric Hobsbawm (2005, p. 497) sintetizou brilhantemente sua posição e sua trajetória em descompasso com seu século:

> Liguei-me a vários países onde me senti em casa e visitei muitos outros. No entanto, em todos eles, inclusive naquele que me concedeu a nacionalidade ao nascer, sem ser necessariamente um marginal, sempre fui alguém que não pertencia totalmente ao lugar onde se encontrava: um inglês criado na Europa central; um imigrante continental que estudou e mais tarde ensinou na Grã-Bretanha; um judeu por toda parte – inclusive, e talvez sobretudo, em Israel; um antiespecialista num mundo de especialistas; um poliglota cosmopolita; um intelectual cuja política e cujo campo de pesquisa universitário se centravam nos não intelectuais; e também, durante a maior parte de minha vida, uma anomalia entre os comunistas, que eram eles mesmos uma minoria da humanidade política nos países que conheci. Todos esses elementos complicaram minha vida privada, mas foram uma vantagem para o historiador profissional que fui.

Todas essas afirmações podem ser ilustradas pelos diferentes capítulos do livro de onde foi extraída essa passagem,

[1] Nova versão de Charle (2006a).

mas também das outras obras de Eric Hobsbawm, sobretudo *Primitive Rebels* e *Bandits*, as duas obras mais conhecidas em francês depois de *A era dos extremos*. Como nesses três livros, nos quais ele explora as margens e os extremos, em *Franc-tireur*[2] [*Tempos interessantes: uma vida no século XX*] percorreremos o século XX a partir de seus pontos de observação mais cruciais: atravessamos a Viena dos anos 1920, a Berlim do início dos anos 1930, a Paris do Front Populaire, a Inglaterra dos anos 1930 até os dias de hoje, mas também a Califórnia dos anos 1960, a Espanha miserável dos primeiros anos do franquismo, a América Latina, onde Eric Hobsbawm deu conferências e realizou pesquisas sobre as revoltas populares, e sobretudo a França e a Itália, países com os quais ele mantinha uma relação mais íntima de afinidade e onde encontrava regularmente intelectuais e políticos de primeiro plano desde os anos 1960.

Historiador simultaneamente "europeu", por suas origens, e "global", pelo tipo de história transperiódica e transcontinental que praticava, Eric Hobsbawm pode aparecer, segundo as tendências da historiografia que privilegiamos, seja como herdeiro de um outro tempo – o dos historiadores do século XIX que praticavam a história da Europa ou da civilização –, seja como o pioneiro de um mundo histórico em busca de si mesmo.

Origens de um engajamento

Órfão de pai aos 12 anos e de mãe aos 14, oriundo de uma família da pequena burguesia judia arruinada pela crise, ele pôde sobreviver graças à solidariedade familiar ampliada, até a obtenção de uma bolsa providencial para estudar em Cambridge. Graças ao tio, empregado de uma sociedade americana de cinema em Berlim (Universal Pictures), ele pôde

[2] Tradução também em descompasso com o título inglês, mais prosaico, *Interesting times*, sem dúvida com uma piscadela cúmplice do editor a esses títulos franceses já conhecidos.

seguir estudos clássicos num dos melhores liceus de um bairro residencial ao sul dessa cidade, o Prinz-Heinrich Gymnasium. A situação familiar continuava precária, pois seu tio perdera o emprego devido às cotas de nacionalidade impostas às sociedades alemãs. Eric Hobsbawm é então recolhido por uma tia que vive de sublocações em Halensee.

A Berlim do início dos anos 1930 assiste ao início de seu engajamento comunista, através de uma organização de alunos secundaristas ligada ao KPD [Partido Comunista da Alemanha, na sigla em alemão]. Essa lembrança de lutas antinazistas faz com que ele mantenha uma relação particular com o movimento comunista, apesar de suas desilusões ulteriores:

> O sonho da Revolução de Outubro está sempre presente em mim, como os textos deletados que permanecem em algum lugar do disco rígido de um computador, prontos a serem recuperados pelos especialistas. Eu o abandonei, é verdade; sim, eu o rejeitei, mas ele não foi apagado. Percebo ainda hoje que trato a memória e as tradições da URSS com uma indulgência e uma ternura que não tenho pelo comunismo chinês, porque pertenço à geração para quem a Revolução de Outubro representava a esperança do mundo, papel que a China nunca teve. (Hobsbawm, 2005, p. 77).

Um tal engajamento no clima de violências políticas dos anos 1932-1933 traduz, para um adolescente quase sem família e sem perspectiva, um romantismo revolucionário radical fundado sobre uma boa dose de inconsciência que o historiador autobiógrafo (2005, p. 91) vai reconhecer *a posteriori*: "Uma mudança radical, uma vez por todas, era isso que queríamos".[3] Sua juventude, sua nacionalidade oficial e

[3] "Nossa maneira de minimizar o perigo nazista – que, como todos os outros, era grandemente subestimado – era diferente. Pensávamos que, se Hitler chegasse ao poder, não tardaria a ser derrubado por uma classe operária radicalizada sob a direção do KPD, que já tinha um exército de trezentos a quatrocentos mil adeptos" (Hobsbawm, 2005, p. 90).

a instabilidade familiar o impediram, no entanto, de se lançar numa ação mais visível, que o teria sem dúvida levado às prisões dos SA [milícia paramilitar nazista] ou coisa pior, quando Hitler tomou o poder. Em fins de março de 1933, diante das ameaças antissemitas, sua família inglesa ampliada o "repatria" para o "seu" país, a Inglaterra conservadora da grande depressão, que ele nunca tinha visto. Essa volta à normalidade coincide também com a descoberta de um país à parte, que o jovem Hobsbawm descobre com os olhos cheios de espanto de um estrangeiro, embora fosse oficialmente inglês e anglófono. Tanto na *grammar school* de Marylebone, onde ele prepara o exame de entrada para Cambridge, quanto no King's College, para o qual consegue uma bolsa, penetrando assim no âmago das redes sociais do *establishment* de uma elite ainda bastante vitoriana, tudo difere do estilo dos estudos que fizera na Alemanha: inexistência da formação filosófica e das ciências sociais, fraca seletividade dos diplomas para os "bem nascidos", importância medíocre dos cursos e dos professores oficiais em relação ao trabalho pessoal e ao tutorado dos professores de nível inferior.

Esse estilo particular de estudos explica a grande quantidade de tempo livre disponível para a auto-formação diletante ou para o ativismo político, em plena expansão na Cambridge de 1936, onde as ideias de esquerda eram aparentemente dominantes entre os estudantes mais "brilhantes" de ambos os sexos. Hobsbawm (2005, p. 142-143) desmonta, no entanto, as lendas complacentes sobre a força do comunismo em Cambridge, que ele avalia em uma centena de membros entre 5 mil estudantes, dos quais pelo menos mil eram simpatizantes do antifascismo e da esquerda em sentido amplo. A superestimação posterior vem da super-representação da esquerda entre os estudantes que vão mais tarde conquistar as posições mais em evidência em diversos setores. Enquanto os estudantes apolíticos e convencionais continuavam sobretudo a se entregar às atividades esportivas e, para serem bem-sucedidos, se apoiavam nas redes sociais estabelecidas, a esquerda estudantil levava a vida intelectual a sério, para assim, mesmo quando assume posições mais moderadas, poder valorizar seus talentos por ocasião da abertura meritocrática da vida intelectual e universitária britânica após 1945 e ter acesso a cargos importantes.

Mesmo nesse ponto Hobsbawm marca de novo sua diferença, oriunda de sua experiência da Europa central. Seu engajamento na extrema esquerda, muito mais duradouro (cinquenta anos) do que o dos membros de sua geração, remete a seu sentimento de participar de um movimento histórico e político que, apesar de seus fracassos e erros, dava sentido a uma época, transgredia fronteiras, conferia uma identidade e propunha uma orientação a indivíduos que, como ele, haviam passado de um país e de um meio social a outro. Esse engajamento de um novo tipo acima de tudo gerava homens e mulheres absoluta e absurdamente devotados à causa a que aderiam, devotamento esse que despertava sua admiração: "Se não deixei o partido em 1956, foi em grande parte por causa desses homens e dessas mulheres que o movimento havia criado" (Hobsbawm, 2005, p. 172).

Até então, esse engajamento só criara aborrecimentos e inconvenientes a Eric Hobsbawm, como mostra sua análise das décadas subsequentes. Ele foi destacado para as unidades mais ingratas do exército britânico durante cerca de seis anos (1940-1946), porque, apesar de seus diplomas prestigiosos, o Estado-maior suspeitava que ele fosse um traidor em potencial. Paradoxalmente, esse isolamento vai preservá-lo dos perigos mortais que os oficiais oriundos das elites inglesas conheceram durante a Segunda Guerra Mundial. Rejeitado para todas as posições universitárias importantes até 1971, sempre devido a suas opiniões comunistas, ele teve assim que lutar por um lugar fora dos marcos estabelecidos: o grupo de historiadores do Partido Comunista, do qual ele é um dos fundadores de 1946 a 1956; o comitê de redação de uma revista inovadora, *Past and Present*, criada em 1952; um cargo de *reader* (i. e. professor assistente) no Birckbeck College, faculdade reservada a estudantes que trabalhavam durante o dia; uma crônica de jazz no *New Statesman*, que o colocou em contato com os mais diversos meios intelectuais e artísticos, objetos de pesquisa considerados heterodoxos à época, mas precursores da nova sensibilidade histórica dos anos 1960 e 1970.

Descompassos

Na citação que figura no início deste capítulo, o autor de *A era das revoluções* deduz de sua marginalidade e de sua exterioridade em relação aos usos e costumes dos universos que cruzou a preferência que sente pelas temáticas e pelas perspectivas cronológicas ou geográficas à parte. O único historiador francês pelo qual Hobsbawm parece manifestar certa simpatia intelectual, apesar de tudo o que os separa, é Fernand Braudel, o homem da longa duração e da economia-mundo – o que é fácil de compreender. O prefácio de *Primitive Rebels* foi redigido por Jacques Le Goff, um medievalista que também apreciava as perspectivas em contracampo e grande angular. Já a resenha de *Bandits*, publicado nos *Annales*, sai da pluma de um modernista, François Billacois (1973); um sinólogo, Jean Chesneaux (1972), faz a resenha da mesma obra para *Le Mouvement social*, enquanto Serge Berstein (1994), um especialista em história contemporânea, comenta a tradução francesa de *Nações e nacionalismos desde 1780* na *Revue d'histoire moderne et contemporaine*.

Os historiadores profissionais não teceram comentários eruditos nas revistas científicas sobre a continuação de sua obra, sobretudo sobre a tetralogia não programada – *A era das revoluções, A era do capital, A era dos impérios* e *Era dos extremos*. Na França, apenas os grandes jornais e as revistas intelectuais de caráter mais geral falaram sobre essas obras. Esse deslize e esse silêncio não revelam apenas as insuficiências do espaço crítico francês, cujas deficiências foram há muito apontadas por observadores ingleses ou alemães. O fato assinala, sem dúvida, o desconforto diante de uma obra e de uma personalidade que fogem demais aos marcos e às classificações francesas. Que atitude adotar diante de um historiador a quem não se pode negar a prática do ofício e a erudição, presente mesmo nas obras escritas para o grande público, que detalham suas fontes e vão buscá-las tanto na literatura e nos artigos dos especialistas quanto nas fontes primárias; e que permite, além disso, mostrar que os marcos bem definidos das especialidades podem e devem ser postos em questão?

Na França, a recepção a certos tipos de obras históricas passa pela polêmica política, forma superior do mal-entendido intelectual. Esse foi o primeiro incidente sofrido por *Era dos extremos*, cuja edição inglesa (1997) teve uma acolhida moderada em *Le Débat* que retardou, anormalmente, por muito tempo a tradução francesa.[4] Habitualmente mais sensível às novidades, o diretor da revista, Pierre Nora, explicava doutamente, tecendo considerações sobre a economia da edição e sua interpretação pessoal do "clima ideológico" (estamos em 1997, logo após a publicação de *O passado de uma ilusão*, de François Furet), que *Era dos extremos* não tinha nenhuma chance de encontrar um público na França. O sucesso posterior da edição francesa demonstrou que o artesão dos sucessos da "nova história" e dos *Lugares de memória* tinha, por uma

[4] Ver o dossiê "Sur l'histoire du XXe siècle" (1997), o qual conta com as contribuições de Michael Mann, Christian Meier, Benjamin Schwartz e Krzystof Pomian – o mais crítico e o mais hostil de todos, ainda que termine com uma barretada: "Ninguém poderá a partir de agora escrever uma história do século XX sem se posicionar perante esse livro". Entre as páginas 85 e 92 do dossiê, Hobsbawm responde a seus comentadores.

vez, perdido o "*feeling*" de editor,[5] em função da hostilidade política que sentia pelas ideias do autor. Eric Hobsbawm (1999, p.8-9; 2005, p. 397-398) interpretou pessoalmente essa censura como um acerto de contas político atrasado no tempo por parte de antigos amigos que haviam passado para campos opostos.

Mas é preciso ultrapassar essa polêmica inicial, adotando uma visão mais ampla. O descompasso da recepção que evocamos no início coloca, para além do caso de Hobsbawm, o problema mais geral das relações intelectuais franco-britânicas depois de 1945. Quando retomamos o conjunto de sua bibliografia, somos obrigados a constatar que o leitor francês que não tem acesso às edições originais conhece delas apenas uma parte bastante reduzida. Nem *Os trabalhadores* (1964), que reúne artigos originais sobre a vida nos meios operários ingleses; nem *Captain Swing* (1969), escrito com George Rudé, que retraça as agitações rurais e o quebra-quebra de máquinas na Inglaterra dos anos 1830; nem *Mundos do trabalho* (1984), que retoma as questões da história operária à luz das novas orientações da história social e cultural; nem *Revolucionários: ensaios contemporâneos* (1973), coletânea de artigos de reflexão política sobre o comunismo, o anarquismo, o marxismo, a guerrilha, os fenômenos revolucionários; nem a história do marxismo que ele dirigiu na Itália[6] ou sua coletânea sobre os diferentes aspectos da historiografia,

[5] Ver sobretudo o artigo de Nora (1997). "Como a França foi o país que foi mais profundamente e por mais tempo estalinizado, por isso mesmo, a descompressão acentuou a hostilidade a tudo o que, de perto ou de longe, podia lembrar essa idade do filosovietismo ou filocomunismo de pouco tempo atrás, inclusive o marxismo mais aberto. Eric Hobsbawm cultiva, sem dúvida, tal ligação à causa revolucionária, mesmo à distância, como uma marca de orgulho, uma fidelidade altiva, uma reação ao clima da época; mas na França, nesse momento, isso passava mal. É assim, não há nada a fazer. Não há de ser a um grande historiador que vamos relembrar o peso do passado". (Nora, 1997, p. 94).

[6] A edição italiana, *Storia del marxismo*, é de 1978; a tradução inglesa, *The history of marxism*, de 1982.

Sobre História (1997), chegaram a interessar os editores franceses. Apesar da ampla reputação de que a edição inglesa se beneficiou nos meios intelectuais, *A invenção da tradição* só foi traduzido para o francês em 2006, graças a um pequeno editor corajoso; da mesma forma, um editor belga tomou a iniciativa de traduzir *Uncommon people* (1998) em 2011.[7]

No entanto, de todos os historiadores ingleses, Eric Hobsbawm é provavelmente o mais presente fisicamente na França, por suas inúmeras e regulares estadas para dar aulas desde os anos 1970, por seus vínculos privilegiados com certas instituições como a Maison des Sciences de l'Homme,[8] a Escola de Estudos Avançados em Ciências Sociais (EHESS, na sigla em francês) ou o Collège de France, pela publicação de artigos em jornais ou revistas. O capítulo que Hobsbawm (2005, p. 375) consagra à França em *Tempos interessantes*, atesta a profundidade de seus laços, pois ele escreve:

> Esse país faz parte de minha vida há cerca de setenta anos, e até mais, porque minha mãe começou a ensinar francês aos filhos lendo para nós *Os três mosqueteiros*, de Alexandre Dumas pai.

Como compreender esse novo descompasso? Seria ele, por acaso, resultante da eterna lei das transferências culturais: um campo cultural, no caso a edição histórica francesa, só reteve o que melhor correspondia a suas próprias expectativas dentro de uma obra muito mais rica e diversificada? Da mesma forma, reciprocamente, o primeiro livro de Marc Bloch traduzido para o inglês não foi *A sociedade feudal* (1939), considerado a obra-prima de maturidade desse autor, que teve

[7] A edição inglesa de *A invenção da tradição* data de 1983 e o livro está em sua 12.ª edição.

[8] Foi lá que o encontrei pessoalmente pela primeira vez, em 1977, quando de um colóquio marcante organizado por Maurice Lévy-Leboyer e Patrick Fridenson sobre Le Patronat de la Seconde Industrialisation. Ver Lévy-Leboyer (1979).

que esperar 1961 e as boas graças de um editor universitário americano, mas *A estranha derrota*, publicado na França em 1946, traduzido logo após para o inglês, em 1949, porque sua atualidade e sua relação com a experiência histórica britânica recente faziam evidentemente desse livro uma obra capaz de sensibilizar um público relativamente vasto.

Da mesma maneira, os "revoltosos", os "bandidos", combinavam com o humor contestatário e terceiro-mundista dos anos 1960, quando os historiadores franceses, italianos ou poloneses descobriram a figura do povo e dos marginais. Mas os intelectuais franceses não gostavam de qualquer povo. Os fabianos, os ludistas e os sindicalistas não podiam rivalizar com os heróis favoritos da história operária à la francesa. Sabemos que, no que se refere à história operária, os sindicalistas de base, os reformistas, os trabalhadores rurais e os operários obscuros sempre tiveram menos sucesso que os revolucionários, as corporações industriais visíveis e aguerridas, os líderes carismáticos, os conflitos sangrentos, os grupúsculos militantes. O filtro da leitura histórica francesa nunca é inocente. Ainda que marxista, em parte de suas primeiras pesquisas, Hobsbawm cometera o erro de trabalhar sobre figuras que a historiografia operária da França, então bastante fechada na ortodoxia marxista, considerava pouco ortodoxas.

O incidente inverso explica a continuidade do descompasso na recepção desse autor. Suas obras de síntese, exceção feita a *Era dos extremos*, não suscitaram comentários dos autores especializados. Embora tanto sua prática da síntese e da comparação quanto suas propostas de interpretação das grandes rupturas do século XIX merecessem ser debatidas, apenas o livro sobre a nação (publicado exatamente no momento em que os historiadores franceses participavam dos *Lugares de memória* e do debate em torno do bicentenário da Revolução) reteve sua atenção. Ainda assim, as lentes nacionais utilizadas pelos franceses perturbaram sua visão histórica. Sabemos que a tese desse livro faz coincidir o fenômeno nacional com o período contemporâneo, tese essa que é vivamente contestada, por exemplo, por Serge Berstein, na resenha mencionada. Não há necessidade de maiores explicações para que se compreenda por quê: a tese não corresponde ao caso francês, embora a obra se pretenda transnacional. O historiador do Partido Radical assimila a tese a uma aplicação redutora do marxismo, embora reconheça, fora disso, a diversidade dos casos estudados e a vasta erudição do autor. Essa incapacidade dos historiadores franceses de se descentrarem do paradigma da história francesa, ainda quando nos dirigimos a eles de um outro ponto de vista, é bem típica de seu fechamento às ideias vindas de outros países, sobretudo de além-Mancha. Mais uma vez, os constantes mal-entendidos mantidos com o autor de *Tempos interessantes* questionam nosso inconsciente acadêmico.

A relação com o marxismo, que Eric Hobsbawm reitera de ponta a ponta de sua autobiografia, só pode aumentar seus descompassos com a historiografia dominante na França. Todos aqueles que leram seus diferentes trabalhos sabem que seu marxismo não adere sempre à ortodoxia e, em todo caso, ele não o impede de abordar temas ou problemáticas que a maioria dos historiadores marxistas clássicos deixaram de lado na época. Assim, podem-se compreender os julgamentos extremamente severos que ele faz de Althusser, não apenas em sua autobiografia, mas mesmo nos ensaios[9] que escreveu no momento mesmo da publicação de *Pour Marx* ou de *Lire le Capital*. Embora ele celebre o esforço de Althusser em abandonar as práticas repetitivas stalinistas, para ele, o comentário teórico althusseriano padece de derivas escolásticas bastante afastadas do método marxiano que o autor preconiza. Hobsbawm (1973, p. 151, tradução nossa) denuncia sem

[9] "The structure of capital" e "The dialogue on marxism" foram publicados em 1966 e constam, respectivamente, de Hobsbawm (1973, p. 142-152, p. 109-120). Sobre a crítica a Althusser, ver sobretudo Hobsbawm (1973, p. 112).

restrições um novo fetichismo do texto puro, reinterpretado *ad infinitum*, sem atenção por sua inscrição na história, procedimento paradoxal para a leitura de uma filosofia que pretende se inscrever plenamente nela:

> O renascimento do marxismo exige uma vontade autêntica de ver o que Marx tentava fazer, sem que isso implique necessariamente aceitar todas as suas propostas.[10]

Quarenta anos mais tarde, sabemos o que aconteceu com as formas eruditas do marxismo, sobretudo no campo da história: no essencial, a historiografia francesa virou a página de suas antigas leituras marxistas ou marxianas, sob pena de recair nas condutas igualmente contestáveis das gerações pré-marxistas de historiadores: culturalismo, intelectualismo, idealismo, positivismo, cegueira erudita. A maioria dos historiadores atuais dão de ombros diante daqueles que persistem na atitude precedente ou a aceitam como a fantasia de um não-conformista inglês.

No entanto, a questão merece ser retomada de outra maneira. Na verdade, nos diferentes capítulos de suas memórias ou em outros escritos,[11] Eric Hobsbawm não se estende muito quanto à sua relação atual com o "marxismo". O que poderia significar essa orientação hoje em dia, quando a maior parte dos paradigmas em ciências sociais são colocados em questão ou adotam a combinatória e o ecletismo, quando o imperialismo da economia política ortodoxa é rejeitado pelas outras ciências sociais em relação a todo postulado que privilegie a economia como motor primeiro, quando há múltiplas divergências entre os diversos tipos de marxismo ou combinação do marxismo

[10] "The revival of marxism requires a genuine willingness to see what Marx was trying to do, though this does not imply agreement with all his propositions."

[11] Ver sua conferência em San Marin, Marx and History, proferida por ocasião do centenário da morte de Marx, retomada em Hobsbawm (1984a) e reeditada em Hobsbawm (1997, p. 157-170).

com outras correntes de pensamento? Ainda é possível obter algum benefício ao referir-se ao que muitas pessoas consideram uma abordagem escolástica e outras, apenas uma etiqueta de uma abordagem econômico-social tão difundida que não apresenta mais nenhuma virtude distintiva, a menos que seu objetivo seja apenas a mobilização de um sentimento altermundialista e antineoliberal em fase ascendente?

No capítulo 17 de *Tempos interessantes*, Eric Hobsbawm apresenta um quadro bastante clássico da historiografia do século XX, que consiste numa luta entre os antigos e os modernos (estes encarnados pelos *Annales* ou *Past and Present*), seguida de regressões ameaçadoras trazidas pelo "pós-modernismo" ou por uma história memorial e identitária fundada na empatia e no procedimento descritivo, como o movimento *History Workshop*. Essa síntese, um pouco datada, não leva em conta os desenvolvimentos posteriores aos anos 1980, momento em que Hobsbawm começa suas grandes sínteses e quando suas reflexões sobre a história são produzidas apenas por ocasião de grandes conferências bastante gerais, reunidas em *Sobre História*, que mencionamos anteriormente. Seria interessante saber se ele confirmaria esse diagnóstico ou se veria na historiografia de hoje sinais mais positivos do que esse sumário um pouco esquemático, destinado a um público de não-especialistas.

A terceira interrogação se refere a suas relações com as outras ciências sociais. Inúmeras figuras de sociólogos, etnólogos, economistas e cientistas políticos atravessam essa vida erudita, na medida em que os objetos estudados por Hobsbawm invadem esses terrenos; mas aqui também poucos debates epistemológicos ou empréstimos ponderados foram evocados. Tomaremos apenas dois exemplos. O caderno de fotografias intitulado "Alguns amigos" contém uma foto de Pierre Bourdieu, citado aliás cinco vezes no texto, mas apenas uma vez devido a um empréstimo teórico – o conceito de *habitus*, tomado em sentido bastante geral a respeito do fetichismo constitucional dos Estados Unidos. Outro sociólogo francês, Alain Touraine, aparece apenas por sua interpretação de maio de 1968. Ao longo do livro, a relação com as demais ciências sociais passa, na verdade, essencialmente, pela mediação do "marxismo", identificado, ao que parece, com uma interpretação econômica e social da história. Temos assim o direito de manifestar nossa decepção pelo julgamento seguinte, no qual Eric Hobsbawm (2005, p. 396) descreve em três linhas a evolução das ciências humanas francesas desde os anos 1970:

> À medida que os pensadores desse país foram caindo no "pós-modernismo", julguei-os destituídos de interesse, obscuros e, em todo caso, pouco úteis para os historiadores. Nem mesmo seus trocadilhos me divertiam.

Isso equivale a atribuir ao "pós-modernismo" uma influência muito exagerada nas ciências sociais francesas, na medida em que essa noção, tão empregada no universo anglo-saxão, é uma etiqueta artificial inventada do outro lado do Atlântico para reunir de maneira redutora autores franceses bastante heterogêneos, cujo *status* atual é bastante incerto dentro da própria França.[12]

A última questão se refere à relação do historiador com sua época. Ao longo do livro, Eric Hobsbawm defende a ideia de uma história global e de uma história que atinja um público mais vasto. Ele (2005, p. 339) está convencido de que o conhecimento do passado pode exercer um efeito político importante num período tão confuso quanto o que atravessamos: "Os historiadores não devem escrever apenas para seus colegas". A comparação, base da história esclarecedora, pode, segundo ele, emergir de encontros inesperados, como o primeiro contato que estabeleceu, em julho de 1936, com

[12] Conferir Cusset (2003).

uma zona dominada pelos anarquistas espanhóis, onde ele encontra retrospectivamente uma das pistas que o conduziram a suas intuições sobre os "primitivos da revolta". Certas regiões, como a América Latina, também são espaços privilegiados, onde se pode perceber, em ritmo acelerado, certas evoluções gerais do mundo – "A América Latina constituía um objeto de sonho para os adeptos da história comparativa" (Hobsbawm, 2005, p. 450). Essas observações, *en passant*, esboçam de maneira muito rápida o que o historiador gostaria de encontrar em *Tempos interessantes*, uma visita ao ateliê do grande elaborador de afrescos de nosso tempo.

13 Hans-Ulrich Wehler, historiador da sociedade alemã[1]

O conhecimento do público francês da historiografia de além-Reno e da sociedade alemã do século XIX padece da ausência de tradução de inúmeros trabalhos alemães. Foi preciso esperar 2005 para poder dispor de um conjunto significativo de obras de autoria de Hans-Ulrich Wehler, um dos principais representantes do que se convencionou chamar de "Escola de Bielefeld".[2] Embora Jürgen Kocka (1997), Hartmut Kaelble (1988, 2005) e Alf Lüdtke (1994) já tivessem sido traduzidos para o francês há muito tempo, na forma de livros ou artigos publicados em revistas francesas, Hans-Ulrich Wehler, mentor dos dois primeiros, não merecera nenhuma tradução ou resenha significativa nessa língua, à exceção dos notáveis "Bulletins historiques" sobre a história da Alemanha, que o saudoso Jacques Droz publicava na *Revue historique*, ou certas apresentações gerais da historiografia alemã.[3]

Três explicações simples esclarecem as razões dessa lacuna, que ilustrarei através do percurso biográfico e bibliográfico desse autor, antes de analisar a obra da qual tirei essa tradução.

[1] Versão corrigida de Charle (2003c).

[2] Ver Wehler (2003b).

[3] Sobre o debate em torno da obra de Wehler *Das Deutsche Kaiserreich 1871-1918*, ver Droz (1980, p. 479; 1984, p. 484). Esse livro foi traduzido em inglês pela editora Berg em 1985. Morgana Labbé (2003) fez uma resenha do último livro de Wehler, *Nationalismus, Geschichte, Formen, Folgen*. Ver também a síntese de Solchany (2003, p. 5-6), que situa Wehler em relação aos demais historiadores alemães.

A primeira é que os trabalhos de Hans-Ulrich Wehler versam quase que exclusivamente sobre a Alemanha do século XIX e, ocasionalmente, sobre os Estados Unidos. Ora, os editores franceses privilegiam os trabalhos alemães sobre o século XX (sobretudo sobre o nazismo) ou os estudos comparativos que incluem a França. A segunda é que as polêmicas bastante vivas que as obras e as interpretações de Wehler suscitaram em seu país, em várias ocasiões, não tinham afinidade com as questões dos historiadores franceses, centrados em seus próprios debates internos comparáveis (mas igualmente nacionais) sobre a Revolução Francesa, a República, Vichy ou os problemas coloniais. Enfim, detalhe importante que influi bastante nas questões de tradução, a maior parte da obra de Wehler se compõe de trabalhos bastante longos, o que torna sua tradução bastante onerosa. Isso é confirmado pelo fato de que, tanto na Inglaterra como na Itália, apenas suas produções mais curtas tiveram a chance de cruzar a fronteira.

Devemos, portanto, agradecer aos responsáveis pelo programa de traduções alemãs das edições da Maison des Sciences de l'Homme, que propuseram ao público francês um trecho substancial do *magnum opus* de Wehler, sua *Deutsche Gesellschaftsgeschichte*. Para que possamos compreender sua gênese, convém evocar o percurso biográfico e historiográfico do autor.

Uma vida de historiador[4]

Nascido em 1931 em Freudenberg, nas cercanias de Siegen, originário de uma família de huguenotes oriundos da Holanda, Hans-Ulrich Wehler passou a infância perto de Gummersbach, pequena cidade situada 40 km a leste de Colônia, onde seus pais tinham se estabelecido. Seus pais tinham sido, na juventude, membros do Wandervogel, o que explica a hostilidade de

[4] Ver Daum (2000).

ambos ao nazismo, que chegara ao poder dois anos após o nascimento do futuro historiador. Empregado de comércio e filho de um pequeno comerciante, o pai de Hans-Ulrich Wehler trabalhava para a firma Henkel, mas foi morto prematuramente durante os combates da Segunda Guerra Mundial.

Em 1941, aos dez anos, Hans-Ulrich Wehler foi incorporado, como todos os meninos de sua idade, à *Jungvolk* da *Hitlerjugend*, da qual conserva, segundo seu próprio testemunho, a lembrança de uma espécie de vida de escoteiro, esportiva, sem uma doutrinação específica. As coisas se tornam mais sérias do ponto de vista ideológico primeiro por ocasião de um estágio de seis semanas sob a férula de fanáticos da SS e depois quando ele e seu grupo foram mobilizados para servir como bombeiros auxiliares após o bombardeamento de Colônia ou por ocasião de uma espécie de resistência diante das tropas americanas. Compreende-se que essas experiências precoces do choque da guerra tenham levado Hans-Ulrich Wehler a escolher a história contemporânea como disciplina quando de seus estudos universitários, que se desenrolam a partir de 1952 nas universidades de Bonn e Colônia, situadas nas vizinhanças de sua cidade natal. No entanto, mesmo antes de se inscrever na faculdade, Wehler obteve uma bolsa Fullbright que lhe permitiu estudar durante dois semestres no campus da Universidade do Estado de Ohio, em Athens (Estados Unidos). Sua estada nesse país foi prolongada por uma viagem à Califórnia, onde ele ganhou a vida fazendo trabalhos manuais (soldador, motorista de caminhão).

Quando de sua volta à Alemanha, decepcionado pelo conservadorismo dos professores de Bonn, ele continua seus estudos de história, sociologia e economia em Colônia, universidade refundada em 1919 e intelectualmente mais aberta, onde frequenta os cursos de René König e de Théodore

Schieder.[5] É sob a direção deste que ele obtém seu doutorado, em julho de 1960, com um trabalho intitulado *Sozialdemokratie und Nationalstaat (1840-1914)*. Essa pesquisa sobre o problema das nacionalidades na Alemanha o leva a aprender o polonês e a trabalhar em arquivos na cidade de Varsóvia. Ele se torna colaborador científico remunerado de seu mestre em 1956 e, mais tarde, assistente do Seminário Histórico, em 1961, até passar sua habilitação em 1968 – que, como é a regra na Alemanha, trata de um assunto totalmente diferente do de sua tese de doutorado. O tema escolhido por Hans-Ulrich Wehler foi o imperialismo americano antes de 1900, o que o leva a voltar aos Estados Unidos para explorar os arquivos, a partir de fins de 1963. Mas a comissão examinadora considera o tema politicamente incorreto no contexto da aliança germano-americana da época. Na verdade, a obra será publicada em 1974 sem encontrar hostilidades específicas da parte dos historiadores americanos.[6] Mas essas restrições obrigam Hans-Ulrich Wehler (1985) a escolher um assunto mais clássico, "Bismarck e o imperialismo". Sua interpretação, que enfatiza a dependência das escolhas políticas do chanceler em relação às limitações econômicas, é heterodoxa demais para uma faculdade dominada por professores ainda inteiramente dedicados ao mito do grande homem. A defesa da tese foi, portanto, bastante movimentada e Wehler teve que esperar dois anos trabalhando como *privat-dozent* [livre-docente] e tentar inúmeras candidaturas antes de conseguir

[5] René König (1906-1992) – que emigrou para a Suíça entre 1937 e 1949, foi professor extraordinário em Zurique, mais tarde professor de sociologia na Universidade de Colônia de 1949 a 1974 e tradutor de Durkheim em alemão – é autor de inúmeras obras, sobretudo de *Sociologie de la mode* (1969). Ele fundou e editou o *Kölner Zeitschrift für Soziologie und Sozialpsychologie* e foi *visiting professor* nos Estados Unidos em várias ocasiões. Theodor Schieder (1908-1984) foi professor de história na Universidade de Colônia de 1947 a 1976 e dirigiu a *Historische Zeitschrift* de 1958 a 1984. Ele é sobretudo o autor de *Deutsche Kaiserreich von 1871 als Nationalstaat* (1962), reeditado por Wehler em 1992.

[6] Ver Wehler (1974).

um posto de professor na Universidade Livre de Berlim, em 1970. No ano seguinte, ele foi chamado a ocupar a cátedra de história geral na nova Universidade de Bielefeld, onde ensinará até se tornar professor emérito, em 1996.

As grandes orientações de uma obra

As publicações de Hans-Ulrich Wehler ao longo de sua carreira de professor – e mesmo depois disso, na medida em que ele permanece bastante presente até hoje na cena histórica e midiática alemã – se estruturam em torno de três grandes temas ou orientações teóricas. Em primeiro lugar, Wehler conduziu uma constante reflexão crítica sobre a disciplina histórica tal como ela se desenvolveu na Alemanha, sobretudo depois da construção do Estado nacional no século XIX, como mostra a série de volumes coletivos que editou sobre os historiadores alemães e suas obras de reflexão historiográfica.[7]

Ele desenvolveu, paralelamente, uma análise das especificidades do Estado nacional alemão após o Império, em torno do tema do *Sonderweg*[8] e do sentido da obra de Bismarck e de seus sucessores. Em *Krisenherde des Kaiserreichs 1871-1918: Studien zur deutschen Sozial-und Verfassungsgeschichte*[9] e em *Das deutsche Kaiserreich*, Wehler (1970, 1973) insistiu sobre as tensões sociais e políticas que minavam os alicerces da construção nacional bismarquiana. Ele retoma a noção de bonapartismo para qualificar essa construção que visa, a exemplo dos dois impérios franceses, estabilizar uma sociedade de elites depois de uma "dupla revolução" nacional e

[7] Ver Wehler (1971-1982, 1980, 2001).

[8] Nota do autor à edição brasileira: *Sonderweg* é o modelo interpretativo segundo o qual a Alemanha teria divergido da "via normal" dos outros países europeus ao não reverter a ordem aristocrática e ao se reunificar tardiamente sob a direção das elites do antigo regime, em oposição à história inglesa ou à história francesa, nas quais a burguesia obteve participação significativa no poder nacional graças ao parlamento.

[9] Sobre as discussões levantadas por esse livro, ver Kott (2003, p. 224).

social, sempre cuidando em preservar certos privilégios de uma nobreza intimamente ligada ao Estado, ao exército e ao poder político, mas cujas bases econômicas e políticas eram tendencialmente colocadas em questão pelo próprio processo nacional. Essa transferência para o Império Alemão de um modelo francês de interpretação já avançado por Marx e Engels foi criticada por Lothar Gall (1976) e Allan Mitchell (1977), na medida em que subestima o papel histórico dos principados que subsistem nas fronteiras do Reich (enquanto o Império Francês é uma fundação de um Estado unitário centralista) e o lugar bastante diferente atribuído à glória militar na legitimação dos regimes assim cotejados. Wehler (1995a) a seguir modifica sua análise, ao introduzir a noção de poder carismático, tomada de Max Weber. Ele retoma essas questões em sua grande síntese sobre a história alemã, por isso é importante relembrar essa primeira etapa de sua reflexão.

O terceiro grande tema dos trabalhos de Wehler se organiza em torno da noção de história da sociedade. É necessário relembrar como se construiu essa orientação teórica. Muitos princípios da história enquanto ciência social podem parecer evidentes do ponto de vista de uma historiografia francesa fiel à herança dos *Annales*. O mesmo não acontece na geração de Wehler, cujos mestres tinham se submetido sem grande resistência à férula do nacional-socialismo, e até mesmo os menos submetidos ao nazismo permaneceram fiéis aos grandes princípios do historicismo do século XIX.[10] Para se libertar dessa pesada herança, que exerceu seu controle sobre os primeiros trabalhos de Wehler, como vimos anteriormente, a nova historiografia alemã não só recorreu aos recursos intelectuais da teoria sociológica de Max Weber, como se apoiou numa leitura crítica de Marx (sobretudo do "jovem Marx") – trabalho difícil na atmosfera de guerra fria – e também nas correntes

[10] Conferir Weber (1984), Schöttler (1991, 1997) e Solchany (1997, p. 200-210).

sociológicas americanas, como a teoria da modernização (Wehler, 1975). Ela se inspirou igualmente em certos historiadores exilados alemães, que foram os primeiros a colocar em questão a doxa histórica dominante, sobretudo Hans Rosenberg.[11] Se certos historiadores alemães próximos das orientações de Wehler ampliaram seus horizontes por meio das leituras dos historiadores e dos sociólogos franceses, tal não foi o caso do autor de *Das deutsche Kaiserreich*, cujas relações intelectuais contínuas se voltaram principalmente para os Estados Unidos (devido sobretudo à sua formação inicial e aos convites ulteriores que recebeu como *visiting professor*).

Essa análise que liga história da sociedade e política, macroestrutura e orientações estratégicas de uma nação se chocou frontalmente com o historicismo tradicional; e foi, por sua vez, contestada pela corrente mais recente da *Alltagsgeschichte* (fim dos anos 1970 – anos 1980). A história do cotidiano censura a história "ciência social" por ser uma história vista de cima, que privilegia os dominantes. Por essa razão, ela subestima a experiência vivida dos atores comuns e os processos de resistência e de adaptação que os dominados oferecem às formas de dominação. Ela também utiliza conceitos abstratos oriundos da sociologia contemporânea, frequentemente inadaptados à diversidade das épocas, das situações e dos pequenos grupos.[12] Hans-Ulrich Wehler respondeu de maneira bastante crítica a essa contestação, acusando-a de jogar o jogo das novas formas de irracionalismo (fetichismo da subjetividade, das "pessoas

[11] "Without question, I have been deeply influenced by personal friendships with German historians who were forced by the Nazi regime to leave the country. This is true above all in the case of my long-term relationship with Hans Rosenberg, but also is true for scholars such as Dietrich Gerhard, Hajo Holborn, Alfred Vagts, as well as the children of émigrés such as Fritz Stern, Klaus Epstein, and others. When we were searching for forerunners for a new social history, reference to the works of these historians played an important role, especially the fact that all of them could be considered political liberals." (Daum, 2000).

[12] Conferir sobretudo Kott (1991) e Schrader (1994).

comuns"), perigosas no contexto de uma volta ao passado alemão, que serve às forças conservadoras e às formas tradicionais de historiografia. Se o lançamento da *Historikerstreit* deu retrospectivamente razão a Wehler no que se refere a essa volta ao conservadorismo da historiografia alemã, sua condenação da *Alltagsgeschichte* em 1984 parece repousar sobre um mal-entendido e revelar certo desconhecimento dos verdadeiros projetos de seus adeptos e de sua orientação progressista: dar a palavra aos/às excluído(a)s e aos/às desconhecido(a)s da história. Vista da França, onde a antropologia histórica e a micro-história social se desenvolveram paralelamente durante os anos 1980 e podem, no melhor dos casos, ser praticadas por historiadores que não renegam a tradição da história como ciência social ou como sociologia histórica, é difícil compreender essa disputa se permanecermos num terreno puramente científico.[13] Do outro lado do Reno, ela é, na verdade, sobredeterminada por questões políticas e geracionais e pela mudança de terrenos de pesquisa. Enquanto a Escola de Bielefeld trabalhou sobretudo sobre o século XIX e o Segundo Império da Alemanha, os adeptos da *Alltagsgeschichte*, devido a problemas de fontes inerentes a seu questionamento, privilegiaram desde cedo o século XX, em particular o período nazista, para os quais os métodos da história oral ou a pesquisa de arquivos não oficiais, necessários a essa história "vista de baixo", eram muito mais pertinentes.

Esse debate teve pelo menos um mérito, o de incitar Hans-Ulrich Wehler a demonstrar a fecundidade de sua abordagem através de uma grande história da sociedade alemã do início do século XVIII aos nossos dias, em que todos os grupos e todas as dimensões da história poderiam estar presentes. Esse vasto esforço de síntese o conduziu a conceber uma história da sociedade que engloba a política, a cultura, as instituições e até mesmo as relações exteriores. Escolher o tempo longo

[13] Conferir Bourdieu (1995) e Lipp (1995).

(três séculos), equivale também a romper com os recortes políticos ou as periodizações tradicionais e dar uma visão dinâmica do *Sonderweg*, reduzindo assim seu lado teleológico. A prática de uma tal síntese afirma a possibilidade de um domínio coerente do passado, ao passo que, na França, os empreendimentos comparáveis são ou temáticos, ou coletivos, ou abarcam apenas um curto período. Wehler iniciou seu empreendimento há cerca de vinte anos, fornecendo ao público alemão uma matéria impressionante, que desestimula por vezes seus comentaristas. É impressionante ver que, quanto mais se acerca de nosso tempo, mais a obra parece aumentar de volume, adiando seu ponto final. O primeiro volume, *Vom Feudalismus des alten Reiches bis zur defensiven Modernisierung der Reformära, 1700-1815*, publicado em 1987, tem 676 páginas para um longo século XVIII. O segundo, que se centra num primeiro século XIX "curto", (1815-1845/49), foi editado dois anos mais tarde e possui um número de páginas bem maior: 914 páginas. O terceiro (1995) vai ainda mais longe e ultrapassa esse teto, com 1.515 páginas (ou seja, 600 páginas a mais) para descrever cerca de sessenta anos (1849-1914). O quarto e o quinto volumes cobrem o século XX e sua paginação acumulada ultrapassa as 1.700 páginas! (Wehler, 2003a, 2009). Antes de fazer uma análise dos princípios dessa obra, disponível em francês, convém evocar a arquitetura do conjunto.

Uma visão de conjunto da história da sociedade alemã

Na introdução geral, o autor afirma rejeitar qualquer interpretação monocausal da história da sociedade alemã, como as que são propostas pela história política, pela história econômica, pela história social, pela história cultural e pela história das relações internacionais. O conjunto da matéria que ele pretende tratar se organiza em torno de três "dimensões" ou "eixos": o poder, a economia e a cultura, que correspondem aos três elementos fundamentais do mundo humano segundo a filosofia social de Habermas – "o trabalho, o poder e a linguagem ". A quinta e a sexta parte do volume original em alemão apresentam o mesmo plano de organização: desenvolvimento da população, condições estruturais e desenvolvimento econômico, condições estruturais e desenvolvimento das desigualdades sociais, condições estruturais e desenvolvimento da dominação política, condições estruturais e desenvolvimento da cultura (inclusive a religião); por fim, os sextos capítulos de cada uma dessas partes colocam, respectivamente, a questão do início do *Sonderweg* e a questão do vínculo entre as tensões internas alemãs e o início da "nova guerra de trinta anos" do século XX. Se a ordem dos capítulos poderia sugerir (na suposição de que o leitor leia o conjunto de maneira linear) uma arquitetura que evoca as metáforas marxistas da base (economia/população) e da superestrutura (política e cultura), ou os planos ternários clássicos das teses inspiradas por Ernest Labrousse em história econômica e social (economia, sociedade, mentalidades), isso seria deixar-se guiar pelas aparências. O social é sempre atravessado de parte em parte pelo político e pelo religioso ou pelo cultural: assim, a burguesia alemã é profundamente dividida pelas confissões, pelo contexto político herdado conforme nos situamos na parte ocidental ou oriental da Alemanha, ou conforme sua orientação para a economia ou para as funções culturais. A mesma coisa é válida, *mutatis mutandis*, para os outros grupos sociais.

Em sentido inverso, a análise política deixa um vasto espaço para as lutas entre os grupos de pressão, porta-vozes das diferentes classes e frações de classes, devido às especificidades do sistema político imperial, no qual o campo político é menos autônomo do que na França da Terceira República, por exemplo. Até mesmo os fatores mais materiais são, por sua vez, fortemente influenciados pelos fatores culturais e políticos: segundo a definição que se adote de quem é um "alemão", as tendências demográficas (crescimento global da população, emigração, imigração, inclusão ou não das minorias alógenas ou alófonas) alimentam visões políticas, programas sociais ou justificativas internacionais divergentes.[14] Ora, tudo isso estava em debate e em construção entre 1871 e 1914, na medida em que a Alemanha é uma nação bastante recente. O autor chega mesmo a aproximar sua perspectiva da "história total" ou global sonhada pelos historiadores franceses em seu período conquistador. Essa história da sociedade é assim mais ambiciosa do que a história social compreendida como história da "sociedade civil", no sentido dado a essa expressão na Alemanha, na fase de emergência do espaço público e da nação antes de 1848. Wehler se afasta assim da tradição marxista da existência de uma "última instância" ou de toda outra forma de sociologismo.

É o exame desses três eixos, segundo os períodos, que vai permitir determinar, segundo as conjunturas, qual deles é eventualmente o primeiro motor do desenvolvimento histórico. Essa posição agnóstica apresenta vantagens incontestáveis para uma história de longa duração, na qual a economia, a política, a cultura e a religião não ocupam a mesma posição devido às diversas revoluções que se produziram entre o tempo da Alemanha dos principados e o da Alemanha imperial e imperialista. Wehler admite, no entanto – o que é particularmente verdade para o período tratado no livro –, o papel fundador das desigualdades sociais, que condicionam o acesso ao poder econômico, ao poder político e à cultura. Ele mostra que essas desigualdades conhecem um aumento considerável em razão da industrialização, da urbanização e de um sistema político e cultural que beneficia abertamente certos grupos no acesso ao poder e à educação, antes que o Estado-providência e o esforço de democratização da República de Weimar tentem instaurar mecanismos compensadores.

[14] Conferir Brubaker (1992).

Uma tal perspectiva conduz inevitavelmente à introdução de uma dimensão suplementar – evocada na introdução geral, mas pouco presente nos capítulos sobre os grupos sociais – que atravessa toda a historiografia alemã, em particular a obra de Wehler: a dimensão comparativa e a inserção da história nacional no contexto geral europeu. O crescimento das desigualdades no segundo século XIX é uma realidade evidente em todos os Estados em processo de modernização. Teria ele adquirido um caráter específico na Alemanha que pudesse justificar a ideia do *Sonderweg* e encontrar ali as premissas distantes do encadeamento das catástrofes (guerra de 1914, fracasso de Weimar, advento do regime nazista, divisão da Alemanha) do século XX? Essa visão não acarretaria a volta a um esquema unilateral que Wehler recusa desde o início, como vimos anteriormente? Retomando os próprios termos que Wehler (2003b, p. 25) utiliza em sua introdução:

> Não estamos falando, aqui, sob essa tensão entre elementos tradicionais e modernos exacerbada pelo capitalismo industrial triunfante, de uma estrutura de base da história alemã durante o século que vai do início da revolução industrial (por volta de 1845) até a destruição dos territórios ao leste do Elba pelo Exército Vermelho (por volta de 1945)?

Parece claro que ela supõe uma visão comparativa para determinar se as tensões específicas da sociedade e do Estado alemão imperial se situam na origem de suas transformações dramáticas, em relação às evoluções britânica ou francesa. Foi o que Hans-Ulrich Wehler pressentiu pois, paralelamente à redação de sua síntese, ele dirigiu projetos comparativos coletivos sobre a burguesia ou a nobreza, ou seja, sobre os dois grupos detentores de maior influência sobre os processos históricos desse período dramático.[15] Em contrapartida, por hostilidade para

[15] No que se refere ao primeiro tema, ver sua participação ao volume dirigido por Kocka (1987); no que se refere ao segundo tema, ver Wehler (1990).

com o antigo historicismo, que afirmava o primado da política exterior, ele não introduziu em sua história da sociedade alemã uma dimensão especificamente internacional, diferentemente das sínteses propostas por Hobsbawm (1989, 1999), Mayer (1983), Kaelble (1991) ou por mim mesmo (Charle, 2001b), exceção feita ao capítulo IV, referente às escolhas políticas internas e externas.

No entanto, a construção nacional alemã e, mais tarde, a elaboração da *Weltpolitik* (sobre as quais Wehler trabalhou desde o início de sua carreira, como vimos anteriormente), são pensadas e implementadas por elites que constantemente se referem às outras elites europeias e tentam agir sobre os outros grupos em função dessa visão global. Apesar do protecionismo que a caracteriza, apesar da obsessão da pureza que traduz a escolha do *jus sanguinis* na lei sobre a nacionalidade de 1913, a sociedade alemã é constantemente influenciada por fatores sociais, econômicos, políticos ou culturais ligados ao contexto externo: o catolicismo ultramontano, as minorias não alemãs a serem integradas, a imigração polonesa, os vínculos com os expatriados na América, a concorrência cultural com as outras nações europeias, as forças políticas de referência internacional, como o socialismo ou o pangermanismo. Para Hans-Ulrich Wehler (1995b, p. 1152-1168, p. 1294-1295), em última análise, como para Max Weber (1958, p. 279), o impasse do *Sonderweg* (quer dizer, a impossibilidade de reformas que aproximariam a Alemanha imperial das configurações mais flexíveis da Europa ocidental) impele as elites tradicionais a um avanço desordenado de tipo imperialista na origem das catástrofes ulteriores.[16] O limite dessa explicação – que se encontra, *mutatis mutandis*, em Eric Hobsbawm e em Arno Mayer, ainda que eles não atribuam apenas aos dirigentes alemães a responsabilidade final pelo

[16] Wehler se refere explicitamente a Max Weber e o cita nas últimas linhas do livro.

conflito – é não perceber o consentimento, senão o consenso, da aceitação inicial da guerra que existe mesmo entre os grupos menos aquinhoados dessa sociedade desigual, ou entre aqueles que foram perseguidos pelas antigas elites em certas fases da história do Império (católicos e operários socialistas, em particular). É aqui, sem dúvida, que mais lamentamos a recusa de Wehler de certos aportes da *Alltagsgeschichte* ou dos estudos das formas de dominação feitos pela micro-história, seu desconhecimento de um conceito como o de "violência simbólica", proposto por Pierre Bourdieu (1994, p. 188) ou, ainda, o lugar reduzido que ocupa em sua obra a temática da "nacionalização das massas", avançada por George Mosse (1975), como um dos elementos da construção nacional paralela às outras formas de integração social que ele descreve em seu livro.

Na verdade, as análises críticas alemãs publicadas sobre essa obra se preocuparam menos com esses debates teóricos do que com o problema da articulação dos capítulos, da apresentação e do lugar relativo dos temas. Na *Historische Zeitschrift*, por exemplo, Lothar Gall (1996, p. 138) lamentou que o livro tivesse uma visão puramente institucional da cultura, negligenciando as individualidades e as grandes realizações desse período tão brilhante da cultura germânica. Em *Geschichte und Gesellschaft*, revista da qual Wehler é um membro da redação, John Breuilly (1996, p. 149) insiste que seu plano extremamente sistemático e repetitivo de um período ao outro torna difíceis certas aproximações entre análises dissociadas; e que os capítulos políticos, excessivamente autônomos, ocupam uma posição desmesurada. Ainda que essas críticas formais sejam provavelmente justificadas, é muito difícil que uma síntese responda a todas essas exigências: como conciliar a nuance analítica, que resume uma abundante literatura monográfica, e a visão relacional e hierarquizada dos fatores, que tende a apagar os detalhes e as nuances? Como apreender simultaneamente os atores, as estruturas, as obras e os episódios históricos específicos sem renunciar ao ponto de vista globalizante da história estrutural? Como aliar o movimento ao quadro fixo, o geral ao particular? Como notamos antes, nenhuma obra equivalente em amplidão cronológica propôs essa história global de uma nação, aliando uma problemática de conjunto à riqueza das informações. É possível que tal feito tenha se tornado uma aposta cada vez mais impossível para um historiador solitário, por mais ambicioso que ele seja, dada a massa de literatura de primeira mão que se tem que dominar e a diversidade de paradigmas das ciências sociais em competição que precisam ser reconciliados. Seria certamente preciso recorrer a outras formas de exposição que não a escrita linear para permitir que o leitor apreenda a multidimensionalidade da história e da sociedade e o entrecruzamento dos níveis de estudo. Isso só foi tentado por alguns trabalhos de ciências sociais que combinaram a escrita a quadros, gráficos e imagens, sem, no entanto, abarcar a longa duração, enquanto certas obras coletivas que aliaram diferentes especialidades e orientações disciplinares puderam reencontrar a profundidade histórica, mas não conseguiram chegar a um discurso unificado.[17] Que os historiadores tirem disso uma inspiração e enfrentem esse novo desafio para escrever a história social de nosso tempo.

[17]Pensamos aqui sobretudo na apresentação original do livro de Pierre Bourdieu (1979), *La Distinction: critique sociale du jugement*, que tentou essa ruptura com a escrita puramente acadêmica ao utilizar conjuntamente fotos, gráficos, quadros, documentos, *encadrés* e entrevistas combinadas à análise social tradicional. As obras de caráter coletivo em história ou em ciências sociais se multiplicaram, com diferentes graus de integração segundo a unidade do tema ou da equipe reunida.

14 Victor Karady, historiador das sociedades imperiais[1]

A trajetória e a obra de Victor Karady demonstram como as etiquetas disciplinares podem ser falaciosas. Esse reconhecido sociólogo, diretor de pesquisas do Centro Nacional de Pesquisa Científica (CNRS, na sigla em francês) e mais tarde professor na Universidade da Europa Central (CEU, na sigla em inglês), de Budapeste, ao voltar do longo exílio subsequente à sua partida da Hungria após a repressão do levante de outubro de 1956, é, na verdade, um dos principais historiadores sociais da *Mitteleuropa*. Ele adaptou a esse contexto – primeiro à distância, a seguir como infatigável animador de projetos coletivos que reuniam pesquisadores de várias nações liberadas da cortina de ferro – os métodos dos historiadores e inúmeras orientações da mais avançada sociologia francesa, cuja prática a longa glaciação soviética impedira. Apesar de sua importância quantitativa e qualitativa, sua obra não é muito visível fora do círculo de especialistas dessa região da Europa ou dos estudiosos de certas questões de história da educação. Parece-me justo prestar-lhe uma homenagem histórica, em pé de igualdade com outras figuras mais ilustres que pertencem oficialmente ao campo da história, como os que abordei nesta seção.

Conheci Victor Karady há quarenta anos, no início dos anos 1970, no seminário que Pierre Bourdieu ministrava nas

[1] Nora versão de Charle (2009e).

noites de terça-feira na École Normale Supérieure (ENS), onde tínhamos ocasião de escutar, além de Bourdieu e dos pesquisadores do Centre de Sociologie de l'Éducation et de la Culture, historiadores tão diversos quanto Edward P. Thompson e François Furet, ou um sociólogo historiador como Charles Tilly. Naquela época, Karady ainda trabalhava em sua grande pesquisa sobre os universitários franceses. Foi para ele que naturalmente me voltei quando comecei a abordar esse tema em minha tese de Estado, a partir de 1976. Ele colocou generosamente à minha disposição os enormes fichários de ferro cheios de grandes fichas mecanográficas que atravancavam seu pequeno escritório, no terceiro andar da Maison des Sciences de l'Homme. Isso me poupou de ter que tratar de novo as fontes que ele já compilara, mas também me permitiu aprender o ofício de prosopógrafo, durante as longas discussões que tivemos sobre esse objeto, já que Victor Karady era, à época, uma das raras pessoas a abordar o mundo universitário da Terceira República. Seu interesse por esse mundo se originava de seu desejo de compreender o contexto que dera origem à escola durkheimiana, à qual ele consagrara suas primeiras pesquisas, editando as obras de Marcel Mauss e, parcialmente, de Durkheim.

Pude cruzar esse rico material biográfico com as petições de intelectuais do caso Dreyfus, que eu estudava paralelamente na Bibliothèque Nationale, o que permitiu que essas duas bases de dados, a sociológica e a política, pudessem se esclarecer reciprocamente. As lembranças que tenho dessa pesquisa comum resumem bastante bem a originalidade do procedimento do editor das *Œuvres* de Marcel Mauss: sua ambição à exaustividade, sua vontade de trabalho coletivo e a generosa troca de informações; em síntese, sua capacidade ímpar de criar uma verdadeira comunidade de trabalho inspirada na que animara os sociólogos de *L'Année sociologique*, um dos objetos de estudo de Karady. Não aquela, formal, dos organogramas das instituições, mas uma comunidade concreta de pesquisadores que se apreciam e se leem, os quais podem até pertencer a laboratórios distintos ou a disciplinas diferentes, mas compartilham as mesmas problemáticas, os mesmos métodos e, por vezes, os mesmos materiais.[2]

Minha segunda lembrança de cooperação intelectual com Victor Karady coincide com o colóquio franco-húngaro de Matrafured, em outubro de 1980, sobre os intelectuais na França e na Hungria, "da Idade Média a nossos dias" – como eram vastas nossas ambições naquela época! Embora eu ainda fosse um jovem pesquisador inexperiente, havia sido convidado a apresentar o que se tornaria, dez anos mais tarde, o argumento central de *Naissance des "intellectuels"*. Esse encontro científico, naquela cidade de águas a 80 km de Budapeste, foi bastante impressionante: as pessoas que nos tinham convidado não escondiam seus sentimentos hostis ao regime Kadar, que duraria ainda cerca de dez anos; e Jacques Le Goff, Roger Chartier, Jacques Revel e Albert Soboul debatiam sem complexo e sem coesão com seus colegas húngaros sobre a história dos intelectuais na França e na Hungria, longe de qualquer ortodoxia, marxista ou não. As atas publicadas em 1985[3] informam que Victor Karady apresentou um estudo comparativo entre o colégio Eötvos e a ENS, que foi para mim o primeiro exemplo de uma pesquisa de história cultural comparada, informada pela sociologia histórica e pela história da educação e das elites – temas que só vim a abordar cerca de dez anos mais tarde e dos quais, sem dúvida, jamais teria ousado me aproximar sem seu exemplo e seus trabalhos pioneiros.

Essas duas lembranças explicam por que conseguimos estabelecer trocas constantes, regulares e convergentes, apesar

[2] Nesses tempos de proliferação de PRES, labex, idex e outros RTRA ou PPF, uma tal comunidade universitária fora da norma parecia pertencer ao campo da utopia! [As siglas designam iniciativas francesas voltadas ao incentivo à pesquisa, à formação e à constituição de espaços de excelência científica.]

[3] Ver Le Goff e Köpeczi (1985).

da diferença de geração (15 anos), de disciplina, de pertencimento, de percurso acadêmico e das reorientações regulares de nossos temas de pesquisa. Na França, Victor Karady é mais conhecido como historiador da sociologia e das ciências sociais, editor de Mauss, Durkheim e Halbwachs; e também como historiador das universidades e sociólogo das elites universitárias francesas. Conhece-se bem menos o Victor Karady historiador social da modernização da Hungria e da posição dos judeus nesse processo, pois muitos de seus textos só foram editados em línguas estrangeiras (alemão, húngaro, inglês). Conhece-se menos ainda, devido à distância, o pesquisador emérito do CNRS que se tornou professor na CEU, de Budapeste, empreendedor infatigável de pesquisas de longo fôlego sobre as elites e as universidades da Europa central e oriental. Perguntamo-nos por vezes como o mesmo homem pôde abordar objetos tão diferentes, mantendo sempre a mesma preocupação de construir bancos de dados que permitissem pesquisas estatísticas cada vez mais ambiciosas e complexas, incansável organizador de mesas-redondas, capaz de montar equipes multinacionais, atrair subvenções para colocar em contato e traduzir os pesquisadores do que antes chamávamos de Leste e Oeste.

Para reunificar todas essas orientações e todas essas atividades, podemos defini-lo como um historiador das "sociedades imperiais", expressão que forjei em 2001 para analisar a crise que a Alemanha, a França e a Grã-Bretanha atravessaram dos anos 1900 aos anos 1940 e de onde se originou amplamente o mundo atual. Essa expressão resume bastante bem todos os terrenos a que Karady se dedicou sucessiva ou paralelamente. Mediante a noção de sociedade imperial, proponho caracterizar Estados que reúnem diferentes territórios e populações heterogêneas, mas se atribuem a missão de unificá-los progressivamente em torno de um projeto nacional e cultural de dimensão universalista. Certas sociedades imperiais conseguem isso com certa dificuldade, como foi o caso da França e do Reino Unido durante parte do século XIX e no século XX. Outras tentam fazê-lo, mas fracassam em fases mais ou menos avançadas do projeto, como aconteceu com a Alemanha e sobretudo com o Império Austro-Húngaro. As pesquisas de Victor Karady sobre esse último espaço fornecem todas as chaves para ressaltar tanto a realidade do projeto modernizador que anima suas elites entre 1867 e 1914 – que produziu as formidáveis estatísticas austríacas e húngaras, as quais ele tanto utilizou – quanto a multiplicação dos estabelecimentos universitários e secundários, que ele analisou em detalhe. Ao mesmo tempo, tal projeto estava condenado ao fracasso devido às múltiplas tensões e forças centrífugas (língua, religião, etnia, antigas ou novas hierarquias sociais) que atravessavam, para o bem e para o mal, os povos reunidos sob o império dos Habsburgos. Um dos paradoxos desse projeto era o de ser parcialmente apoiado pelos judeus, grupo bastante numeroso nessa parte da Europa que havia sido até então mantido à parte pelas sociedades tradicionais. A construção dessa nova sociedade globalizadora lhes abria enfim a possibilidade de integração, de assimilação e a realização das potencialidades de seu ímpeto pela educação e pela mobilidade social, como indica sua participação em todas as profissões urbanas e intelectuais e nos setores mais dinâmicos da economia, na segunda metade do século XIX. Como escreveu o próprio Victor Karady (2006, p. 94), essa nova elite sem raízes poderia, melhor do que qualquer outro grupo, sustentar o projeto nacionalizador húngaro:

> Esse país se distingue, com efeito, pela ausência de qualquer movimento de opinião antissemita apoiado pelo Estado para a classe politicamente governante, porque os judeus "magiarizados" eram uma força necessária ao sucesso da construção nacional sob hegemonia magiar, numa sociedade composta

em sua maioria por uma população alógena na qual alguns dos componentes étnicos (os romenos, os saxões luteranos da Transilvânia, os sérvios) se haviam francamente oposto.

Com o colapso provocado pela Primeira Guerra Mundial, o fracasso da projetada sociedade imperial desencadeou um formidável retrocesso da ambição e lutas intestinas inexpiáveis entre antigas e novas elites, bem como a busca de um bode expiatório levou a um antissemitismo cada vez mais virulento, cuja dinâmica e expansão foram admiravelmente definidas por Victor Karady (1999) em *Gewalterfahrung und Utopie*.

Se a problemática da sociedade imperial se aplica bastante bem às suas pesquisas sobre o finado império da Europa central, talvez ela convenha ainda melhor às suas pesquisas sobre a França. A emergência das ciências sociais no final do século XIX coincide com uma grave crise nacional, durante a qual o antigo universalismo das Luzes, que a França pretendia encarnar desde 1789, é cruelmente desmentido com a derrota de 1870 e a guerra civil na França. Partindo dessa experiência traumatizante (a família Durkheim é originária de Epinal, na "linha azul dos Vosges"), Durkheim e seus discípulos procuraram utilizar a sociologia e a etnologia para refundar o laço social e dar um novo impulso emancipador ao projeto republicano, alicerçado cientificamente, contra o projeto neoconservador de um Taine, de um Maurras ou de um Le Play, que pretendiam justificar o abandono da herança da Revolução Francesa através da ciência social que reivindicavam. Mais amplamente, as reformas universitárias, a transformação do espaço das disciplinas, a refundação do ideal científico das jovens gerações universitárias – assuntos sobre os quais Karady escreveu vários artigos e capítulos fundamentais –[4] participavam desse projeto de uma nova sociedade imperial, ao mesmo tempo colonizadora dos espaços exteriores,

[4] Ver Karady (1972, 1973, 1976b, 1979, 1983, 1984).

para reequilibrar a Alemanha e a Inglaterra (daí a emergência de uma forma de etnologia específica e das "ciências coloniais"), e, como ele mostrou em vários artigos, um polo de atração para as elites da Europa menos desenvolvida, visando convertê-las à mensagem republicana meritocrática e democrática (Karady, 2002, 2004). Não se trata de idealizar esse período, que assistiu ao nascimento tanto das ciências sociais, da universidade moderna e dos "intelectuais" como instância crítica coletiva quanto do colonialismo, do militarismo, do antissemitismo, do nacionalismo e do racismo com pretensões científicas, bases das catástrofes da Europa do século XX. A combinação da sociologia e da história, da empatia e do distanciamento, o duplo pertencimento cultural e nacional, os grandes movimentos históricos com os quais se confrontou na Hungria e na França livraram Victor Karady de qualquer complacência acadêmica por "nossos grandes antepassados", por "nossa cara França" (ou nossa "grande Hungria"). Ele editara muitos textos desconhecidos ou inéditos de autores célebres para esquecer que as leituras anacrônicas e descontextualizadas, muito praticadas a partir da voga da "filosofia política", constituíam o meio mais seguro de não saber ler as mensagens dos "pais fundadores". Victor Karady construíra muitos bancos de dados e praticara muitas análises secundárias das estatísticas do século XIX para subestimar as diferenças dos tempos e dos espaços, os simulacros de certas categorizações, que o discurso nostálgico e anacrônico não deixa, sem dúvida alguma, de produzir. Também sob esse ponto de vista, Victor Karady é um historiador de pleno direito, pois, como lembrava Pierre Bourdieu em sua aula inaugural do Collège de France, "só a história pode nos livrar da história".

15 Stefan Collini, historiador dos intelectuais britânicos[1]

O estudo que Stefan Collini (2006) dedica à questão dos intelectuais na Grã-Bretanha do século XX se assemelha um pouco à imagem do título e da capa de seu livro: dois personagens se dão as costas; o primeiro, sentado na relva, sonha com o futuro (*absent mind*), o outro, mais engajado no real (ele está de pé), só o apreende por intermédio da leitura de seu jornal (*intellectual*).[2] Da mesma maneira, em certa medida, o livro trata dos intelectuais britânicos voltando-lhes as costas, na medida em que os evoca principalmente mediante os debates que os agitaram ou que eles suscitaram enquanto objeto histórico, cultural ou sociológico, com base em uma abundante literatura secundária ou primária que Collini estuda a fundo. A introdução e a primeira parte definem claramente os termos do problema e as bases da crítica que Collini dirige a toda a tradição do debate sobre os intelectuais em seu país. Apesar do estereótipo nacional pressupor uma incompatibilidade entre os "intelectuais" e a nação inglesa, e apesar desse termo irritar por ser "*unbritish*", a questão foi continuamente debatida, não apenas no século XX, numa repercussão aos debates franceses ou americanos contemporâneos, mas bem antes, durante todo o século XIX, ainda que outros termos

[1] Texto publicado anteriormente em Charle (2007b).

[2] Trata-se da reprodução de um quadro de 1937, *On the Map*, de Sir William Coldstream (Tate Gallery), pintor afiliado ao impressionismo tardio.

ou noções fossem então utilizados. Esse paradoxo remete ao estereótipo da distinção cultural e política, sobretudo com relação à França.

Stefan Collini denuncia um segundo preconceito britânico: no século XX, embora existam enquanto figura social, os intelectuais não teriam importância maior do que os outros grupos das elites, na medida em que a categoria se massifica e se subdivide em grupos rivais, cujas competências são cada vez mais especializadas. No entanto, esse lamento sobre a ausência atual ou recente de "verdadeiros" intelectuais emana, com maior frequência, dos próprios intelectuais. O autor de *Public moralists* considera que esses preconceitos são, na verdade, uma forma de atualização da interpretação *whig* da história inglesa do século XIX. Collini chama de "*Dreyfus envy*" essa lacuna de uma história política inglesa baseada na ruptura que, segundo alguns ensaístas, teria permitido abrir, como na França, um espaço de intervenção para os intelectuais. Collini se sente em condições de afirmar, tanto na primeira parte como nos capítulos comparativos da terceira, que a tese da excepcionalidade pode ser retomada para cada país. A comparação deve ser menos superficial, em vez de opor a Inglaterra ao continente de maneira binária com base na tese redutora do caráter nacional, eternamente repetida desde Burke e Tocqueville: a política repousaria menos que em outros lugares nas ideias e reduziria ao mínimo o papel dos intelectuais no espaço público.

Uma história de segundo grau

Feita essa afirmação necessária, o leitor ficará, no entanto, decepcionado ao descobrir que, apesar do título proclamado, o autor não propõe uma visão de conjunto da vida intelectual britânica, por isso a ausência de certos personagens mais importantes e a sobrerrepresentação de outros, menos conhecidos, que participaram amplamente do debate sobre o absenteísmo dos intelectuais. Assim como em sua coletânea de ensaios *English Pasts*, Collini realiza mais um trabalho de crítica literária ou cultural do que um estudo que articule a ciência política, a história e a sociologia. De certo modo, trata-se de um livro de segundo grau sobre os intelectuais, uma crítica da crítica dos intelectuais e de como o debate em torno deles é utilizado nas diversas conjunturas da vida inglesa ao longo do século XX. Collini trata quase exclusivamente do século XX, pois o termo "*intellectuals*" precisa ter um uso explícito e corrente, o que só acontece depois de 1900. Ele utiliza essencialmente fontes impressas e se concentra nas figuras dominantes que se expressaram sobre esse assunto, por isso a ausência das mulheres (exceção feita à Virginia Woolf) e dos grupos militantes ou provinciais que não têm acesso a esses órgãos. Pode-se no entanto lamentar essa abordagem predominantemente intelectualista, que reduz a pesquisa a um círculo bastante restrito de participantes concentrados em Londres, Cambridge e Oxford, presentes nas mídias dominantes de cada época (grandes jornais, grandes revistas, emissoras culturais de radio e de televisão).

A primeira parte retraça em detalhe a história e as significações do termo "*intellectual*"; a segunda evoca a recusa do uso dessa noção, sobretudo após 1945, momento em que ela é mais desenvolvida. Ambas são muito típicas desse olhar autocentrado particular. Em contrapartida, a terceira parte tenta fazer uma comparação internacional, a quarta parte introduz as trajetórias das personagens que cultivaram o tema da recusa, enquanto a quinta toma posição sobre alguns debates recentes, numa perspectiva histórica longa. O autor, portanto, precisa recorrer, apesar de tudo, a instrumentos de análise derivados da história social ou da sociologia histórica: estudo das instituições (sobretudo dos sistemas universitários e políticos), biografias comparadas, sociologia das mídias e do regime de acesso à notoriedade desde os anos 1960. Ele o faz quase com pesar, sem nenhum espírito sistemático e algumas vezes se interrompe no limiar de aprofundamentos que poderiam lançar luz sobre o objeto, justificando-se pelo medo de extrapolar seu projeto crítico inicial.

Dedicada à semântica histórica do termo "*intellectuals*" ou de seus sinônimos, a primeira parte valoriza as qualidades dos livros precedentes de Stefan Collini, já conhecidas por todos os seus leitores: análise sutil dos textos, capacidade de descobrir as evoluções das ideias e das influências, rigor no desmonte das ambiguidades propositais nos debates polêmicos, qualidade do estilo, virtuosidade das referências e das citações. Como na França, é o caso Dreyfus que introduz esse neologismo na língua inglesa e, como na França, o sentido negativo está presente desde sua origem. Mas, diferentemente da França, a importação de termos estrangeiros concorrentes, como *intelligentsia*, dotado de uma nuança mais sociológica, sem a conotação crítica ou de esquerda própria à sua utilização russa original, e, nos anos 1920, a chegada do neologismo *highbrow*, originário da América, emprestam, mais do que na França, ao termo *intellectual* uma nuança suplementar de deslocada pretensão à superioridade.[3] Na primeira parte do século XX, coexistem usos e sentidos múltiplos, tanto formas antigas de uso (pessoas devotadas a uma atividade intelectual) como sentidos estrangeiros (grupos ocupando uma posição eminente) ou a aplicação de exemplos externos à Inglaterra. Nos Estados Unidos, igualmente, a naturalização e a unificação do sentido ainda não tinham sido adquiridos dos anos 1900 aos anos 1920. A utilização de aspas ou o pouco recurso a esses termos perdura por um bom tempo. No entanto, nos anos 1930, "*intellectual*" se torna mais frequente, devido à interferência crescente entre a história inglesa e a história

[3] Essa censura de elitismo também era muito marcada na França durante as polêmicas do caso Dreyfus, mas essa crítica não resistiu à recuperação do termo "inteligência" pela direita e pela extrema direita nos anos 1920 diante do "bolchevismo cultural", pois a direita intelectual queria proteger o elitismo intelectual contra os projetos supostamente igualitários da esquerda.

do continente europeu, sobretudo no momento da guerra da Espanha ou do desenvolvimento do antifascismo.[4] Uma constante permanece, não obstante: mesmo aquelas pessoas que, segundo a opinião geral, correspondem a essa identidade cultivam uma atitude distanciada em relação a esse termo e o utilizam facilmente de maneira irônica, como W. H. Auden. A importação e as traduções de trabalhos de ciências sociais de origem americana ou alemã contribuem para a atribuição de um sentido mais neutro, simplesmente classificatório, ao termo "*intellectuals*", sem no entanto apagar a multiplicidade de sentidos concomitantes com que era usado. Dessa pesquisa preliminar, Collini (2006, p. 40, grifos do autor) conclui que, no início do século, "*the term itself is alive and well and living in the English language*". Ele delimita três sentidos principais em inglês: um sentido sociológico, de larga amplitude, influenciado pela definição de Lipset (1959, p. 460 apud Collini, 2006, p. 46); um sentido subjetivo (atitude individual e interesse pelas ideias), que com frequência leva a julgamentos pejorativos; e, por fim, um sentido cultural – aqueles que detêm uma certa autoridade e podem se dirigir a um público mais vasto do que o de sua especialidade. Este último tema suscita lamentos sobre o declínio ou o desaparecimento dessa função na sociedade contemporânea. Collini recusa, em contrapartida, o sentido estritamente político característico da tradição francesa: em inglês, pode-se desempenhar um papel público de intelectual sem ser politicamente ativo. Essa diferenciação nos usos explica por que o autor não empregará muito a primeira definição, que suporia um livro de tipo sociológico e estatístico. O emprego do segundo sentido resultaria numa galeria de retratos. Em contrapartida, o terceiro sentido é o coração do livro. É o único onde o lado problemático da categoria pode ser posto em questão no caso inglês, não nos

[4] Esse ponto é confirmado pelo testemunho de Eric Hobsbawm, jovem estudante de Cambridge engajado na extrema esquerda. Conferir Hobsbawm (2005, caps. 7 e 8).

dois outros. Sempre segundo Collini, quatro dimensões são necessárias para fazer jus ao sentido cultural adotado: atingir um certo nível de sucesso numa atividade intelectual; ter acesso aos meios de expressão pública de larga difusão; expressar opiniões ou pontos de vista em relação a esses públicos; e, enfim, conquistar a reputação de que essas opiniões exercem um certo papel no debate. Todos esses critérios variam no tempo e não implicam nenhum julgamento de valor positivo ou negativo. Se podemos estar de acordo com essa perspectiva, que lembra aliás a definição proposta por Pascal Ory para a França, ou o procedimento que inspira meu ensaio sobre *Les Intellectuels en Europe au XIXe siècle*, a leitura redutora que Collini (2006, p. 57) propõe dos conceitos de Bourdieu nos deixa mais céticos, sobretudo no que concerne ao "capital cultural", que ele critica por um certo reducionismo economicista que assimila a noção de autoridade cultural a uma simples competição (Charle, 2001b; Ory; Sirinelli, 1986). Para Collini, ao contrário, a autoridade cultural é a resultante das quatro dimensões precedentes e escapa, assim, em parte, aos cálculos do indivíduo. Como se trata de uma estrutura de relações, na origem da maior parte das críticas feitas aos intelectuais, há sempre uma tensão entre a *expertise* inicial e a vontade de sair de seu terreno de competência, seja porque eles vão além de suas competências, seja porque se encerram em sua especialidade. Essa dupla acusação é recorrente durante toda a história dos intelectuais e alimenta todos os clichês de fechamento na torre de marfim encontrados desde o século XIX, antes mesmo que a noção se cristalize.

Em síntese, esse assunto foi quase sempre objeto de discussões na cultura britânica do século XX. Os capítulos seguintes buscam implementar essa perspectiva com minúcia, sutileza e, às vezes, com certa ironia ou humor, para desmontar toda uma série de ideias falsas veiculadas pelos debates recorrentes. A França é utilizada como contraexemplo bem antes do caso

Dreyfus ou mesmo das divergências políticas do século XX. Collini lembra as polêmicas similares dos anos 1830 ou 1860, de autoria de Bulwer Lytton, John Stuart Mill, Matthew Arnold ou J. R. Seeley. Este último deplora, por exemplo, o declínio filosófico da Inglaterra em relação aos séculos XVII e XVIII, relacionando-o não a um traço do caráter nacional, mas a uma carência de organização universitária moderna.

O caso Dreyfus é interpretado além-Mancha como uma prova suplementar dos defeitos do caráter nacional francês e dos latinos em geral, de tal forma que a convicção de inocência do capitão atravessa partidos e classes, em vez de reproduzir as clivagens existentes na França entre as elites tradicionais, de um lado, e a vanguarda literária e os universitários modernistas, do outro.[5] Cada uma das crises francesas, durante as quais os intelectuais intervêm coletivamente e se enfrentam em torno de sistemas de valores incompatíveis (Front Populaire, regime de Vichy e Libertação, guerras coloniais, instabilidade política da Quarta República etc.), só faz agravar o mal-entendido. Elas permitem revigorar o velho estereótipo antifrancês e conotar negativamente um termo que é causa de desordens entre os vizinhos. A Alemanha desempenha, assim, um papel pejorativo, pois os professores, tão reverenciados como exemplos de cientistas pelos reformadores ingleses da universidade do fim do século XIX, defendem a causa errada por meio de sua adesão ao "manifesto dos 93", que se solidariza com o militarismo prussiano em 1914. Tais mal-entendidos são reforçados com a chegada dos intelectuais judeus ou antinazistas refugiados da Europa central nos anos 1930. No entanto, é nesse momento que a figura do intelectual engajado parece mais próxima de ser naturalizada inglesa, através da mobilização pela causa republicana espanhola ou da luta contra o fascismo. Mas o grande sobressalto nacional da guerra, o fracasso dos países europeus diante das ditaduras, a influência

[5] Conferir os dois últimos capítulos de Charle (1990b).

crescente das ideias americanas veiculadas pelas grandes revistas intelectuais ligadas à guerra fria, como *Encounter*, voltam a dar todo seu vigor à tese da ausência dos intelectuais na Inglaterra dos anos 1950. A exclusão da Inglaterra da construção europeia inicial só faz acentuar essa deriva dos continentes entre o Reino Unido e a Europa continental. Essa exclusão é ainda mais acentuada pela intensificação das trocas franco-alemãs ou pelas relações intelectuais diretas Alemanha–Estados Unidos ou França–Estados Unidos, ponto sobre o qual o livro não insiste bastante. Esses fatos contribuem para reforçar a insularidade da vida intelectual inglesa, como atesta a redução das correntes de tradução das obras literárias ou de ciências humanas entre as duas margens da Mancha, excluindo-se a literatura romântica de grande tiragem.[6]

Essa evolução não obedecia, entretanto, a nenhuma fatalidade. Os anos 1920 são marcados, segundo Collini, por uma espécie de "guerra cultural" em torno das noções de "*high brow*" e "*middle brow*", importadas da América. A primeira era reivindicada, por provocação anticonformista, pelos membros do círculo de Bloomsbury, encabeçados por Virginia Woolf; a segunda, pelos escritores de grande tiragem, hostis a essa vanguarda arrogante, que pretende ouvir os públicos oriundos da democratização escolar. Collini poderia ter observado o quanto esse debate lembra aquele que opunha a esquerda intelectual e a direita intelectual desses mesmos anos na França. Não obstante, o que faz a força do grupo de Bloomsbury é seu acesso à mídia moderna, através de certas emissões culturais da BBC e da possibilidade de lutar com armas quase iguais contra os partidários do grande público (Arnold Bennett, J. B. Priestley), que criticam seu intelectualismo pretensioso. Os anos 1950 marcam uma volta ao isolacionismo e à presença de uma doxa da exceção britânica, resumida em dois artigos sempre citados: "The intellectual aristocracy", de Noel

[6] Conferir Charle, Vincent e Winter (2007, p. 299-310).

Annan, cujas insuficiências históricas e sociológicas foram desmontadas por Collini (2006, p. 145); e outro, de autoria de Edward Shils, sobre os intelectuais na Grã-Bretanha, publicado em *Encounter* e cujo diagnóstico aparentemente objetivista mal consegue esconder uma classificação prejudicada por julgamentos de valor implícitos (*"integration" versus "alienation"*). No entanto, o autor enfatiza a existência de vozes dissidentes contra essa nova ortodoxia neoconservadora: a Declaração dos "Angry Young Men" contra a apatia política circundante (1957), a coleção de ensaios intitulada *Conviction*, de autoria de intelectuais socialistas à esquerda do Labour Party (sobretudo Raymond Williams, Richard Hoggart, Iris Murdoch) em 1958, ou a coletânea *Out of Apathy*, editada por Thompson, em 1960. Essa referência a um debate esquecido permite que Collini relativize a novidade, em sua opinião superestimada, da polêmica suscitada nos anos 1960 pela *New Left Review* sobre as especificidades dos intelectuais ingleses, interpretadas por uma teoria neomarxista inspirada no continente por meio de Gramsci e Althusser. Collini censura as análises de Perry Anderson e de seus amigos não apenas por suas frágeis bases empíricas (devido à falta de trabalhos sérios sobre os intelectuais na Inglaterra), mas sobretudo por sua incapacidade de não reproduzir, invertendo-a, a teoria *whig* da história, ou de não julgar tudo em função de um modelo simplificador da situação francesa, considerada como a norma ideal. Collini insiste na repetitividade dos argumentos trocados a seguir sobre esses temas, apesar das transformações sociais e universitárias das décadas recentes.

Comparações e tipologias

Nas terceira e quarta partes, o autor adota uma outra perspectiva, afastando-se do discurso internalista ou da cronologia política: a comparação entre nações, de um lado, e, do outro, a utilização de monografias singulares – em outras palavras, um ponto de vista macrossocial, de um lado, e microssocial, de outro. Seja qual for a riqueza dessas análises, elas padecem, no entanto, dos defeitos contrários: como abordar verdadeiramente, em tão poucas páginas, a história dos intelectuais e os debates sobre eles, em países tão diferentes e complexos como os Estados Unidos (26 páginas) e a França (30 páginas), capítulos que são precedidos por uma visão panorâmica de conjunto da Europa ainda mais curta (19 páginas) e seguidos por um capítulo excessivamente desenvolvido, ao contrário, em relação às proporções reduzidas de seu objeto, sobre as más leituras britânicas do célebre livro de Julien Benda, *A traição dos intelectuais* (que tem direito a 22 páginas). Ainda que o autor demonstre um conhecimento aprofundado da literatura recente sobre esses países (em particular sobre a França, onde o tema se tornou uma especialidade florescente), parece-me que não tira todo o proveito das outras maneiras de abordar os intelectuais, praticadas nos livros e artigos estrangeiros sobre os quais se apoia. Se Collini (2006, p. 267-269) tem razão em evocar o caráter altamente seletivo de certas vias de acesso ao mundo intelectual na França, que não deixam nada a desejar ao elitismo das *public schools* ou dos *colleges* mais reputados de Oxbridge, ele cessa precocemente a comparação social, esquecendo um certo número de mediações necessárias que podiam torná-la explicativa para o assunto que o interessa; não é porque os alunos da École Normale Supérieure da rua d'Ulm, em Paris são recrutados principalmente no seio das classes médias intelectuais no período entreguerras e têm acesso às posições dominantes nas universidades (e, marginalmente, na literatura ou na política), que eles têm maior propensão do que as elites intelectuais inglesas a abraçar a postura do "intelectual"; o elitismo do sistema das *grandes écoles* e a homogeneidade das frações de classe de origem os preparam, sem dúvida, a adotar certas atitudes (autoconfiança, reivindicação de autonomia, adesão a certos valores idealistas), mas tais elementos devem ser completados por outras análises sociais e culturais, ou políticas (sobretudo derivadas da teoria dos campos) às quais Collini não faz referência ou se recusa a aplicar sobre seus próprios objetos (na quarta parte), seja porque sempre as recusou desde o início, seja porque não percebe que interesse elas podem apresentar, preferindo o estudo de biografias individuais ou de tomadas de posição polêmicas. Na verdade, nem a parte comparativa, nem as monografias singulares produzem seus efeitos plenos devido à ausência de articulação entre o capital cultural e simbólico dos indivíduos estudados, as características específicas do campo intelectual e sua posição variável dentro do campo do poder, na época em que eles se fazem conhecer e reconhecer no seio deste.

Continua-se preso à contradição do "muito perto, muito longe", que eu já havia ressaltado a respeito do livro de Rémy Rieffel (1993) sobre os intelectuais franceses na Quinta República (Charle, 1994b). T. S. Eliot, R. G. Collingwood, George Orwell, A. J. P. Taylor e A. J. Ayer, que merecem, cada um, um capítulo específico, permitem evocar diversos momentos do campo intelectual inglês e as diferentes posturas possíveis do intelectual à moda inglesa: o papel da grande literatura e de um certo elitismo cristão que lembra a *clerisy* cara a Coleridge (Eliot), da competência filosófica que funda uma profecia política (Collingwood), do escritor socialmente engajado que, no entanto, denuncia os intelectuais políticos ou impenetráveis (Orwell), do historiador ou do filósofo acadêmico que se torna uma vedete midiática (Taylor e Ayer), adotando os defeitos do jornalismo anti-intelectual e do ceticismo de bom tom. Mas as conclusões desses estudos de caso são, por definição, difíceis de generalizar, pois esses diversos tipos de intelectuais não são postos em relação entre si e com os contextos globais onde eles atuam.

Na última parte, as afirmações se fazem mais atuais e mais polêmicas. Collini aborda as evoluções contemporâneas, tentando reagir contra os lugares comuns na moda. Ele faz sobretudo uma crítica metódica às conferências de Edward Saïd de 1993, *Representações do intelectual*, que reproduzem todas as deficiências denunciadas ao longo desse livro; e analisa longamente as mudanças do regime midiático de acesso ao público depois que o rádio e a televisão adquirem mais importância do que a imprensa escrita, o que o conduz, contrariamente a suas posições iniciais, a esboçar análises sociológicas dos públicos atingidos pelas emissões culturais. Contra um certo pessimismo em voga, a respeito da invasão da vida cultural pelo princípio de celebridade, em detrimento da verdadeira autoridade intelectual, e a respeito da contradição entre uma crescente especialização e a capacidade de atingir outros públicos além dos pares, Collini enfatiza que essas nostalgias de uma idade de ouro já existiam na própria época dessas supostas idades de ouro e que os meios de acesso a públicos mais vastos nunca foram tantos e tão diversificados, desde que não se atribua uma excessiva importância à televisão. Ele (2006, p. 487- 489) observa, por exemplo, que as tiragens das revistas nas quais George Orwell publicava seus ensaios eram infinitamente mais modestas do que os periódicos culturais de referência ingleses contemporâneos. Não faltam meios de se fazer ouvir aos intelectuais que assim o desejarem.

O epílogo insiste na utilidade da luta contra os clichês, no centro das propostas de seu livro, porque eles impediram uma abordagem histórica e compreensiva do tema dos intelectuais na Inglaterra. Collini acredita que esse trabalho preliminar deveria ser acompanhado por pesquisas de fundo análogas às que já tinham sido iniciadas na França e sobre as quais ele se tinha parcialmente apoiado para desmontar os falsos argumentos dos ensaístas. Não nos cabe senão aprová-lo. Ele acrescenta ainda sua convicção sobre o papel necessário e permanente dos intelectuais numa época em que os poderes dominantes dispõem de tantos meios de influência e de propaganda, mas também em que crescentes frações da juventude frequentam as universidades, podendo assim estar em contato com uma fração significativa dos intelectuais, cada vez mais ligados à universidade, diferentemente das épocas anteriores. Só podemos nos alegrar ao ver que esse estudo se encerra com uma nota otimista, apesar de, em vários lugares, ele parecer, ao contrário, apresentar uma imagem negativa ou pessimista dos intelectuais vítimas de ruminação, autossatisfação e nostalgia do bom tempo que passou; mas certamente não podemos deixar de lamentar que sua análise das evoluções contemporâneas das universidades tenha sido um pouco breve. Tanto a pressão da mundialização dos estudos quanto a comercialização das formações de nível superior, amplamente iniciadas nos Estados Unidos e nos países de língua inglesa que seguem seu exemplo, permitem prognosticar que, no próprio seio das universidades, as frações intelectuais, ainda fiéis ao ideal crítico das Luzes ou à visão liberal da universidade do século XIX, terão que defender passo a passo seu terreno, não mais apenas contra os êmulos da sra. Thatcher, mas contra seus próprios colegas que foram conquistados por uma visão empresarial e utilitarista de sua tarefa pedagógica, fonte de vultuosos ganhos materiais, que hoje domina amplamente setores inteiros das "ciências humanas", sem falar nas disciplinas científicas e profissionais.[7]

[7] Sobre esse ponto, ver Charle e Soulié (2007). O próprio Collini escreveu recentemente alguns artigos analisando essas evoluções universitárias negativas em seu país, retomados em seu livro *What are universities for?* Suas análises convergem, aliás, em muitos pontos com as nossas.

Conclusão em forma de diálogo: quais os combates do historiador de hoje?[1]

O senhor é considerado um pesquisador em história social e um defensor da história social? Em que medida se reconhece nessas formulações?

Reconheço-me nessas formulações, ainda que pareçam um pouco defensivas e ainda que a parcela dos meus trabalhos referente à história que se chama hoje em dia de cultural ocupe, sem dúvida, um maior número de páginas em minha bibliografia. Na verdade, não se trata de criar uma ortodoxia de subdisciplinas separadas, do tipo história social *versus* história política ou história social *versus* história econômica ou história cultural. A história social não deve ser separada das questões políticas, econômicas ou sociais. Foi por isso que o colóquio sobre a história social que organizei em 1989 se chamou Histoire Sociale, Histoire Globale? A verdadeira história social deve adotar um questionamento global, propor respostas que possam ser úteis a outros ramos e especialidades e, inversamente, partir das questões dessas últimas para enriquecer suas próprias interrogações.

Quando comecei a fazer uma sociologia histórica das elites na França, mas também na Alemanha ou na Grã-Bretanha, meu objetivo era compreender o funcionamento político dos diferentes regimes (e esclarecer assim sua história política).

---

[1] O autor agradece profusamente a Michel Pinault, que exerceu o papel de entrevistador. Esta conclusão é uma versão atualizada e corrigida de Charle (2008b).

Quando propus uma história social dos intelectuais, foi para interpretar de maneira mais acurada tanto suas posições no campo cultural ou político quanto seu lugar nos diferentes campos políticos. Quando abordei a história comparada das sociedades imperiais ou das universidades, minha intenção foi sair do fechamento nacional ou europeu veiculado por uma certa história social tradicional que retoma os recortes herdados da história política ou da história econômica, ou chega mesmo a se especializar segundo o grupo profissional: história rural, história operária, história das profissões.

O senhor poderia formular sua definição de história social e especificar quais são as filiações de sua própria abordagem da história social?

A história social consiste em cruzar vários níveis de interpretação histórica e várias escalas de análise para ligar o coletivo e o individual, o desejado e o sofrido, o percebido e o impensado ou, retomando a terminologia de Bourdieu, o campo, o *habitus* e os capitais próprios aos grupos e aos indivíduos (ou, ao contrário, seu déficit em matéria de capitais). A história econômica pode, ela também, tornar-se uma história social ao cruzar vários níveis de análise e ao empregar variáveis não exclusivamente econômicas. Se, ao contrário, ela se contentar em elaborar um modelo econômico com base em variáveis exclusivamente econômicas, ela não será mais interessante do que uma história política que só interrogava os atores políticos, suas ideias e os acontecimentos nos quais eles participam, tendendo, aliás, a se tornar assim um sub-ramo histórico das ciências econômicas. Da mesma forma, uma história social que se encerrasse em questões puramente sociológicas ou procurasse captar apenas as regularidades sociais mais clássicas seria uma falsa história social, como o são hoje em dia certas pesquisas sociológicas encerradas em questionários prontos e acabados, sugerido pelas "questões de sociedade" colocadas pelos poderes em vigor, que não podem ter nenhuma virtude preditiva das evoluções em curso na sociedade.

O senhor é frequentemente considerado como próximo das abordagens de Pierre Bourdieu. Essa reputação lhe convém?

Não renego de maneira alguma uma fidelidade intelectual e pessoal que data de meu período de formação. É bem verdade que, hoje em dia, algumas pessoas que estiveram muito tempo a reboque do "mestre" consideram de bom tom renegá-lo, para melhor tirar proveito do duplo efeito da reputação obtida por "reverberação simbólica" (os grandes mestres têm grandes alunos) e de sua suposta capacidade de "superá-lo" (só os epígonos medíocres permanecem fiéis). Mas, como Bourdieu sempre escreveu e repetiu, os conceitos que ele forjou devem ser utilizados não como chaves-mestras ou tiques linguísticos de reconhecimento simbólico, acompanhados de citações legitimadoras, mas como formas de questionar as maneiras de proceder habituais (que predominam na história, na qual a formação é particularmente formalizada e, ao mesmo tempo, bem pouco informada do ponto de vista teórico), sempre corrigindo, a cada experimentação, as simplificações que tais conceitos podem induzir na medida em que vêm de outros terrenos ou de outras épocas. Enquanto historiador, sempre precisei prestar muita atenção a esse viés proveniente de questões derivadas de um momento particular (basicamente da segunda metade do século XX) e de objetos próprios à sociedade francesa dessa época, ainda que alguns de meus temas de pesquisa tivessem analogias com os de Bourdieu.[2] Inversamente, por exemplo, em seu último curso publicado sobre o Estado, Bourdieu reutiliza os trabalhos dos historiadores, inspirando-se neles para modelizar sua própria teoria, ainda que os historiadores, por vezes, não mais reconheçam suas

[2] Ver Charle (1999).

próprias teses ou se preocupem com generalizações sociológicas que eles não ousam propor porque, do ponto de vista deles, os dados disponíveis não são suficientemente comparáveis para autorizar esse aumento da capacidade de generalização, sobretudo quanto mais recuamos em direção aos períodos antigos. Todas as sociologias, sejam elas da autoria de Bourdieu ou de outros sociólogos, como Norbert Elias ou Max Weber, igualmente atentos aos procedimentos específicos dos historiadores, têm interesse por essa troca aprofundada com os historiadores, da mesma forma que os historiadores e os letrados precisam desse diálogo com os sociólogos que, ao abalar as certezas dos dois campos, permite escapar de seu fechamento escolástico.[3]

Para o senhor, a querela história social/socio-história recobre questões científicas produtivas (ou estéreis)?

Esse tipo de disputa terminológica me parece sem grande interesse, exceto por razões bastante pueris de estratégia intelectual ou de distinção simbólica. Aprecio os trabalhos de Gérard Noiriel, de Michel Offerlé e dos que publicam na coleção que leva esse título, e não me sinto muito diferente deles, embora não utilize o mesmo vocabulário. Penso que as verdadeiras clivagens se situam em outro lugar: diante do imperialismo dos economistas, que reduzem a história econômica e social a modelos que fazem desaparecer tanto os grupos e os indivíduos quanto as contradições e os descompassos temporais; diante do discurso mole e invertebrado dos "*cultural studies*", em que as questões sociais e os conflitos se perdem no magma da cultura de massa ou do pós-modernismo vale-tudo; diante do idealismo da filosofia política ou da história das ideias, que sequer se interrogam sobre a recepção, a difusão ou a reinterpretação das referidas ideias pelos mais diversos grupos, visando a fazer delas meios efetivos de mobilização. Essa é a verdadeira questão a solucionar, o que jamais poderá ser feito

[3] Ver capítulos 3, 4, 8.

pela exegese indefinida dos mesmos grandes autores, exceto para lamentar os "erros" de compreensão ou de "leitura" cometidos pelos discípulos ou pelos públicos.

Em que medida o senhor pensa que a defesa da história social e os esforços para favorecer a multiplicação das pesquisas em história social são respostas à constatação da "história em migalhas"? O senhor diria ainda hoje história social/história global? Por quê?

Essa deveria ser de fato a resposta. Infelizmente, porém, todo o sistema universitário e o clima ideológico se inclinam no sentido da desmobilização, do estetismo patrimonial e da despolitização. Os próprios historiadores são os artesãos da autodestruição de sua disciplina, pois a comodidade da "partilha dos territórios", dos sacrossantos "períodos" e da proteção das especialidades vai no sentido da miniaturização das interrogações e dos objetos e da retração das fontes. Todos os trabalhos recentes que pude ler ou dirigir e me parecem avançar no bom sentido optam por escolhas globalizadoras inversas, mas é necessário dizer que nosso sistema de promoção e de seleção não recompensa quem decide correr tais riscos. Não se pode separar a regressão historiográfica ambiente do retraimento das ambições profissionais nessa fase de regressão intelectual geral, relacionada à ofensiva geral das forças políticas dominantes contra as ciências sociais em geral e a história social em particular. Sem falar na constante diminuição da formação em história no ensino secundário (fenômeno ainda mais flagrante na maior parte dos países do mundo), que prepara cidadãos sem memória e desmoraliza os professores que ainda lutam por sua disciplina diante dos valores utilitaristas e mercantis preconizados há mais de dez anos pelos responsáveis ministeriais.[4]

[4] Esta frase foi escrita antes da última alternância política.

Que descrição, que análise faz o senhor do campo da história na França? Quais são as questões dominantes e desde quando? São elas essencialmente científicas ou igualmente políticas?

Uma questão assim tão ampla só pode receber uma resposta esquemática. Os outros capítulos deste livro poderão fornecer elementos complementares de resposta. O que mais me espanta é a ausência de verdadeiros debates, a carência de leituras cruzadas entre as especialidades e o fechamento francocentrado da maior parte dos trabalhos. A análise proposta por Caroline Douki e Philippe Minard (2007) na introdução da *Revue d'histoire moderne et contemporaine* tentou chamar a atenção dos historiadores franceses para as novas correntes da história "global", "mundial", conectada etc., que se desenvolvem no exterior. Ora, os autores franceses estão muito pouco presentes nesse terreno, à exceção de Serge Gruzinski, Patrick Boucheron, Patrick Verley, Romain Bertrand ou ainda a contribuição que tentei dar em meus trabalhos de história comparada. Isso contrasta com a situação que ainda conheci quando comecei meus estudos, no início dos anos 1970. Os historiadores mais visíveis à época chamavam-se Georges Duby, Pierre Chaunu, Pierre Vilar, Fernand Braudel, Emmanuel Leroy Ladurie: todos eles colocavam questões em âmbito europeu e mundial. A maior importância dada à história contemporânea e, no seio dela, à história do tempo presente, teve como efeito paradoxal um estímulo ao fechamento nacional. Somou-se a isso a voga extraordinária da problemática dos lugares de memória que, sejam quais forem seus méritos, acarretou o retorno a uma perspectiva culturalista e nacional, sob o pretexto de ultrapassar de maneira "crítica" a "escola dos *Annales*". Esse empreendimento (do qual, aliás, participei, mas não no sentido proposto pelo seu artífice) suscitou êmulos na Itália e na Alemanha, ou seja, em dois países cuja identidade nacional é bastante problemática devido ao fascismo e ao nazismo, mostrando que se tratava de uma evolução mais ampla da historiografia europeia. A obra de Stefan Collini (1999), *English Pasts*, revela evoluções similares na Grã-Bretanha.[5] No momento em que a Europa se alargava e a emergência das novas potências extraeuropeias tornava simultaneamente incertas tanto a identidade nacional, em sua versão do século XIX, quanto a identidade europeia, em sua versão dos anos 1960, os historiadores dos diferentes países preferiram voltar as costas a essas questões, abandonando-as a ensaístas cujos conhecimentos históricos eram questionáveis. O campo dos estudos históricos conheceu apenas debates importados do exterior; seus debates internos afetaram apenas subgrupos que não os difundem sequer aos outros especialistas e menos ainda aos públicos externos, aos quais se reserva uma versão obsoleta das problemáticas históricas. As seguintes questões consumiram toneladas de papel e muitas horas de transmissão no rádio ou na televisão: Clóvis foi mesmo o fundador da França? Napoleão foi um monstro ou um grande homem? O império colonial foi positivo ou negativo para a história da França ou para a história dos povos colonizados? etc.[6] Tanto o programa inicial dos fundadores dos *Annales*, quanto os historiadores *dreyfusards* da geração precedente[7] preconizavam a ideia de que os historiadores profissionais deveriam intervir, de maneira específica e não subsidiária, nas grandes questões contemporâneas. Parece que inúmeros historiadores não acreditam mais nisso – o que é lamentável, tanto para eles quanto para a sociedade global.

---

[5] Ver também o capítulo 15.

[6] Sobre as dificuldades em fazer emergir uma história "científica" desse tipo de objetos carregados de polêmicas duradouras, ver Vermeren (2012) e Singaravelou (2011).

[7] Ver capítulos 10 e 11.

A história é menos autônoma em relação à política do que o era no passado?

Os setores interessados pelas problemáticas políticas precedentemente evocadas são muito minoritários, mesmo se eles atraem a atenção da mídia e orientam a escolha dos editores. É extremamente difícil comparar essa situação com a do passado, na medida em que o tamanho das populações de historiadores profissionais de ontem e de hoje não têm a mesma significação.[8] A massa de pesquisadores e de professores-pesquisadores se torna cada vez mais especializada e poucos deles se interessam por esse tipo de interferência; a pequena minoria que prolonga seus trabalhos em direção a esses debates procura lutar contra o fechamento erudito ou obter o reconhecimento da mídia, que tanto nos obceca nos dias de hoje.

O senhor acredita que os historiadores devem considerar que, além de desenvolver suas pesquisas, eles têm a responsabilidade de se consagrar à ação dentro do campo da história, em função de questões políticas?

Isso é o que eu tento pessoalmente fazer, mas não há uma resposta geral a essa questão porque o tipo de vínculo depende muito dos objetos que escolhemos. Para quem escolhe a história contemporânea, essa adesão é muito fácil e lógica; para outros períodos, ela é menos evidente, ainda que isso possa exercer um grande papel no desenvolvimento da história da Revolução Francesa ou nos debates sobre história religiosa na época moderna, quando esses temas repercutiam diretamente sobre o debate político. Além de suas especialidades, os historiadores detêm a responsabilidade da introdução do método histórico e do modo de raciocínio histórico no debate político, do qual ele está bastante ausente. Isso já foi demonstrado com todas as provas necessárias pelos historiadores *dreyfusards*: a crítica das fontes inspirada pela análise

---

[8] Ver capítulo 1.

dos textos antigos pode ter enorme efeito político, quando aplicada aos documentos contemporâneos manipulados por alguns deles. Exemplos evidentes disso foram vistos recentemente por ocasião da guerra do Iraque e da "guerra contra o terrorismo". Pierre Vidal-Naquet (1958, 1987) implementou com brio esse tipo de transferência da história antiga ao estudo de peças referentes à guerra da Argélia ou às manipulações dos testemunhos sobre a Resistência.

O modo de raciocínio histórico deve ser também defendido e ilustrado nos debates atuais contra o paradigma dominante, o mecanicismo economicista fundado na noção de modelo. Na realidade, toda a história econômica demonstra que vários caminhos podem levar à industrialização, à prosperidade e ao desenvolvimento, não há uma via única balizada por escolhas unívocas que, no século XIX, eram encarnadas pela Grã-Bretanha, pelos Estados Unidos e hoje, talvez ainda amanhã, pela China ou pelo Brasil.[9] O método histórico e comparativo obriga a pensar o pluralismo dos fatores que intervêm em todas as transformações e permite refutar os pensamentos dominantes e ortodoxos derivados da ideologia liberal, neoliberal ou tecnocrática, segundo as épocas. É um instrumento formidável contra a passividade do "temos que" ou do "não se pode fazer de outro jeito", constantemente destilada pelos responsáveis conservadores e pela mídia, que tentam despolitizar as questões e os cidadãos e cidadãs. Ela sempre termina em catástrofe, a exemplo das eleições traficadas dos presidentes das grandes potências de hoje, da paralisia das grandes decisões internacionais sobre o meio ambiente e de outras grandes questões colocadas pelos grupos de pressão e pelos *think tanks* a seu serviço.

A França é um dos raros países onde a história é ainda uma disciplina fundamental no ensino secundário – ela o é, na verdade, cada vez menos, depois das deploráveis reformas da

[9] Ver sobretudo Pomeranz (2000, 2009) e Gipouloux (2009).

presidência Sarkozy. Na maior parte dos países, a história só é seriamente ensinada na universidade, para uma minoria de estudantes, de maneira que, apesar da elevação do nível dos estudos, a massa da juventude só é confrontada com as outras formas de raciocínio, como a economia, a gestão, o direito, a técnica, a informática e os modelos das ciências "duras", que reduzem a quase nada o pensamento da complexidade e da pluralidade próprio à história enquanto ciência humana. O efeito disso é redobrado pela simplificação inerente às mídias de massa e ao declínio da leitura da imprensa de qualidade, ou até mesmo a seu desaparecimento. Não é de espantar que nossos contemporâneos não disponham do instrumental necessário ao espírito crítico perante o discurso político dominante, que explora o emocional, e não o racional.

Como o senhor analisa as posturas dos historiadores que se expressam, nesses últimos anos, no quadro de debates e de diversas mobilizações referentes aos usos políticos da história?

Seria preciso fazer um estudo mais aprofundado, porque não tenho certeza de que essas mobilizações remetam aos mesmos fatores. Elas fornecem, sem dúvida, uma resposta à marginalização dos saberes históricos dentro do sistema midiático atual. O escândalo e a imitação das categorias de apreensão dos jornalistas são maneiras de tentar recuperar uma visibilidade que se perdeu desde a gloriosa geração dos anos 1960-1970, quando certos cientistas se tornaram personalidades conhecidas do público mais vasto graças ao sucesso de seus livros e das emissões culturais. Isso os obrigou, ao mesmo tempo, a renunciar às práticas científicas para entrar na lógica dos "negócios", sob a forma de petições, de processos, da formação de grupos de pressão, de polêmicas artificialmente montadas em função das circunstâncias. Isso nos obriga a voltar a formas de história bastante clássicas e com problemáticas simplificadoras, muito distantes das que são praticadas pelos verdadeiros historiadores. Isso de modo algum faz progredir a difusão do espírito crítico e do método histórico ambicioso que evoquei anteriormente.

O senhor acredita que as atuais redefinições da política científica na França constituam uma ameaça séria para a história e para as pesquisas em história?

A história tem a sorte de depender menos que as outras ciências humanas das questões de financiamento que se colocam de maneira crucial em sociologia, economia, etnologia ou arqueologia. Nossos grandes instrumentos de pesquisa, os arquivos, as bibliotecas, dependem em sua maioria de orçamentos outros que não os da Educação nacional e da pesquisa. Eles padecem, aliás, cada vez mais das grandes arbitragens referentes aos orçamentos culturais, que têm suas próprias limitações, enquanto as despesas acarretadas pela informatização dos livros e das fontes aumentam exponencialmente para a França permanecer credível diante dos outros países mais avançados nesse aspecto. Como muitos historiadores trabalham sobre assuntos de proximidade, o problema das missões se coloca menos, sobretudo quando se dispõe de uma massa crescente de fontes informatizadas consultáveis por computadores ligados à internet. Em contrapartida, caso queiramos construir um sistema de pesquisas em larga escala, de tipo internacional, transnacional ou comparativo, o problema dos financiamentos volta a se colocar. A avaliação de projetos submetidos às agências externas paralisa e retarda a inovação, na medida em que os obriga a se adaptar a marcos formatados segundo as exigências das disciplinas dominantes, cujas formas de funcionamento não têm nada a ver com as dos historiadores.

O verdadeiro problema, o mais grave para o futuro, parece-me o do número de cargos. O número de teses defendidas cresceu muito e as escolas doutorais formaram uma jovem geração de muito bom nível, que se defronta atualmente com a redução das oportunidades de emprego tanto no Centro Nacional de Pesquisa Científica (CNRS, na sigla em francês) quanto nas universidades. Ela constata sobretudo que as formas de recrutamento universitário – agravados pelos dispositivos da Lei de Renovação das Universidades (LRU), de 2007 – encorajam o localismo, o conformismo e a estereotipia das pesquisas. Além de ser profundamente desmoralizador, esse fenômeno nos faz correr o risco de perder os melhores produtos de um sistema de formação doutoral que melhorou muito, comparado ao que existia há mais de trinta anos e que eu mesmo conheci. Todo o dinheiro vertido a projetos da Agência Nacional de Pesquisas (ANR, na sigla em francês) seria muito melhor empregado se oferecesse oportunidades de emprego a esses jovens dos dois sexos que acreditaram na pesquisa e conseguem apenas contratos de duração determinada ou cargos precários e mal pagos. Essa política é aliás deliberada e reivindicada como tal, levando à submissão, como faz há muito tempo no setor privado sob pressão do desemprego dos jovens. A França está criando um proletariado de pesquisadores, que muitos países ditos avançados já conhecem há muito tempo, mas, a meu ver, isso não é de maneira alguma a melhor fórmula para renovar o "estoque" de pesquisadores e professores-pesquisadores em vias de se aposentar e sobretudo livrá-los do conformismo em relação às pessoas das quais depende cada vez mais seu futuro.[10]

Como o senhor explicaria a fraca mobilização coletiva da categoria (levando em conta a importância da ação dos cientistas das ciências duras há vários anos)?

Pelas razões já evocadas na resposta anterior: por um lado, o dinheiro não é assim tão vital como nas outras ciências; por

[10] Para uma avaliação precisa desse fenômeno, ver P.É.C.R.E.S. (2011).

outro lado, a maior parte das universidades, mesmo os laboratórios de história, não tem uma cultura de pesquisa coletiva, e assim não há base para uma mobilização coletiva. Os que teriam motivo para lutar (os jovens maltratados) se encontram por definição fora do sistema e não têm interesse em ser mal vistos por quem os poderia recrutar. A prudência está na ordem do dia, portanto, apesar de algumas minorias corajosas tentarem agitar os mais velhos ou encontrar alternativas a esse sistema absurdo.

Anexo – Primeiros signatários da petição de Les Amis du français et de la culture moderne (julho de 1911)

Alekan,[1] professor do liceu Buffon, V. Basch, professor da Faculdade de Letras de Paris, L. Balzagette, homem de letras, Henri Bérenger, homem de letras, dr. Bernheim, professor honorário da Faculdade de Medicina de Nancy, Bertaux, professor *agrégé* de alemão, Besnard secretário da Missão Laica, Bevenne, professor do liceu Buffon, Billaz, professor do liceu Buffon, Bony, inspetor primário em Paris, E. Bourgin, professor do liceu Voltaire, Brucker, professor do liceu de Versalhes, F. Brunot, professor da Faculdade de Letras de Paris, Clément, professor da Faculdade de Letras de Lille, Coulom, diretor da École Turgot, Couyba, senador, Croiset, decano da Faculdade de Letras de Paris, Denoix, senador, L. Descaves, homem de letras, Droin, professor do liceu Buffon, Esmonin, professor *agrégé* de histoire, Fleurent, doutor em ciências, professor da École des Arts-et-Métiers, Fournière, mestre de conferências da École Polytechnique, L. Frapié, homem de letras, Frey, professor do liceu Michelet, Godart, professor do liceu Condorcet, Gourio,[2] professor do liceu Buffon, Grévy, professor *agrégé* da Universidade, Gromaire, professor do liceu Buffon, Hadamard, professor da Faculdade de Ciências de Paris, Hanns,[3] professor do colégio Rollin, Hauvette,

[1] Alemão.

[2] Inglês.

[3] Alemão.

professor da Faculdade de Letras de Paris, Laclef, presidente da Associação dos Inspetores Primários e dos Diretores das Escolas Normais, Langevin, professor do Collège de France, Ch. V. Langlois, professor da Faculdade de Letras de Paris, Lanson, professor da Faculdade de Letras de Paris, Lapicque, professor do Museu de História Natural, V. Litschfousse, homem de letras, Mähl, engenheiro, Marotte, professor do liceu Charlemagne, Matruchot, professor da Faculdade de Ciências de Paris, Métin, deputado, Mornet, professor do liceu Louis-le-Grand, Noblan,[4] professor do liceu Voltaire, Paoli, professor do liceu Louis-le-Grand, Perrin, professor da Faculdade de Ciências de Paris, Poinsot, homem de letras, Mme Poinsot,[5] professora, Rancès,[6] membro do Conselho Superior de Instrução Pública, Risson, membro do Conselho Superior de Instrução Pública, Rosenthal, professor do liceu Louis-le-Grand, Th. Rosset, professor da Faculdade de Letras de Grenoble, Roubaudi, professor *agrégé* da Universidade, J. Royère, homem de letras, diretor de *La Phalange*, Rudler, professor do liceu Louis-le-Grand, Schlienger, professor do liceu Janson de Sailly, Schmitt, professor do liceu Louis--le-Grand, Spire, homem de letras, Sudre, professor do liceu Louis-le-Grand, Talut,[7] professor do liceu Charlemagne, Albert Thomas, deputado, Toutey, inspetor primário, Varton, homem de letras, Weil, professor do liceu de Orléans, L. Weill professora do liceu Louis-le-Grand, Melle Weiler,[8] professora do liceu Racine, L. Werth, homem de letras.

---

[4] Inglês.

[5] Detentora de um diploma da Escola de línguas orientais, 2 rue Malebranche.

[6] Inglês, *agrégé* do liceu Condorcet.

[7] Espanhol.

[8] Alemã.

Segunda lista complementar (cartas manuscritas)

Bernède, subchefe do Banco de França, V. Basch, Aimé Cotton, *maîtres de conférences* ENS, Léopold Sudre, professor Louis-le-Grand, St Cloud, Ferdinand Lot, L. Bertrand, deputado, René Maire, professor da Faculdade de Ciências Alger, L. Cazamian, *maître de conférences* da Faculdade de Letras de Paris, Debidour, professor da Faculdade de Letras de Paris, inspetor geral honorário da Instrução Pública, E. de Martonne, F. Gaiffe, professor do liceu Carnot, J. Kont, *chargé de cours* da Faculdade de Letras de Paris, Francis Vielé-Griffin, G. Goujon, vigilante geral ENS St Cloud, Édouard P[?] inspetor geral do IP, G. Darboux, professor da Faculdade de Ciências Marseille, Alfred Roussy, doutor em medicina Marseille.

Adendos manuscritos à lista impressa

Andler, Appell, J. Barès, Chamard, Delobel, Léon Paul Fargue, homem de letras, Ferdinand Hérold, homem de letras, Lévy-Bruhl, Georges Perin, homem de letras, Seignobos, Viélé Griffin, M. Ray, homem de letras, K. Solomou, Albert Thibaudet, homem de letras, Delobel, Cazamian, Dr. V. Morax, oftalmologista Lariboisière, E. Rist, médico Laënnec, Prudhommeaux, doutor em Letras da Universidade, Yvon, *agrégé* Lakanal, Dr. R. Sorel, Dijon, Barrier, *agrégé* liceu Marseille, Berhneim, liceu Charlemagne, Le Monnier professor [faculdade] de ciências de Nancy, Aulard, Faculdade de Letras de Paris, Camille Bloch, *chargé de conférences* da Faculdade de Letras de Paris, Lichtenberger, prof. Faculdade de Letras de Paris, E. Kahn, prof. agrégé Escola Arago, Gaiffe, liceu Carnot.

Adesões tardias

Charles Rist (17 de julho de 1911), Ch. Cestre, Dulac (Lyon).

Recusaram-se a assinar

Antoine Meillet (Collège de France), Émile Durkheim (Faculdade de Letras), G. Milhaud (Faculdade de Letras).
Fonte: Brunot (1911c).

Referências[1]

AGATHON. *L'esprit de la Nouvelle Sorbonne:* la crise de la culture classique, la crise du français. Paris: Mercure de France, 1911.

AGNÈS, Benoît. *L'appel au pouvoir:* essay sur le pétitionnement auprès des chambres législatives et électives en France et au Royaume-Uni (1814-1848). Tese (Doutorado em História) – Universidade Paris 1 Panthéon-Sorbonne, Paris, 2009. Orientação de Christophe Charle.

AGULHON, Maurice. *Le cercle dans la France bourgeoise (1810-1848):* étude d'une mutation de sociabilité. Paris: Armand Colin, 1977.

AGULHON, Maurice et al. *Les maires en France du consulat à nos jours.* Paris: Publications de la Sorbonne, 1986.

AGULHON, Maurice. Vu des coulisses. In: NORA, Pierre (Org.). *Essais d'ego-histoire.* Paris: Gallimard, 1987. p. 9-59.

ALBERT-SAMUEL, Colette (Org.). *Bibliographie annuelle de l'histoire de France du Ve siècle à 1958*. Paris: Éditions du CNRS, 1953-1993.

ALBERT-SAMUEL, Colette (Org.). *Bibliographie annuelle de l'histoire de France du Ve siècle à 1958*. Paris: Éditions du CNRS, 1988.

[1] As obras de um mesmo autor estão dispostas cronologicamente.

AMBROISE-RENDU, Anne-Claude. *Petits récits des désordres ordinaires*: les faits divers dans la presse française des débuts de la IIIe République à la Grande Guerre. Paris: Seli Arslan, 2004.

AMIARD-CHEVREL, Claudine. Des révoltes de la faim à l'organisation révolutionnaire. *Cahiers Théâtre Louvain*, n. 58-59, p. 187-230, 1987.

ANCEAU, Eric. *Les deputes du second empire:* prosopographie d'une élite du XIXe siècle. Paris: Champion et Slatkine, 2000.

ANKER, Øyvind. *Chrstiania Theater repertoire 1827-1899.* Oslo: Gyldendal, 1956.

ARIÈS, Philippe; WINOCK, Michel. *Un historien du dimanche.* Paris: Éditions du Seuil, 1980.

ARNAOUTOVITCH, Alexandre. *Henry Becque.* Paris: PUF, 1927. 3 v.

ASHOLT, Wolfgang. *Gesellschaftskritisches Theater in Frankreich der Belle Epoque (1887-1914).* Heidelberg: Carl Winter Universitätsverlag, 1984.

ATSMA, Hartmut; BURGUIÈRE, André (Org.). *Marc Bloch aujourd'hui:* histoire comparée et sciences sociales. Paris: Éditions de l'EHESS, 1990.

AUDOIN-ROUZEAU, Stéphane. *La guerre des enfants 1914-1918:* essai d'histoire culturelle. Paris: Armand Collin, 1993.

AUERBACH, Bruno. Publish and perish: la définition légitime des sciences sociales au prisme du débat sur la crise de l'édition SHS. *Actes de la recherche en sciences sociales*, n. 164, p. 75-92, 2006.

AUGUSTINE, Dolores. *Patricians and parvenus:* wealth and high society in Wilhelmine Germany. Oxford: Berg, 1994.

AUTRAND, Françoise (Org.). *Prosopographie et genèse de l'État moderne*. Paris: Éditions de l'École normale supérieure de jeunes filles, 1986.

AUTRAND, Michel. *Le théâtre en France de 1870 à 1914*. Paris: Honoré Champion, 2006.

BALTZELL, Edward. *Philadelphia gentlemen:* the making of a national upper class. Glencoe: Free Press, 1958.

BANDIER, Norbert. *Sociologie du surréalisme 1924-1929*. Paris: La Dispute, 1999.

BANTI, Alberto Maria. *Terra e denaro:* una borghesia padana dell'Ottocento. Veneza: Marsilio, 1989.

BARBIER, Frédéric. *Trois cents ans de librairie et d'imprimerie*: Berger-Levrault, 1676-1830. Genebra: Droz, 1979.

BARBIER, Frédéric. *Livre, économie et société en Allemagne et en France au XIX*ᵉ *siècle*. Thèse d'État – Universidade Paris IV, 1987. Publicada em 1996 com o título *l'Empire du livre*.

BARJOT, Dominique (Org.). *Les patrons du Second Empire*. Le Mans: Cenomane; Paris: Picard, 1991-2000. 7 v.

BARLUET, Sophie. *Édition de sciences humaines et sociales*: le cœur en danger. Paris: PUF, 2004.

BARON, Philippe. *Le théâtre de mœurs et les mœurs théâtrales en France (1891-1914)*. 5 v. Thèse d'État – Universidade de Dijon, 1986. Orientação de F. Pruner.

BARTHES, Roland. Histoire et littérature: à propos de Racine. *Annales ESC*, v. 15, n. 3, p. 524-537, 1960.

BAYLY, Chris. *Naissance du monde moderne 1780-1914*. Paris: Éditions de l'Atelier; Le Monde Diplomatique, 2007.

BEAUMONT WICKS, Charles. *The Parisian stage*: alphabetical indexes of plays and authors: part V (1876-1900). Tuscaloosa: The University of Alabama Press, 1979.

BÉDARIDA, François (Org.). *L'histoire et le métier d'historien en France 1945-1995*. Paris: Éditions de la MSH, 1995.

BELHOSTE, Bruno. *Paris savant:* parcours et rencontres au temps des Lumières. Paris: Armand Colin, 2011.

BERGERON, Louis; CHAUSSINAND-NOGARET, Guy. *Les masses de granit*: cent mille notables du Premier Empire. Paris: Éditions de l'EHESS, 1979.

BERGHOFF, Hartmut. *Englische Unternehmer 1870-1914*: Eine Kollektivbiographie führender Wirtschaftsbürger in Birmingham, Bristol und Manchester. Goettingen: Vandenhoeck & Ruprecht, 1991.

BERGHOFF, Hartmut; MÖLLER, Roland. Tired pioneers and dynamic newcomers? A comparative essay on English and German entrepreneurial history, 1870-1914. *Economic History Review*, XLVII, n. 2, p. 262-287, 1994.

BERSTEIN, Serge. [Comentário sobre *Nações e nacionalismos desde 1780*, de Éric Hobsbawm]. *Revue d'histoire moderne et contemporaine*, v. 41, n. 1, p. 189-190, janv.-mars. 1994. Comentário baseado na edição de 1992.

BEST, Heinrich. *Die Männer von Bildung und Besitz*: Struktur und Handeln parlamentarischer Führungsgruppen in Deutschland und Frankreich, 1848/49. Düsseldorf: Droste Verlag, 1990.

BEST, Heinrich; COTTA, Maurizio (Org.). *Parliamentary representatives in Europe, 1848-2000*: legislative recruitment and careers in eleven European countries. Oxford: Oxford University Press, 2000.

BILLACOIS, François. [Resenha de *Bandits,* de Éric Hobsbawm]. *Annales ESC,* v. 28, n. 5, p. 1160-1162, 1973. Resenha baseada na edição inglesa de 1969.

BLOCH, Marc. *Strange defeat:* a statement of evidence written in 1940. Introdução de Frederick Maurice Powicke. Prefácio de Georges Altman. Traduzido do francês por Gerard Hopkins. Londres: Oxford University Press, 1949.

BLOCH, Marc. *Feudal society.* Traduzido do francês por L. A. Manyon. Prefácio de M.M. Postan. Chicago: The University of Chicago Press, 1961.

BLOCH, Marc. *Apologie pour l'histoire ou métier d'historien.* Edição crítica preparada por Étienne Bloch. Paris: Armand Colin, 1993. A primeira edição é de 1949.

BÖDEKER, Hans-Erik; VEIT, Patrice; WERNER, Michael (Org.). *Le concert et son public:* mutations de la vie musicale en Europe. Paris: Éditions de la MSH, 2002.

BÖDEKER, Hans-Erik; VEIT, Patrice; WERNER, Michael (Org). *Espaces et lieux de concert en Europe 1700-1920.* Berlin: Berliner Wissenschaftsverlag, 2008a.

BÖDEKER, Hans-Erik; VEIT, Patrice; WERNER, Michael (Org). *Organisateurs et formes d'organisation du concert en Europe, 1700-1920.* Berlin: Berliner Wissenschaftsverlag, 2008b.

BOKOBZA, Anaïs. La vogue de la littérature italienne. In: SAPIRO, Gisèle (Dir.). *Translatio.* Paris: CNRS Éditions, 2008. p. 211-230.

BOLTANSKI, Luc. La constitution du champ de la bande dessinée. *Actes de la recherche en sciences sociales,* v. 1, n. 1, p. 37-59, janv. 1975.

BOMPAIRE-EVESQUE, Claire-Françoise. *Un débat sur l'université au temps de la Troisième République:* la lutte contre la Nouvelle Sorbonne. Paris: Aux amateurs de Livre, 1988.

BOSCHETTI, Anna. *Sartre et "les temps modernes"*. Paris: Éditions de Minuit, 1985.

BOSCHETTI, Anna. *La poésie partout:* Apollinaire homme-époque (1898-1918). Paris: Éditions du Seuil, 2001. (Collection Liber).

BOSCHETTI, Anna. Sciences sociales et littérature: enjeux et acquis des travaux de Pierre Bourdieu sur le champ littéraire. In: BOUVERESSE, Jacques; ROCHE, Daniel. (Org.). *La liberté par la connaissance:* Pierre Bourdieu 1930-2002. Paris: Odile Jacob, 2004. p. 233-247.

BOUCHERON, Patrick; LOISEAU, Julien; MONNET, Pierre (Org.). *Histoire du monde au XVe siècle*. Paris: Fayard, 2009.

BOUDROT, Pierre. Le culte de Shakespeare dans les espaces anglophone et germanophone. In: CHARLE, Christophe. (Org.). *Capitales européennes et rayonnement culturel XVIIIe–XXe siècle*. Paris: Éditions rue d'Ulm, 2004. p. 67-82.

BOUDROT, Pierre. *L'écrivain éponyme*. Paris: Armand Colin, 2012.

BOURDIEU, Pierre. Champ du pouvoir, champ intellectuel et habitus de classe. *Scolies: cahiers de recherches de l'École normale supérieure,* n. 1, p. 7-26, 1971a.

BOURDIEU, Pierre. Genèse et structure du champ religieux. *Revue française de sociologie*, XII, n.3, p. 295-334, 1971b.

BOURDIEU, Pierre. Une interprétation de la théorie de la religion selon Max Weber. *Archives européennes de sociologie*, XII, n. 1, p. 3-21, 1971c.

BOURDIEU, Pierre. La production de la croyance: contribution à une économie des biens symboliques. *Actes de la recherche en sciences sociales*, n. 13, p. 3-44, février 1977.

BOURDIEU, Pierre. *La distinction:* critique sociale du jugement. Paris: Éditions de Minuit, 1979.

BOURDIEU, Pierre. *Homo academicus*. Paris: Éditions de Minuit, 1984.

BOURDIEU, Pierre. Existe-t-il une littérature belge? Limites d'un champ et frontières politiques. *Études de lettres*, Lausanne, p. 3-6, 4 oct.-déc. 1985a.

BOURDIEU, Pierre. Les professeurs de l'Université de Paris à la veille de mai 1968. In: CHARLE, Christophe; FERRÉ, Régine (Org.). *Le personnel de l'enseignement supérieur en France aux XIXe et XXe siècles*. Paris: Éditions du CNRS, 1985b.

BOURDIEU, Pierre. *L'ontologie politique de Martin Heidegger*. Paris: Éditions de Minuit, 1988. Primeira publicação em *Actes de la recherche en sciences sociales*, n. 5-6, p. 109-156, nov. 1975.

BOURDIEU, Pierre. *La noblesse d'État:* grandes écoles et esprit de corps. Paris: Éditions de Minuit, 1989.

BOURDIEU, Pierre. Les conditions sociales de la circulation internationale des idées. *Romanistische Zeitschrift für Literaturgeschichte/Cahiers d'Histoire des Littératures Romanes*, v. 14, n.1-2, p. 1-10, 1990.

BOURDIEU, Pierre. Deux impérialismes de l'universel. In: FAURÉ, Christine; BISHOP, Tom. (Org.). *L'Amérique des Français*. Paris: Éditions François Bourin, 1992a. p. 149-155.

BOURDIEU, Pierre. *Les Règles de l'art:* genèse et structure du champ littéraire. Paris: Éditions du Seuil, 1992b.

BOURDIEU, Pierre; WACQUANT, Loïc. *Réponses*. Paris: Éditions du Seuil, 1992.

BOURDIEU, Pierre. *Raisons pratiques*. Paris: Éditions du Seuil, 1994.

BOURDIEU, Pierre. Sur les rapports entre la sociologie et l'histoire en Allemagne et en France. *Actes de la recherche en sciences sociales*, n. 106-107, p. 108-122, mars 1995.

BOURDIEU, Pierre et al. Dialogue sur l'histoire comparée. *Actes de la recherche en sciences sociales*, n. 106-107, p. 102-104, mars 1995.

BOURDIEU, Pierre. *Méditations pascaliennes*. Paris: Éditions du Seuil, 1997.

BOURDIEU, Pierre. A scholarship with commitment. In: ______. *Contre-feux 2*. Paris: Liber, 2001a. p. 33-41. Originalmente apresentado em dezembro de 1999, no Modern Language Association Meeting, de Chicago.

BOURDIEU, Pierre. *Science de la science et réflexivité*. Paris: Liber--Raisons d'agir éditions. 2001b. (Collection Cours et Travaux).

BOURDIEU, Pierre, Les conditions sociales de la circulation internationale des idées. *Actes de la recherche en sciences sociales*, n. 145, p. 3-8, déc. 2002.

BOURDIEU, Pierre; DELSAUT, Yvette. Entretien sur l'esprit de la recherche. In: DELSAUT, Yvette; RIVIERE, Marie-Christine. *Bibliographie des travaux de Pierre Bourdieu*. Pantin: Le Temps des Cerises, 2002.

BOURDIEU, Pierre; CHARTIER, Roger. *Le sociologue et l'historien*. Marseille: Agone; Paris: Raisons d'agir, 2010.

BOURDIEU, Pierre. *Sur l'État*. Paris: Éditions du Seuil; Raisons d'agir, 2012.

BOUTCHIK, Vladimir. *Bibliographie des œuvres littéraires russes traduites en français*. Paris: G. Orobitg, 1935.

BOUVERESSE, Jacques; ROCHE, Daniel (Org.). *La liberté par la connaissance:* Pierre Bourdieu (1930-2002). Paris: Odile Jacob, 2004.

BRAUDEL, Fernand. *Écrits sur l'histoire.* Paris: Flammarion (Champs), 1977. A primeira edição é de 1969.

BREUILLY, John. Auf dem Weg zur Deutschen Gesellschaft? *Geschichte und Gesellschaft,* t. 24, p. 136-168, 1998.

BRUBAKER, Rogers. *Citizenship and nationhood in France and Germany.* Cambridge (Massachusetts): Harvard University Press, 1992.

BRUNETIÈRE, Ferdinand. Symbolistes et décadents. *Revue des deux mondes,* Paris, tome 90, p. 213-226, nov.-dec. 1888.

BRUNOT, Ferdinand. Projet de réforme de l'agrégation de grammaire. *Revue universitaire,* n. 1, p. 17-29, 1896.

BRUNOT, Ferdinand. Rapport sur le concours de l'agrégation de grammaire. *Revue universitaire,* 9/1, p. 438-448, 1900.

BRUNOT, Ferdinand. *La réforme de l'orthographe*: lettre ouverte a monsieur le ministre de l'Instruction publique. Paris: Armand Colin, 1905a.

BRUNOT, Ferdinand. *Réforme de l'orthographe.* 1905b. Dossiê MS7786 da Bibliothèque de l'Institut de France.

BRUNOT, Ferdinand. La crise du français. *Revue hebdomadaire*, Paris, p. 160-176, 17 janv. 1911 e p. 304-326, 21 janv. 1911a.

BRUNOT, Ferdinand. Le mal latin. *La Phalange*, Paris, t.XI, p. 97-113, 20 août 1911b.

BRUNOT, Ferdinand. *Papiers Brunot.* 1911c. Dossiê MS7787 da Bibliothèque de l'Institut de France.

BRUNOT, Ferdinand. [Resposta a Albert de Bersaucourt]. *La Phalange*, Paris, t. XI, p. 211-216, 20 sept. 1911d.

BULST, Neithard. La recherche prosopographique récente en Allemagne (1250-1650): essay d'un bilan. In: AUTRAND, Françoise (Org.). *Prosopographie et genèse de l'État moderne.* Paris: Éditions de l'École normale supérieure de jeunes filles, 1986. p. 35-52.

BUTH, Werner. *Das Lessing Theater in Berlin unter der Direktion von Otto Brahm (1904-1912)*. 1965. Tese de doutorado. Universidade Livre de Berlim, 1965. Impresso em Munique.

CARBONELL, Charles-Olivier. *Histoire et historiens:* une mutation idéologique des historiens français 1865-1885. Toulouse: Privat, 1976.

CARON, Jean-Claude. *À l'école de la violence*: châtiments et sévices dans l'institution scolaire au XIXe siècle. Paris: Aubier, 1999.

CARTER, Lawson. *Zola and the Theater*. Paris: PUF; New Haven: Yale University Press, 1963.

CASANOVA, Pascale. *La République mondiale des Lettres*. Paris: Éditions du Seuil, 1999.

CASSIS, Youssef. *Big business*: the European experience in the twentieth century. Oxford: Oxford University Press, 1997.

CAVAIGNAC, François. *Eugène Labiche ou la gaieté critique*. Paris: L'Harmattan, 2003.

CHALINE, Jean-Pierre; SOHN, Anne-Marie (Org.). *Dictionnaire des parlementaires de Haute Normandie 1871-1940*. Rouen: Presses de l'Université de Rouen, 2000.

CHAMBOREDON, Jean-Claude; FABIANI, Jean-Louis. Les albums pour enfants: le champ de l'édition et les définitions sociales de l'enfance. *Actes de la recherche en sciences sociales*, n. 13, p. 60-79, février 1977 e n. 14, p. 55-74, abr. 1977.

CHANET, Jean-François. *L'École républicaine et les petites patries*. Paris: Aubier, 1996.

CHARLE, Christophe. *La crise littéraire à l'époque du naturalisme*. Paris: PENS, 1979.

CHARLE, Christophe et al. *Prosopographie des élites françaises (XVIe – XXe siècles)*: guide de recherche. Paris: CNRS; Institut d'histoire moderne et contemporaine, 1980.

CHARLE, Christophe. A la recherche des bourgeoisies européennes. *Le Mouvement social,* n. 153, p. 91-98, oct.-déc. 1990a.

CHARLE, Christophe. *Naissance des intellectuels (1880-1900).* Paris: Éditions de Minuit, 1990b.

CHARLE, Christophe. Oú en est l'histoire des élites de la bourgeoisie? Essai de bilan critique de l'historiographie contemporaine. *Francia,* n. 18/3, p. 123-134, 1991. Série Contemporaine.

CHARLE, Christophe. Le temps des hommes doubles. *Revue d'histoire moderne et contemporaine*, 39-1, p. 73-85, 1992a.

CHARLE, Christophe. Les historiens français de l'époque moderne et contemporaine: essai d'autoportrait. *Lettre d'information de l'IHMC,* n. 19, p. 8-18, 1992b.

CHARLE, Christophe. The present state of research on the social history of elites and the bourgeoisie: a critical assessment on middle class and elites. *Contemporary European History*, v. 1, n. 1, p. 99-112, 1992c.

CHARLE, Christophe (Org.). *Histoire sociale, histoire globale?* Paris: Éditions de la MSH, 1993.

CHARLE, Christophe. *La République des universitaires (1870-1940).* Paris: Éditions du Seuil, 1994a.

CHARLE, Christophe. Trop près, trop loin. *Le Débat*, n. 79, p. 31-37, mars-avril 1994b.

CHARLE, Christophe. Être historien en France: une nouvelle profession. In: BÉDARIDA, François (Org.). *L'histoire et le métier d'historien en France 1945-1995.* Paris: Éditions de la MSH, 1995a. p. 21-44.

CHARLE, Christophe. Intellectuels, Bildungsbürgertum et professions au XIXe siècle: essai de bilan historiographique comparé (France, Allemagne). *Actes de la recherche en sciences sociales*, n. 106-107, p. 85-95, mar. 1995b.

CHARLE, Christophe. La notion de science en histoire d'après l'œuvre de Seignobos. In: PANZA, Marco; PONT, Jean-Claude (Org.). *Les savants et l'épistémologie vers la fin du XIXe siècle*. Paris: Librairie scientifique et technique Albert Blanchard, 1995c. p. 233-243.

CHARLE, Christophe. Du bon usage de la biographie sociale comparée. In: DREYFUS, Michel; PENNETIER, Claude; VIET-DEPAULE, Nathalie (Org.). *La part des militants*. Paris: Les Éditions de l'Atelier, 1996. p. 51-72.

CHARLE, Christophe. *Paris fin de siècle, culture et politique*. Paris: Éditions du Seuil, 1998.

CHARLE, Christophe. Histoire sociale et sociologie: un itinéraire. *Le Bulletin de la SHMC*, n. 3-4, p. 12-15, 1999.

CHARLE, Christophe. *La crise des sociétés impériales (1900-1940):* essai d'histoire sociale comparée de l'Allemagne, de la France et de la Grande-Bretagne. Paris: Éditions du Seuil, 2001a.

CHARLE, Christophe. *Les intellectuels en Europe au XIXe siècle:* essai d'histoire comparée. 2. ed. Paris: Éditions du Seuil, 2001b. A primeira edição é de 1996.

CHARLE, Christophe. Prosopography (collective biography). In: SMELSER, Neil; BALTES, Paul. *International Encyclopedia of the Social & Behaviour Sciences.* Oxford: Elsevier Science, 2001c. v. 18. p. 12.236-12.241.

CHARLE, Christophe. De la science a la prophétie: situation de Zola. In: PINTO, Eveline (Org.). *Penser l'art et la culture avec les sciences sociales*. Paris: Publications de la Sorbonne, 2002. p. 177-189.

CHARLE, Christophe; ROCHE, Daniel (Org.). *Capitales culturelles, capitales symboliques:* Paris et les expériences européennes XVIIIe–XXe siècles. Paris: Publications de la Sorbonne, 2002a.

CHARLE, Christophe; ROCHE, Daniel. Pierre Bourdieu et l'histoire. *Le Monde,* 6 fev. 2002b.

CHARLE, Christophe. La recherche en sciences sociales pour un bilan critique. In: DUCLERT, Vincent; CHATRIOT, Alain (Org.). *Quel avenir pour la recherche?* Paris: Flammarion, 2003a. p. 296-311.

CHARLE, Christophe. Le romancier social comme quasi sociologue entre enquête et littérature: le cas de Zola et de l'Argent. In: PINTO, Eveline (Org.). *La littérature entre philosophie et science sociale.* Paris: Publications de la Sorbonne, 2003b. p. 29-42.

CHARLE, Christophe. Préface. In: WEHLER, Hans-Ulrich. *Essais sur l'histoire de la société allemande 1870-1914.* Paris: Éditions de la Maison des sciences de l'homme, 2003c. p. IX-XXI.

CHARLE, Christophe; GINGRAS, Yves; POUPEAU, Franck (Ed.). Enterprises académiques. *Actes de la recherche en sciences sociales,* n. 148, juin 2003.

CHARLE, Christophe. *Capitales européennes et rayonnement culturel:* XVIIIe-XXe siècle. Paris: Éditions rue d'Ulm, 2004a.

CHARLE, Christophe. Zola et l'histoire. In: SAQUIN, Michèle (Dir.). *Zola et les historiens.* Paris: BNF, 2004b. p. 12-21.

CHARLE, Christophe; SCHRIEWER, Jürgen; WAGNER, Peter (Org.). *Transnational intellectual networks:* forms of academic knowledge and the search for cultural identities. Frankfurt: Campus Verlag, 2004.

CHARLE, Christophe. Ferdinand Brunot et la defense des modernes: langue et patrie. *Fabula*: la recherche en littérature (*site* oficial). 2005. Comunicação realizada na Jornada de estudos de Paris IV, em 10 de junho de 2005. Disponível em: <https://www.fabula.org/atelier.php?Ferdinand_Brunot_et_la_d%26eacute%3Bfense_des_modernes>. Acesso em: 24 out. 2017.

CHARLE, Christophe. Images décalés, à propos de la réception d'Éric Hobsbawm en France. *Bulletin de la SHMC,* n. 53-4 bis, p. 89-95, 2006a.

CHARLE, Christophe. *Les élites de la République (1880-1900).* 2. ed. Paris: Fayard, 2006b.

CHARLE, Christophe. L'habitus et ses effets à propos des classification littéraire et historique. In: SCHULTHEIS, Fray et al (Org.). *L'inconscient académique.* Genebra: Éditions Seismo, 2006c. p. 67-87.

CHARLE, Christophe. A prosopografia ou biografia coletiva: balanço e perspectivas. In: HEINZ, Flávio. *Por outra história das elites.* Rio de Janeiro: FGV, 2006d. p. 41-54.

CHARLE, Christophe. Faut-il coter les facultés européennes? *Le Monde Diplomatique,* p. 8, set. 2007a.

CHARLE, Christophe. Les intellectuels et le *Sonderweg* britannique (nota crítica sobre *Absent minds,* de Stefan Collini). *Archives Européennes de Sociologie,* v. 48, n. 3, p. 477-484, 2007b.

CHARLE, Christophe; SOULIÉ, Charles (Org.). *Les ravages de la modernisation universitaire en Europe.* Paris: Syllepse, 2007.

CHARLE, Christophe; VINCENT, Julien; WINTER, Jay (Org.). *Anglo-French attitudes:* comparisons and transfers between French and English intellectuals since the eighteenth century. Manchester: Manchester University Press, 2007.

CHARLE, Christophe. L'organisation de la recherche en sciences sociales en France depuis 1945: bref bilan historique et critique. *Revue d'histoire moderne et contemporaine*, n. 55-4bis, p. 80-97, 2008a.

CHARLE, Christophe. Quels combats pour l'histoire aujourd'hui? (entrevista a Michel Pinault). *Histoire et Société:* revue européenne d'histoire sociale, n. 25-26, p. 160-167, avril 2008b.

CHARLE, Christophe. *Théâtres en capitals:* naissance de la société du spectacle à Paris, Berlin, Londres et Vienne (1860-1914). Paris: Albin Michel, 2008c.

CHARLE, Christophe. Charles Seignobos, historien pacifiste et européen: les aspects méconnus d'un professeur à la Sorbonne. *Revue de la Bibliothèque Nationale de France*, n. 32, p. 19-29, 2009a.

CHARLE, Christophe. L'évaluation des enseignant-chercheurs, critiques et propositions. *Vingtième siècle revue d'histoire*, 102, p. 159-170, avril-juin. 2009b.

CHARLE, Christophe. Méthodes historiques et methods littéraires pour un usage croisé. *Romantisme,* n. 143, p. 13-29, janv.-févr.-mars 2009c.

CHARLE, Christophe (Org.). *Le temps des capitales culturelles XVIIIe–XXe siècles*. Seyssel: Champ Vallon, 2009d.

CHARLE, Christophe. Victor Karady, historien des sociétés imperials. *Cahiers d'Études Hongroises,* número especial (Homenagem a Victor Karady), p. 19-22, 2009e.

CHARLE, Christophe. Peut-on écrire une histoire de la culture européenne à l'époque contemporaine? *Annales, Histoire sciences sociales*, n. 5, p. 1207-1221, set.-out. 2010a.

CHARLE, Christophe. Universités allemandes: la fin du rêve de la liberté. In: FORTIER, Charles (Org.). *Université, universités*. Paris: LGDJ, 2010b. p. 61-76.

CHARLE, Christophe. *Discordance des temps*: une brève histoire de la modernité. Paris: Armand Colin, 2011a.

CHARLE, Christophe (Org.) Sociétés du spectacle. *Actes de la recherche en sciences sociales*, n. 186-87, mars 2011b.

CHARLE, Christophe; VINCENT, Julien. *La societé civile:* saviors, enjeux et acteurs en France et en Grande-Bretagne 1780-1914. Rennes: PUR, 2011.

CHARLE, Christophe. État et société: la production des identités légitimes. In: COLLOQUE PENSER L'ETAT AVEC PIERRE BOURDIEU, 23 janvier 2012, Paris. *Pierre Bourdieu un hommage.* 2012. Disponível em: <http://pierrebourdieuunhommage.blogspot.fr/2012/02/videocolloque-du-23-janvier-2012.html>. Acesso em: 22 jan. 2018. Intervenção inédita na jornada do College de France consagrada ao livro de Bourdieu sobre o Estado.

CHARLE, Christophe; VERGER, Jacques. *Histoire des universités XIIe-XXIe siècles*. Paris: PUF, 2012. (Collection Quadrige).

CHARTIER, Roger. *Lectures et lecteurs dans la France d'Ancien Régime*. Paris: Éditions du Seuil, 1987.

CHARTIER, Roger. Le monde comme représentation. *Annales ESC,* n. 6, p. 1505-1520, 1989.

CHARTIER, Roger. *Les origines culturelles de la Révolution française.* Paris: Éditions du Seuil, 1990.

CHARTIER, Roger. Philosophie et histoire: un dialogue. In: BÉDARIDA, François (Org.). *L'Histoire et le métier d'historien en France 1945-1995*. Paris: Éditions de la MSH, 1995. p. 149-169.

CHARTIER, Roger. *Au bord de la falaise:* l'histoire entre certitudes et inquiétude. Paris: Albin Michel, 1998.

CHASTAGNOL, André. La prosopographie, méthode de recherche sur l'histoire du Bas Empire. *Annales ESC,* v. 25, n. 5, p. 1229-1235, 1970.

CHESNEAUX, Jean. [Resenha de *Bandits,* de Eric Hobsbawm]. *Le Mouvement Social,* n. 80, p. 99-103, jul.-sept. 1972.

CHEVALIER, Jean-Claude. L'Histoire de la langue française de Ferdinand Brunot. In: NORA, Pierre. (Org.). *Les lieux de mémoire.* Paris: Gallimard, 1992. Tome 3 (Les France). Vol. 2 (Traditions). p. 421-459.

CHIMÈNES, Myriam. *Du salon au concert à Paris sous la troisième République.* Paris: Fayard, 2004.

CNRS. *Rapport national de conjoncture.* Paris 1963.

CNRS. *Rapport national de conjoncture.* Paris 1967.

CNRS. *Tableaux de l'Éducation national.* Paris 1968.

CNRS. *Rapport national de conjoncture.* Paris 1969.

COHEN, Evelyne et al. (Org.). *Dix ans d'histoire culturelle.* Villeurbanne: Presses de l'ENSSIB, 2011.

COLLINI, Stefan. *English pasts*: essays in history and culture. New York: Oxford U. P., 1999.

COLLINI, Stefan. *Absent minds*: intellectuals in Britain. New York: Oxford U. P., 2006.

COLLINI, Stefan. *What are universities for?* Londres: Penguin Books, 2012.

COMPAGNON, Antoine. *La Troisième République des lettres.* Paris: Éditions du Seuil, 1983.

COOPER, Frederick. *Le colonialisme en question:* théorie, connaissance, histoire. Paris: Payot, 2010.

CORBIN, Alain. *Le territoire du vide:* l'Occident et le désir du rivage (1750-1840). Paris: Aubier, 1988.

CORBIN, Alain. *Le village des cannibales.* Paris: Aubier, 1990.

CORBIN, Alain. "Le vertige des foisonnements": esquisse panoramique d'une histoire sans nom. *Revue d'histoire moderne et contemporaine*, 39-1, p. 103-126, 1992.

CORBIN, Alain et al. *L'avènement des loisirs 1850-1960*. Paris: Flammarion, 1995.

CORBIN, Alain. Histoire littéraire et histoire sociale. *Revue d'histoire littéraire de la France*, n. 6, Supplément (Colloque du Centenaire), p. 176-178, nov.-déc. 1995.

CORBIN, Alain; MAYEUR, Jean-Marie; SCHWEITZ, Arlette (Org.). *Les immortels du sénat 1875-1918*: les cent seize inamovibles de la Troisième République. Paris: Publications de la Sorbonne, 1995.

CORBIN, Alain. *Le monde retrouvé de Louis-François Pinagot:* sur les traces d'un inconnu, 1798-1876. Paris: Flammarion, 1998.

CORBIN, Alain. *Historien du sensible*: entretiens avec Gilles Heuré. Paris: La Découverte, 2000.

CORBIN, Alain; COURTINE, Jean-Jacques; VIGARELLO, Georges (Org.). *Histoire du corps*. Paris: Éditions du Seuil, 2005-2006. 3 v.

COUTAU-BÉGARIE, Hervé. *Le phénomène "Nouvelle Histoire":* stratégie et idéologie des nouveaux historiens. Paris: Economica, 1983.

CRONK, Nicholas; VIALA, Alain. *La réception de Racine à l'âge classique*: de la scène au monument. Oxford: Voltaire Foundation, 2005.

CRUICKSHANKS, Eveline. Multi-biographical analysis as an approach to British parliamentary history. In: AUTRAND, Françoise (Org.). *Prosopographie et genèse de l'État moderne*. Paris: Éditions de l'École normale supérieure de jeunes filles, 1986. p. 335-344.

CUSSET, François. *French theory*: Foucault, Derrida, Deleuze et Cie, et les mutations de la vie intellectuelle aux États-Unis. Paris: La Découverte, 2003.

DARNTON, Robert. *Le grand massacre des chats:* attitudes et croyances dans l'ancienne France (1984). Paris: Robert Laffont, 1985.

DARNTON, Robert. *L'aventure de l'encyclopédie, 1775-1800*: un bestseller au siècle des Lumières. Paris: Éditions du Seuil, 1992.

DAUM, Andreas. German historiography in transatlantic perspective: interview with Hans-Ulrich Wehler. *Bulletin* [of the GHI], n. 26, spring 2000. Disponível em: <https://www.ghi-dc.org/publications/ghi-bulletin/issue-26-spring-2000/bulletin-26-spring-2000.html?L=0#c20323>. Acesso em: 18 set. 2017.

DAVIES, Cecil William. *Theatre for the people:* the story of the Volksbühne. Austin: University of Texas Press, 1977.

DAVIS, Tracy. *The economics of the British stage 1800-1914*. Cambridge: Cambridge U. P., 2000.

DELPORTE, Christian. *Les journalistes en France 1880-1950:* naissance et construction d'une profession. Paris: Éditions du Seuil, 1998.

DIAZ, José-Luis. L'autonomisation de la littérature (1760-1860). *Littérature*, n. 124, p. 7-22, 2001.

DIAZ, José-Luis. Quelle histoire littéraire? Perspectives d'un dix--neuviémiste. *Revue d'histoire littéraire de la France*, n. 3, p. 515-536, juil.-sept. 2003.

DIAZ, José-Luis. *L'écrivain imaginaire:* scénographies auctoriales à l'époque romantique. Paris: Champion, 2007.

DIDRY, Claude; WAGNER, Peter; ZIMMERMANN, Bénédicte (Org.). *Le travail et la nation*: histoire croisée de la France et de l'Allemagne. Paris: Éditions de la Maison des sciences de l'homme, 1999.

DIGEON, Claude. *La crise allemande de la pensée française 1871-1914*. Paris: PUF, 1959.

DONNAT, Olivier; COGNEAU, Denis. *Les pratiques culturelles des Français 1973-1989*. Paris: La Découverte/La Documentation française, 1990.

DONNAT, Olivier. *Les pratiques culturelles des Français:* enquête 1988-1989. Paris: La Documentation française, 1990.

DONNAT, Olivier. *Les Français face à la culture:* de l'exclusion à l'éclectisme. Paris: La Découverte, 1994.

DOSSE, François. *L'Histoire en miettes*: des "Annales" à la "nouvelle histoire". Paris: La Découverte, 1987.

DOSSE, François. *Histoire du structuralisme*. Paris: La Découverte, 1992. 2 v.

DOSSE, François. *La marche des idées:* histoire des intellectuels-histoire intellectuelle. Paris: La Découverte, 2003.

DOUKI, Caroline; MINARD, Philippe (Org.). Histoire globale, histoires connectées, un changement d'échelle historiographique. *Revue d'histoire moderne et contemporaine*, n. 54-4bis, p. 7-21, 2007.

DOWNS, Laura Lee. *L'inégalité à la chaîne:* la division sexuée du travail dans l'industrie métallurgique en France et en Angleterre. Paris: Albin Michel, 2002. A edição americana é de 1995.

DREYFUS, Michel; PENNETIER, Claude; VIET-DEPAULE, Nathalie (Org.). *La Part des militants:* biographie et mouvement ouvrier autour du Maîtron, dictionnaire biographique du mouvement ouvrier français. Paris: Éditions de l'Atelier, 1996.

DROZ, Jacques. Histoire de l'Allemagne. *Revue historique,* Paris, n. 534, p. 463-495, avril 1980.

DROZ, Jacques. Histoire de l'Allemagne. *Revue historique,* Paris, n. 552, p. 471-520, oct.-déc. 1984.

DUMASY-QUEFFELEC, Lise. *Le Roman-feuilleton français au XIXe siècle*. Paris: PUF, 1995.

DUMOULIN, Olivier. *Profession historien, 1919-1939:* un "métier" en crise? 1983. 429 f. Thèse de troisième cycle – École des Hautes Études en Sciences Sociales, 1983.

DUVIGNAUD, Jean. *L'Acteur:* esquisse d'une sociologie du comédien. Paris: Gallimard, 1965a.

DUVIGNAUD, Jean. *Sociologie des ombres collectives*: essai sur la pratique sociale du théâtre. Paris: PUF, 1965b.

DUVIGNAUD, Jean; FAYE, Jean-Pierre. Débat sur la sociologie du théâtre. *Cahiers internationaux de sociologie*, v. 40, p. 103-112, jan.-jun. 1966.

DUVIGNAUD, Jean. *Spectacle et société*. Paris: Denoël-Gonthier, 1970.

EBSTEIN, Jonny et al. (Org.). *Au temps de l'anarchie, un theâtre de combat 1880-1914*. Paris: Séguier Archimbaud, 2001. 3 v.

ELIAS, Norbert. *La société de cour*. Paris: Calmann-Lévy, 1974.

ELIAS, Norbert; DUNNING, Éric. *Sport et civilization:* la violence maîtrisée. Paris: Fayard, 1994.

ENQUÊTE parlementaire sur l'enseignement secondaire. Paris: Berlin Freres, 1899.

ERNOT, Isabelle. *Historiennes et enjeux de l'écriture de l'histoire des femmes 1791-1948*. 2004. 2 v. Tese – Universidade Paris VII, Paris, 2004. Direção de Françoise Thébaud.

ESPAGNE, Michel. Sur les limites du comparatisme en histoire culturelle. *Genèses*, n. 17, p. 112-121, set. 1994.

ESTÈBE, Jean. *Les ministres de la République (1871-1914)*. Paris: Presses de la FNSP, 1982.

FAUGÈRES, Arlette; FERRÉ, Régine. *Les historiens français de la période moderne et contemporaine:* annuaire 1982. Paris: IHMC; Éditions du CNRS, 1982.

FAUGÈRES, Arlette. *Les historiens français de la période moderne et contemporaine:* annuaire 1991. Paris: IHMC; Éditions du CNRS, 1991.

FEBVRE, Lucien. Littérature et vie sociale: un renoncement? *Annales d'histoire sociale*, Paris, n. 3-4, 3e année, p. 113-117, 1941.

FEBVRE, Lucien. *Combats pour l'histoire*. Paris: Armand Colin, 1953.

FERRO, Marc. *L'histoire sous surveillance:* science et conscience de l'histoire. Paris: Gallimard, 1987.

FOUCRIER, Annick. *Le rêve californien*: migrants français sur la côte Pacifique (XVIIIe-XXe siècles). Paris: Belin, 1999.

FRANÇA. Ministério da Cultura. *Pratiques culturelles des français:* description socio-démographique, évolution, 1973-1981. Paris, 1982.

FREYDANK, Ruth. *Theater in Berlin von den Anfängen bis 1945*. Berlin: Henschelverlag Kunst und Gesellschaft, 1988.

GALL, Lothar. Bismarck und der Bonapartismus. *Historische Zeitschrift*, t. 223, p. 618-637, 1976.

GALL, Lothar. Deutschlands Weg in die Moderne. Wehlers dritter Band einer „Deutschen Gesellschaftsgeschichte". *Historiche Zeitschrift,* t. 263, p. 133-141, 1996.

GENET, Jean-Philippe; LOTTES, Günther (Org.). *L'État moderne et les élites XIIIe–XVIIIe siècles*: apports et limites de la méthode prosopographique. Paris: Publications de la Sorbonne, 1996.

GINGRAS, Yves; CHARLE, Christophe; POUPEAU, Franck (Ed). Entreprises académiques. *Actes de la recherche en sciences sociales*, n. 148, juin 2003.

GIPOULOUX, François. *La Méditerranée asiatique:* villes portuaires et réseaux marchands en Chine, au Japon et en Asie du Sud-Est, XVIe–XXIe siècle. Paris: CNRS Éditions, 2009.

GIRARD, Louis; GOSSEZ, Rémi; PROST, Antoine. *Les conseillers généraux en 1870*: étude statistique d'un personnel politique. Paris: PUF, 1967.

GIRARD, Louis et al. *La Chambre des députés en 1837-1839*: composition, activité, vocabulaire. Paris: Publications de la Sorbonne, 1976.

GIRAULT, René. *L'histoire et la géographie en question:* rapport au ministre de l'Éducation nationale. Paris: Ministère de l'Éducation nationale. Service d'information, 1983.

GODELIER, Maurice. *L'état des Sciences de l'Homme et de la Société en France et leur rôle dans la construction de l'Espace Européen de la Recherche*, 2002. Disponível em: <http://www.ladocumentationfrancaise.fr/var/storage/rapports-publics/024000211/0000.pdf>. Acesso em: 5 out. 2017

GODELIER, Maurice. *Au fondement des sociétés humaines:* ce que nous apprend l'anthropologie. Paris: Albin Michel, 2007.

GOETSCHEL, Pascale. Pistes de recherché en histoire des spectacles au XXe siècle. In: "LA SOCIÉTÉ DU SPECTACLE" EN EUROPE XIXe-XXe SIÈCLE (seminário organizado por Christophe Charle), 13 mars 2007, Paris, Universidade Paris I.

GOODY, Jack. *L'Orient en Occident*. Paris: Éditions du Seuil, 1999.

GOODY, Jack. *La peur des représentations*: l'ambivalence à l'égard des images, du théâtre, de la fiction, des reliques et de la sexualité. Paris: La Découverte, 2003.

GREEN, Nancy. L'histoire comparative et le champ des études migratoires. *Annales ESC*, n. 6, v. 45, p. 1335-1350, nov.-déc. 1990.

GREEN, Nancy. *Du sentier à la 7e avenue*: la confection et les immigrés Paris-New York 1880-1980. Paris: Éditions du Seuil, 1998.

GRIBAUDI, Maurizio. *Itinéraires ouvriers:* espaces et groupes sociaux à Turin au début du XXe siècle. Paris: Éditions de l'EHESS, 1987.

GRIFFITHS, Ralph. Bureaucracy and the English State in the latter Middle Ages. In: AUTRAND, Françoise (Org.). *Prosopographie et genèse de l'État moderne.* Paris: Éditions de l'École normale supérieure de jeunes filles, 1986. p. 52-65.

GROAG, Edmund; STEIN, Artur. *Prosopographia Imperii Romani Saec. I. II. III.* Berlin: Walter de Gruyter, 1897.

GROSSE BERLINER KUNST-AUSSTELLUNG. *Katalog:* 1897. Berlin: Verlag Von Rud. Schuster, 1897.

GRUZINSKY, Serge. *Les quatre parties du monde:* histoire d'une mondialisation. Paris: Éditions de la Martinière, 2004.

GUETTA, Pierre. *Le théâtre et son public.* Paris: Ministério dos Assuntos Culturais, 1966. 2 v. Mimeografado.

GUICHARD, Éric; NOIRIEL, Gérard (Org.). *Construction des nationalités et immigration dans la France contemporaine.* Paris: Presses de l'École normale supérieure, 1997.

GUILLAUME, Sylvie; LACHAISE, Bernard (Org.). *Dictionnaire des parlementaires d'Aquitaine sous la Troisième République.* Bordeaux: Presses Universitaires de Bordeaux, 1998.

GURVITCH, Georges. Sociologie du théâtre. *Les Lettres nouvelles*, n. 35, p. 196-210, 1956.

HARTOG, François. *Régimes d'historicité présentisme et expériences du temps.* Paris: Éditions du Seuil, 2003.

HAUPT, Heinz-Gerhard. La lente émergence d'une histoire comparée. In: BOUTIER, Jean; JULIA, Dominique (Org.). *Passés recomposés*. Paris: Autrement, 1995. p. 196-207.

HELBO, André et al (Dir.). *Théâtre modes d'approches*. Bruxelles: Labor; Méridiens Klincksieck, 1987.

HISTOIRE et sciences sociales: un tournant critique? *Annales ESC*, n. 2, v. 43, p. 291-293, mar.-avril. 1988.

HOBSBAWM, Éric. *Les primitifs de la révolte dans l'Europe moderne*. Paris: Fayard, 1963. (Coleção L'Histoire sans frontièrs).

HOBSBAWM, Éric. *Labouring men*. Londres: Weidenfeld & Nicolson, 1964.

HOBSBAWM, Éric; RUDE, George. *Captain Swing*. Londres: Lawrence & Wishart, 1969.

HOBSBAWM, Éric. *Revolutionaries:* contemporary essays. Londres: Weidenfeld & Nicolson, 1973.

HOBSBAWM, Eric. Marx and history. *New Left Review*, London, n. 143, p. 39-50, Jan.-Feb. 1984a.

HOBSBAWM, Eric. *Worlds of labour:* further studies in the history of labour. Londres: Weidenfeld & Nicolson, 1984b.

HOBSBAWM, Eric. *L'ere des empires*. Paris: Fayard, 1989.

HOBSBAWM, Eric. *Nations et nationalisme depuis 1780*. Paris: Gallimard, 1992.

HOBSBAWM, Eric. *On history*. Londres: Weidenfeld & Nicolson, 1997.

HOBSBAWM, Eric. *L'Âge des extremes:* histoire du court XXe siècle. Bruxelles: Éditions complexe; Paris: Le Monde diplomatique, 1999.

HOBSBAWM, Eric. *Franc-tireur:* autobiographie. Tradução de Dominique Peters. Paris: Ramsay, 2005. A primeira edição inglesa é de 2002.

HOBSBAWM, Eric; RANGER, Terence (Org.). *L'invention de la tradition*. Paris: Éditions Amsterdam, 2006.

HOBSBAWM, Eric. *Rébellions*: la résistance des gens ordinaires: jazz, paysans et prolétaires. Bruxelles: Aden, 2011.

HODAK, Caroline. *Du théâtre équestre au cirque*: une entreprise si éminemment nationale: commercialisation des loisirs, diffusion des savoirs et théâtralisation de l'histoire en France et en Angleterre (c. 1760-c. 1860). 2 v. Tese – École des Hautes Études en Sciences Sociales, 2004. Orientação de Daniel Roche.

HOMMAGE à Ferdinand Brunot. *Annales d l'Université de Paris*, Paris, tome 31, n. 2, 1961.

HUBSCHER, Ronald et al. *L'histoire en mouvements*: le sport dans la société française aux XIXe et XXe siècles. Paris: Armand Colin, 1992.

HUGO, Victor. *Choses vues*, 1847-48. Edição de Hubert Juin. Paris: Gallimard, 1972.

HURET, Jules. *Enquête sur l'evolution littéraire*. Paris: Charpentier, 1891.

JAHER, Frederic (Org.). *The rich, the well born, and the powerful:* elites and upper classes in history. Urbana: University of Illinois Press, 1973.

JARRIGE, François. *Au temps des "tueuses de bras":* les bris de machines à l'aube de l'ère industrielle (1780-1860). Rennes: PUR, 2009. (Collection Carnot).

JAURÈS, Jean. *L'armée nouvelle*. Paris: Publications Jules Rouff, 1911.

JELAVICH, Peter. *Munich and theatrical modernism:* politics, playwriting, and performance, 1890-1914. Cambridge (Massachusetts): Harvard University Press, 1985.

JELAVICH, Peter. *Berlin cabaret.* Cambridge (Massachusetts): Harvard University Press, 1993.

JEY, Martine. *La littérature au lycée*: invention d'une discipline (1880-1925). Metz: Université de Metz, 1998.

JOIN-LAMBERT, Odile. *Le receveur des Postes entre l'État et l'usager (1944-1973).* Paris: Belin, 2001.

JOLY, Hervé. *Patrons d'Allemagne*: sociologie d'une élite industrielle 1933-1989. Paris: Presses de Sciences Po, 1996.

JOLLY, Jean (Dir.). *Dictionnaire des parlementaires français.* Tome III. Paris: PUF, 1963.

JONES, Arnold; MARTINDALE, John Robert (Org.). *The prosopography of the later Roman Empire.* Cambridge: Cambridge University Press, 1971-1992.

JOUTARD, Philippe. L'enseignement de l'histoire. In: BEDARIDA, François (Org.). *L'histoire et le métier d'historien en France 1945-1995.* Paris: Éditions de la MSH, 1995. p. 45-55.

JOYEUX-PRUNEL, Béatrice. *Nul n'est prophète en son pays?:* l'internationalisation de la peinture des avant-gardes parisiennes (1855-1914). Paris: Musée d'Orsay-Nicolas Chaudun, 2009.

JOYEUX-PRUNEL, Béatrice. Artl@s: a spatial and trans-national art history: origins and positions of a research program. *Artl@s Bulletin,* Paris, v.1, issue 1, p. 9-25, fall 2012.

JULIA, Dominique; FRIJHOFF, Willem. *École et société dans la France d'Ancien Régime.* Paris: Armand Colin, 1975. (Collection Cahier des Annales).

JULIEN, Élise, *Paris, Berlin, la mémoire de la guerre, 1914-1933*. Rennes: PUR, 2009.

KAELBLE, Hartmut. *Vers une société européenne*. Paris: Belin, 1988. A edição alemã é de 1987.

KAELBLE, Hartmut. *Nachbarn am Rhein, Entfremdung und Annäherung der frazösischen und deutschen Gessellschaft seit 1880*. Munich: C.H. Beck, 1991.

KAELBLE, Hartmut. *Der historische Vergleich:* Eine Einführung zum 19. und 20. Jahrhundert. Frankfurt: Campus, 1999.

KAELBLE, Hartmut. Social history in Europe. *Journal of Social History*, v. 3, n. 1, p. 29-35, fall 2003.

KAELBLE, Hartmut. *Les chemins de la démocratie européenne*. Paris: Belin, 2005. A edição alemã é de 2002.

KALIFA, Dominique. *L'encre et le sang:* récits de crimes et société à la Belle Époque. Paris: Fayard, 1994.

KALIFA, Dominique. *Crime et culture au XIXe siècle*. Paris: Perrin, 2005.

KAPLAN, Steven. *Adieu 89*. Paris: Fayard, 1993.

KARADY, Victor. Normaliens et autres enseignants à la Belle Époque: note sur l'origine sociale et la réussite dans une profession intellectuelle. *Revue française de sociologie*, v. 13, n. 1, p. 35-58, 1972.

KARADY, Victor. L'expansion universitaire et l'évolution des inégalités devant la carrière d'enseignant au début de la Troisième République. *Revue française de sociologie*, v. 14, n. 4, p. 443-470, 1973.

KARADY, Victor. Durkheim, les sciences sociales et l'Université: bilan d'un semi-échec. *Revue française de sociologie*, v. 17, n. 2, p. 267-312, 1976a.

KARADY, Victor. Recherches sur la morphologie du corps universitaire littéraire sous la Troisième République. *Le Mouvement social*, n. 96, p. 47-79, juil.-sept. 1976b.

KARADY, Victor. Scientists and class structure: social recruitment of students at the Parisian ENS in the 19th century. *History of Education*, v. 8, n. 2, p. 99-108, 1979.

KARADY, Victor. Les professeurs de la République: le marché scolaire, les réformes universitaires et les transformations de la fonction professorale à la fin du XIXᵉ siècle. *Actes de la recherche en sciences sociales*, n. 47/48, p. 90-112, juin 1983.

KARADY, Victor. Lettres et sciences: effets de structure dans la sélection et la carrière des professeurs de faculté (1810-1914). In: CHARLE, Christophe; FERRÉ, Régine (Org.). *Le personnel de l'enseignement supérieur en France aux XIXᵉ et XXᵉ siècles*. Paris: Éditions du CNRS, 1984. p. 29-45.

KARADY, Victor. *Gewalterfahrung und Utopie: Juden in der europäischen Moderne*. Frankfurt: Fischer Taschenbuchverlag, 1999.

KARADY, Victor. La migration internationale d'étudiants en Europe, 1890-1940. *Actes de la recherche en sciences sociales*, n. 145, p. 47-60, déc. 2002.

KARADY, Victor. Student mobility and Western universities: patterns of unequal exchange in the European academic market, 1880-1939. In: CHARLE, Christophe; SCHRIEWER, Jürgen; WAGNER, Peter (Org.). *Transnational intellectual networks*: forms of academic knowledge and the search for cultural identities. Frankfurt: Campus Verlag, 2004. p. 361-399.

KARADY, Victor. Les juifs, la modernité et la tentation communiste: esquisse d'une problématique d'histoire sociale. In: BAUQUET, Nicolas; BOCHOLIER, François (Org.). *Le communisme et les élites en Europe centrale*. Paris: PUF; Éditions Rue d'Ulm, 2006. p. 85-105.

KELLER, Monika. *La réforme de l'orthographe:* un siècle de débats et de querelles. Paris: Conseil international de la langue française, 1999.

KOCKA, Jürgen (Dir.). *Bürger und Bürgerlichkeit im 19. Jahrhundert.* Göttingen: Vandenhoeck et Ruprecht, 1987.

KOCKA, Jürgen; FREVERT, Ute (Org.). *Bürgertum im 19. Jahrhundert.* Munique: DTV, 1988. 3 v.

KOCKA, Jürgen (Org.). *Les bourgeoisies européennes au XIXe siècle.* Paris: Belin, 1997. Tradução parcial dos volumes anteriores. A edição alemã é de 1988.

KOCKA, Jürgen. Losses, gains and opportunities: social history today. *Journal of Social History*, v. 37, n. 1, special issue, p. 21-28, autumn 2003.

KOTT, Sandrine. De l'histoire sociale à l'Alltagsgeschichte: entretien avec Alf Lüdtke. *Genèses*, n. 3, p. 148-153, mars 1991.

KOTT, Sandrine. *Bismarck.* Paris: Presses de Sciences Po, 2003.

LABBÉ, Morgane. [Resenha de *Nationalismus: Geschichte, Formen, Folgen,* de Hans-Ulrich Wehler]. *Annales HSS,* n. 1, p. 181-182, janvier-février 2003.

LABROUSSE, Ernest. Entretiens avec Ernest Labrousse. Apresentação e anotação de Christophe Charle. *Actes de la recherche en sciences sociales*, n. 32/33, p. 111-127, mars 1980.

LAGARDE, André; MICHARD, Laurent. *XIXe siècle.* Paris: Bordas, 1961.

LAGRAVE, Henri. *Le théâtre et le public à Paris de 1715 à 1750.* Paris: C. Klincksieck, 1972.

LAHIRE, Bernard. *La culture des individus:* dissonances culturelles et distinction de soi. Paris: La Découverte, 2004.

LALOUETTE, Jacqueline. De l'exemple à la série: histoire de la prosopographie. *Siècles, cahiers d'histoire des entreprises et des communautés*, v. 10, p. 3-20, 1999.

LANGLOIS, Claude. Les historiens: un corps en voie de renouvellement. *Bulletin d'information* [Association des historiens contemporanéistes de l'enseignement supérieur et de la recherche], n. 8, p. 9-18, 1992.

LANSON, Gustave. *Nivelle de la Chaussée et la comédie larmoyante au XVIIIe siècle*. Paris: Hachette, 1887.

LANSON, Gustave. *Histoire de la littérature française*. Paris: Hachette, 1895.

LANSON, Gustave. The new poetry in France. *The International Monthly Burlington* (Vermont), vol. IV, p. 433-465, July-Dec. 1901.

LANSON, Gustave. *Études d'histoire littéraire*. Paris: Champion, 1929.

LAURENTIN, Emmanuel (Org.). *À quoi sert l'histoire aujourd'hui?* Paris: Bayard; La fabrique de l'histoire, 2010.

LEBEL, Hélène. *Le théâtre à Paris (1880-1914):* reflet d'une société? 2 v. Tese (Doutorado em História) – Universidade Paris 1, 1996. Orientação de Daumard.

LE GOFF, Jacques; KÖPECZI, Béla (Org.). *Intellectuels français, intellectuels hongrois, XIIIe-XXe siècles*. Budapest: Akademiai Kiado; Paris: Éditions du CNRS, 1985.

LEGRIS, Patricia. *L'écriture des programmes d'histoire en France depuis la Libération*. Grenoble: Presses universitaires de Grenoble, 2012.

LEMAÎTRE, Jules. Causerie litteraire. *La Revue bleu,* Paris, n. 17, p. 533-535, 27 oct. 1888.

LE NAOUR, Jean-Yves. La Première Guerre Mondiale et la régénération morale du théâtre. *Revue d'histoire du théâtre*, n. 211, p. 229-239, trimestre 3, 2001.

LÉVY-LEBOYER, Maurice. *Le patronat de la seconde industrialisation*. Paris: Les Editions ouvrières, 1979.

LILTI, Antoine. *Le monde des salons:* sociabilité et mondanité à Paris au XVIIIe siècle. Paris: Fayard, 2005.

LIPP, Carola. Histoire sociale et Alltagsgeschichte. *Actes de la recherche en sciences sociales*, n. 106-107, p. 53-66, mars 1995.

LIPSET, Seymour Martin. American intellectuals: their politics and their status. *Daedalus*, v. 88, n. 3, p. 460-486, 1959.

LONG, Véronique. *Mécènes des deux mondes:* les collectionneurs donateurs du Louvre et de l'Art Institute de Chicago (1879-1940). Rennes: PUR, 2007.

LORENZ, Chris. [Resenha do livro de Kaelble sobre o método comparativo]. *International Review of History*, v. 46, p. 257-259, 2001.

LOUBAT, Emmanuelle. *Le théâtre des variétés de 1864 à 1891.* Mémoire de maîtrise – Universidade Paris-X, 1998. Orientação de Démier.

LOUÉ, Thomas. *La Revue des deux mondes de Buloz à Brunetière:* de la belle époque de la revue à la revue de la Belle Époque. 3 v. Tese (Doutorado em História) – Universidade Paris 1, 1998. Orientação de Alain Corbin.

LUC, Jean-Noël. *L'Invention du jeune enfant au XIXe siècle:* de la salle d'asile à l'école maternelle. Paris: Belin, 1997.

LÜDTKE, Alf (Org.). *Histoire du quotidien.* Paris: Éditions de la Maison de sciences de l'homme, 1994. A edição alemã é de 1989.

LÜDTKE, Alf. *Des ouvriers dans l'Allemagne du XXe siècle*: le quotidien des dictatures. Paris: L'Harmattan, 2000.

LYON-CAEN, Judith. Histoire littéraire et histoire de la lecture. *Revue d'histoire littéraire de la France*, n. 3, p. 613-624, juil.-sept. 2003.

LYON-CAEN, Judith. *La lecture et la vie*: les usages du roman au temps de Balzac. Paris: Tallandier, 2006.

MAGRI, Susanna. Bourgeoisies Emprunts interdisciplinaires dans l'étude d'un groupe social. *Genèses*, n. 44, p. 145-164, sept. 2001.

MALATESTA, Maria (Ed.). *Society and the professions in Italy, 1860-1914.* Cambridge (Reino Unido): Cambridge University Press, 1995.

MANDOUZE, André (Org.). *Prosopographie chrétienne du Bas--Empire.* Prosopographie de l'Afrique chrétienne (303-533). Tome 1. Paris: Éditions du CNRS, 1982.

MANHN, Michel. Alors que le XXe siècle se fait vieux. *Le Débat*, n. 93, p. 13-35, janv.- févr. 1997. Tradução de um artigo da *New Left Review.*

MARCO, Lucien (Org.). *Les revues d'économie en France genèse et actualité, 1751-1994.* Paris: L'Harmattan, 1996.

MARIOT, Nicolas; ZALC, Claire. *Face à la persécution:* 991 juifs dans la guerre. Paris: Odile Jacob, 2010.

MARTIN, Laurent; VENAYRE, Sylvain (Org.). *L'Histoire culturelle du contemporain.* Paris: Nouveau Monde, 2005.

MASON, Hamilton. *French theatre in New York:* a list of plays, 1899-1939. New York: Columbia University Press, 1940.

MASSIS, Henri. *Évocations*: souvenirs 1905-1911. Paris: Plon, 1931.

MATONTI, Frédérique. L'anneau de Moebius: la réception en France des formalistes russes. *Actes de la recherche en sciences sociales*, n. 176-177, p. 52-67, mars 2009.

MAYER, Arno. *La persistence de l'Ancien Regime:* l'Europe de 1848 à la Grande Guerre. Paris: Flammarion, 1983. A edição original, em inglês, é de 1981.

MAYEUR, Jean-Marie; SCHWEITZ, Arlette (Org.). *Les homes de la République:* dictionnaire des députés et sénateurs de la Seine sous la Troisième République. Paris: Publications de la Sorbonne, 2001.

MAYEUR, Jean-Marie; CHALINE, Jean-Pierre; CORBIN, Alain (Org.). *Les parlementaires de la Troisième République*. Paris: Publications de la Sorbonne, 2003.

MEIER, Christian. Um espoir voilé de crepe. *Le Débat,* n. 93, p. 36-40, janv.-févr. 1997. Artigo traduzido de *Neue Zürcher Zeitung.*

MÉLÈSE, Pierre. *Le théâtre et le public à Paris sous Louis XIV 1659-1715*. Paris: Librairie Droz, 1934.

MÉNAGER, Bernard; FLORIN, Jean-Pierre; GUISLIN, Jean-Marie (Ed.). *Les parlementaires du Nord-Pas-de-Calais sous la IIIe République.* Villeneuve d'Ascq: Centre de recherche sur l'histoire de l'Europe du Nord-Ouest, Université Charles de Gaulle – Lille 3, 2000.

MERVANT-ROUX, Marie-Madeleine, *L'assise du théâtre:* pour une étude du spectateur. Paris: Éditions du CNRS, 1998.

MICELI, Sergio. *Les intellectuels et le pouvoir au Brésil 1920-1945*. Grenoble: Presses universitaires de Grenoble; Paris: Éditions de la Maison des sciences de l'homme, 1981.

MICHEL, Bernard. *Prague Belle Époque*. Paris: Aubier, 2008.

MICHEL, Joël. *Le mouvement ouvrier chez les mineurs d'Europe occidentale (Grande-Bretagne, Belgique, France, Allemagne):* étude comparative des années 1880 à 1914. Lille 3: ANRT, 1989.

MILLET, Hélène (Org.). *Informatique et prosopographie.* Paris: Éditions du CNRS, 1985.

MITCHELL, Allan. Bonapartism as a model of bismarckian politics. *Journal of Modern History*, v. 49, n. 2, p. 181-209, 1977.

MÖLLER, Horst. *La République de Weimar.* Paris: Tallandier, 2012.

MOLLIER, Jean-Yves. *Michel et Calmann Lévy ou la naissance de l'édition moderne, 1836-1891.* Paris: Calmann-Lévy, 1984.

MOLLIER, Jean-Yves. Histoire culturelle et histoire littéraire. *Revue d'histoire littéraire de la France*, n. 3, p. 597-612, juil.-sept. 2003.

MONGLOND, André. *Le préromantisme français.* Grenoble: B. Arthaud, 1930. 2 v.

MONNIER, Gérard. *L'art et ses institutions en France de la Révolution à nos jours.* Paris: Gallimard, 1995. (Collection Folio histoire).

MOSSE, George. *The nationalization of the masses*: political symbolism and mass movements in Germany, from the Napoleonic Wars through the Third Reich. New York: Howard Fertig, 1975.

MUHLE, Gerhard. *Die Geschichte des Residenztheaters in Berlin von 1871-1887.* Tese de doutorado. Universidade Livre de Berlim, 1955.

MÜLLER, Bertrand. *Bibliographie des travaux de Lucien Febvre.* Paris: Armand Colin, 1990.

MULLER, Raphaël. Le livre français en Italie à la fin du XIXe siècle: problématiques et méthodes. *Revue historique*, n. 658, p. 289-309, 2011.

MÜNZER, Friedrich. *Römische Adelsparteien und Adelsfamilien.* Stuttgart: J. B. Metzlersche Verlagsbuchhandlung, 1920.

MURARD, Lion; ZYLBERMAN, Patrick. *L'hygiène dans la République*: la santé publique en France, ou l'utopie contrariée 1870-1918. Paris: Fayard, 1996.

MUSIEDLAK, Didier. *Parlementaires en chemise noire:* Italie 1922-1943. Besançon: Presses universitaires de Franche-Comté, 2007.

NAGLE, Jean. Prosopographie et histoire de l'État: la France moderne XVIe-XVIIIe siècles. In: AUTRAND, François (Org.). *Prosopographie et genèse de l'État moderne.* Paris: Éditions de l'École normale supérieure de jeunes filles, 1986. p. 77-90.

NAMIER, Lewis. *The structure of politics at the accession of George III.* Londres: Macmillan, 1929.

NAMIER, Lewis. *England in the age of the American Revolution.* Londres: Macmillan, 1930.

NAMIER, Lewis; BROOKE, John. *The House of Commons 1754-1790.* Londres: Her Majesty's Stationery Office, 1964.

NERLICH, France. *La peinture française en Allemagne 1815-1870.* Paris: Éditions de la MSH, 2010.

NICHOLSON, Steve. *The Censorship of British Drama, 1900-1968.* Vol. 1 (1900-1932). Exeter: University of Exeter Press, 2003.

NICOLET, Claude. *L'ordre équestre à l'époque républicaine (312-43 av. J.-C.).* Paris: De Boccard, 1966.

NICOLET, Claude. Prosopographie et histoire sociale: Rome et l'Italie à l'époque républicaine. *Annales ESC,* v. 25, n. 5, p. 1209-1228, sept. –oct. 1970.

NOIRIEL, Gérard. *Sur la crise de l'histoire.* Paris: Belin, 1996.

NOIRIEL, Gérard. *Penser avec, penser contre:* itinéraire d'un historien. Paris: Belin, 2003.

NORA, Pierre (Org.). *Les lieux de mémoire*. Tome 1. La République. Paris: Gallimard, 1984.

NORA, Pierre. Traduire: nécessité et difficultés. *Le Débat,* n. 93, p. 93-95, janv.-févr. 1997

NYE, Mary Jo. *Sicence in the provinces*: scientific communities and provincial leadership in France, 1860-1930. Berkeley: University of California Press, 1986.

OLIVERA, Philippe. *La politique lettrée en France:* les essais politiques (1919-1932). 2 v. Tese – Universidade Paris 1, 2001. Orientação de Christophe Charle.

OMNÈS, Catherine. *Ouvrières parisiennes:* marchés du travail et trajectoires professionnelles au XXe siècle. Paris: Éditions de l'EHESS, 1997.

ORY, Pascal. *L'entre-deux-Mai:* histoire culturelle de la France, mai 1968-mai 1981. Paris: Éditions du Seuil, 1983.

ORY, Pascal; SIRINELLI, Jean-François. *Les intellectuels en France:* de l'affaire Dreyfus à nos jours. Paris: Armand Collin, 1986.

ORY, Pascal. *L'histoire culturelle*. Paris: PUF, 2004. (Collection Que sais-je?).

OZOUF, Jacques. *La République des instituteurs*. Paris: Gallimard; Éditions du Seuil, 1992.

P.É.C.R.E.S. – Pour l'Étude des Conditions de travail dans la Recherche et l'Enseignement Supérieur. *Recherche précarisée, recherche atomisée:* production et transmission des savoirs à l'heure de la précarisation. Paris: Raisons d'agir, 2011.

PÉGUY, Charles. Un nouveau théologien: M. Fernand Laudet. In: ______. *Oeuvres en prose 1909-1914.* Paris: Gallimard, 1961. (Collection Bibliothèque de la Pléiade).

PÉNIN, Marc. Un solidarisme interventionniste: la Revue d'économie politique et la nébuleuse réformatrice, 1887-1914. In: TOPALOV, Christian (Org.). *Laboratoires du nouveau siècle:* la nébuleuse réformatrice et ses réseaux en France, 1880-1914. Paris: Éditions de l'EHESS, 1999. p. 95-119.

PERROT, Michelle. L'air du temps. In: NORA, Pierre (Org.). *Essais d'ego-histoire.* Paris: Gallimard, 1987. p. 241-292.

PIETRI, Charles; PIETRI, Luce (Org.). *Prosopographie chrétienne du Bas-Empire.* Prosopographie de l'Italie chrétienne (303-533). Tome 2. Roma: École française de Rome, 1999.

PIGENET, Michel; PASTURE, Patrick; ROBERT, Jean-Louis (Org.). *L'apogée des syndicalismes en Europe occidentale, 1960-1985.* Paris: Publications de la Sorbonne, 2005.

PINTO, Louis. *L'intelligence en action:* le Nouvel Observateur. Paris: A. M. Métailié, 1985.

PINTO, Louis. *La vocation et le métier de philosophe*: pour une sociologie de la philosophie dans la France contemporaine. Paris: Éditions du Seuil, 2007.

PLANTÉ, Christine. *La petite sœur de Balzac.* Paris: Éditions du Seuil, 1989.

PLANTÉ, Christine. La place des femmes dans l'histoire littéraire: annexe, ou point de départ d'une relecture critique? *Revue d'histoire littéraire de la France*, v. 103, n. 3, p. 655-688, juil.-sept. 2003.

PLESSIS, Alain. *Régents et gouverneurs de la Banque de France sous le Second Empire.* Genebra: Droz, 1985.

POIRRIER, Philippe. L'histoire contemporaine. In: SIRINELLI, Jean-François; CAUCHY, Pascal; GAUVARD, Claude. *Les historiens français à l'oeuvre:* 1995-2010. Paris: PUF, 2010.

POMERANZ, Kenneth. *The Great Divergence:* China, Europe, and the making of the world economy. Princeton: Princeton University Press, 2000.

POMERANZ, Kenneth. *La force de l'empire*: révolution industrielle et écologie, ou pourquoi l'Angleterre a fait mieux que la Chine. Alfortville: Ère, 2009.

POMIAN, Krzystof. Quel XXe siècle? *Le Débat,* n. 93, p. 41-75, janv.-févr. 1997.

POMIAN, Krzysztof. Sciences humaines, sciences sociales: crise ou déclin? *Le Débat*, n. 162, p. 19-35, nov.-dez. 2010.

PONTON, Rémy. *Le champ littéraire, de 1865 à 1905.* 1977. 2 v. 315 f. Thèse de troisième cycle – École des Hautes Études en Sciences Sociales, 1977. Datilografada.

PORALLA, Paul. *Prosopographie der Lakedaimonier bis auf die Zeit Alexanders des Grossen.* Breslau: Max, 1913.

PRIMI, Alice. *Femmes de progrès:* Françaises et Allemandes engagées dans leur siècle 1848-1870. Rennes: PUR, 2010. (Collection Archives du féminisme).

PROCHASSON, Christophe. *Les intellectuels, le socialism et la guerre.* Paris: Seuil, 1993.

PROST, Antoine. *Douze leçons sur l'histoire.* Paris: Seuil, 1996.

PROST, Antoine. *Autour du Front populaire:* aspects du mouvement social au XXe siècle. Paris: Seuil, 2006.

PUDAL, Bernard. *Prendre parti:* pour une sociologie historique du PCF. Paris: Presses de la FNSP, 1992.

RÉGNIER, Philippe. Littérature, idéologie(s) et idéologie de la littérature: un combat toujours actuel. *Revue d'histoire littéraire de la France*, v. 103, n. 3, p. 563-578, jul.-set. 2003.

REVUE BLEUE. Paris, 18 fev. 1995.

REZNIKOW, Stéphane. *Francophilie et identité tchèque (1848-1914)*. Paris: Champion, 2002.

RHODE, Carla. *Das "Berliner Theater" von 1888-1899*. Tese de doutorado. Universidade Livre de Berlim, 1966.

RIBARD, Dinah. Philosophe ou écrivain? Problèmes de délimitation entre histoire littéraire et histoire de la philosophie en France, 1650-1850. *Annales Histoire sciences sociales*, n. 2, p. 355-388, mars.-avril. 2000.

RICHET, Denis. Autour des origines idéologiques lointaines de la Révolution française. *Annales ESC*, v. 24, n. 1, p. 1-23, janv.-févr. 1969.

RICOEUR, Paul. L'écriture de l'histoire et la représentation du passé. *Annales HSS*, n. 4, p. 731-747, juil.-août 2000.

RIEFFEL, Rémy. *La tribu des clercs:* les intellectuels sous la Ve République. Paris: Calmann-Lévy, 1993.

RINGER, Fritz K. *The decline of the German mandarins:* the German academic community, 1890-1933. Cambridge (Massachusetts): Harvard University Press, 1969.

RINGER, Fritz K. *Fields of Knowledge:* French academic culture in comparative perspective, 1890-1920. Cambridge (Massachusetts): Cambridge University Press, 1992.

ROBERT, Jean-Louis; WINTER, Jay (Org.). *Capital cities at war:* Paris, London, Berlin 1914-1919. Cambridge: Cambridge University Press, 1997-2007. 2 v.

ROBERT, Jean-Louis; BOLL, Friedhelm; PROST, Antoine (Org.). *L'invention des syndicalismes:* le syndicalisme en Europe occidentale à la fin du XIXe siècle. Paris: Publications de la Sorbonne, 1997.

ROBERT, Vincent. Théâtre et révolution à la veille de 1848: le Chevalier de Maison-Rouge. *Actes de la recherche en sciences sociales*, n. 186-187, p. 30-41, mars 2011.

ROBERTS, Elizabeth. *A woman's place:* an oral history of working--class women 1890-1940. Oxford: Basil Blackwell, 1984.

ROCHE, Daniel. Les historiens aujourd'hui: remarques pour un débat. *Vingtième siècle:* revue d'histoire, n. 12, p. 3-20, out.-dez. 1986.

ROCHE, Daniel. L'avenir de l'histoire. *Vingtième siècle*: revue d'histoire, n. 15, p. 93-131, juil.-sept. 1987.

ROCHE, Daniel. *Les républicains des lettres:* gens de culture et Lumières au XVIIIe siècle. Paris: Fayard, 1988.

ROCHE, Daniel. *Histoire des choses banales:* naissance de la consommation XVIIe-XIXe siècle. Paris: Fayard, 1997.

ROCHE, Daniel (Org.). *Répertoire des historiens français pour la période moderne et contemporaine*. Paris: Éditions du CNRS, 2000.

ROUSSET, Jean. *La littérature de l'âge baroque en France:* circé et le paon. Paris: José Corti, 1953.

ROYNETTE, Odile. "*Bons pour le servisse*": l'expérience de la caserne en France à la fin du XIXe siècle. Paris: Belin, 2000.

RÜEGG, Walter. *A history of the university in Europe*. Cambridge: Cambridge University Press, 2004-2011.

RUGGIU, François-Joseph. *Les élites des villes moyennes:* en France et en Angleterre XVIIe-XVIIIe siècles. Paris: L'Harmattan, 1997.

SACQUIN, Michèle (Org.). *Zola et les historiens*. Paris: BnF, 2004.

SALAIS, Robert; BAVEREZ, Nicolas; REYNAUD, Bénédicte. *L'invention du chômage*. Paris: PUF, 1986.

SAPIRO, Gisèle. *La guerre des écrivains 1940-1953*. Paris: Fayard, 1999.

SAPIRO, Gisèle (Org.). Les professions intellectuelles entre l'État, l'entrepreneuriat et l'industrie. *Le Mouvement social*, n. 214, p. 3-18, janv.-févr. 2006.

SAPIRO, Gisèle (Org.). *Translatio:* le marché de la traduction en France à l'heure de la mondialisation. Paris: Éditions du CNRS, 2008.

SAPIRO, Gisèle. *La responsabilité de l'écrivain:* littérature, droit et morale en France (XIXe-XXIe siècles). Paris: Seuil, 2011.

SASSOON, Donald. *The culture of the Europeans*: from 1800 to the present. London: Harper Collins UK, 2006.

SAVOY, Bénédicte. *Patrimoine annexé:* les biens culturels saisis par la France en Allemagne autour de 1800. Paris: Éditions de la MSH, 2003. 2 v.

SCHLÖSSER, Anselm. *Die englische Literatur in Deutschland von 1895 bis 1934*. Jena: Verlag der Fromannschen Buchhandlung, 1937.

SCHORSKE, Carl. Pierre Bourdieu face au problème de l'autonomie. *Critique*, n. 579/580, p. 697-703, août-sept. 1995.

SCHÖTTLER, Peter. L'érudition – et après? Les historiens allemands avant et après 1945. *Genèses*, n. 5, p. 172-185, sept. 1991.

SCHÖTTLER, Peter (Org.) *Geschichtsschreibung als Legitimationswissenschaft 1918-1945*. Frankfurt: Suhrkamp, 1997.

SCHRADER, Fred. Avant-propos: historiographie allemande d'après-guerre et anthropologie de la vie quotidienne. In: LÜDTKE, Alf (Dir.). *Histoire du quotidien.* Paris: Éditions de la MSH, 1994. p. VIII-X.

SCHRÖDER, Wilhelm-Heinz; WEEGE, Wilhelm; ZECH, Martina. Historische Parlamentarismus-, Eliten-und Biographieforschung: Forschung und Service am Zentrum für Historische Sozialforschung. *Historische Sozialforschung Supplemente/Beiheft*, Colônia, n. 11, 2000.

SCHUMACHER, Claude (Org.). *Naturalism and symbolism in European theatre 1850-1918.* Cambridge: Cambridge University Press, 1996.

SCHWARTZ, Benjamim. Triomphe et tragédie du capitalism. *Le Débat,* n. 93, p. 76-84, janv.-févr. 1997. Tradução de um artigo de *World Policy Journal.*

SEIGNOBOS, Charles. L'enseignement de l'histoire dans les universités allemandes. *Revue internationale de l'enseignement,* t. 1, 1881.

SEIGNOBOS, Charles. [Resposta à pesquisa sobre a guerra franco-prussiana]. *Mercure de France,* p. 790-791, déc. 1897.

SEIGNOBOS, Charles. [Editorial]. *L'Européen,* n. 1, 7 déc. 1901.

SEIGNOBOS, Charles. L'impuissance militaire de la Russie. *L'Européen,* n.128, p. 1, 14 mai 1904a.

SEIGNOBOS, Charles. La morale de l'incident Delsor. *L'Européen,* n. 113, 30 janv. 1904b.

SEIGNOBOS, Charles. *Le régime de l'enseignement supérieur des Lettres*: analyse et critique. Paris: Imprimerie Nationale, 1904c.

SEIGNOBOS, Charles. La "pratique" loyale de l'alliance russe. *L'Européen,* n. 168, 18 févr. 1905.

SEIGNOBOS, Charles. Le conflit austro-serbe. *Le Courrier européen,* p. 769-771, 25 nov. 1912.

SEIGNOBOS, Charles. Ein Kostspieliges Gespenst. *Frankfurter Zeitung Morgenblatt,* 23 März 1913.

SEIGNOBOS, Charles. *1815-1915*: du congrès de Vienne à la guerre de 1914. Paris: Armand Colin, 1915.

SEIGNOBOS, Charles. Les relations politiques entre la France e l'Allemagne. *Revue rhénane,* p. 529, juin 1921.

SEIGNOBOS, Charles. L'évolution compare de la France et de l'Allemagne. *Revue rhénane,* p. 138, nov. 1922.

SEIGNOBOS, Charles. *Études de politique et d'histoire*. Paris: PUF, 1934.

SERMAN, Serge-William. Les généraux de 1870. *Revue de Defense Nationale,* p. 1319-1330, août.-sept. 1970

SERMAN, Serge-William. *Le corps des officiers sous la Deuxième République et le Second Empire*. Lille: Atelier de reproduction des thèses de Lille-III, 1978. 3 v.

SFEIR-SEMLER, Andrée. *Die Maler am Pariser Salon 1791-1880.* Frankfurt: Campus Verlag; Paris: Éditions de la MSH, 1992.

SIEGRIST, Hannes. *Advokat, Bürger und Staat:* Sozialgeschichte der Rechtsanwälte in Deutschland, Italien und der Schweiz (18.-20. Jahrhundert). Frankfurt: Vittorio Klostermann, 1995.

SIMIAND, François. *Méthode historique et science sociale* (1903). Organizado por Marina Cedronio. Paris: Éditions des Archives contemporaines, 1987.

SIMMEL, Georg. *La philosophie du comédien*. Belfort: Circé, 2001.

SIMONIN, Anne. *Les Éditions de Minuit, 1942-1955*: le devoir d'insoumission. Paris: IMEC, 1994.

SINGARAVÉLOU, Pierre. *Professer l'Empire:* les "sciences coloniales" en France sous la IIIe République. Paris: Publications de la Sorbonne, 2011.

SIRINELLI, Jean-François. *Intellectuels et passions françaises:* manifestes et pétitions au XXe siècle. Paris: Fayard, 1990.

SIRINELLI, Jean-François. L'école historique français en péril. *Le Débat*, n. 158, p. 10-17, janv.-fév. 2010.

SIRINELLI, Jean-François; CAUCHY, Pascal; GAUVARD, Claude (Org.). *Les historiens français à l'œuvre*. Paris: PUF, 2010. (Collection Le Noeud gordien).

SIRINELLI, Jean-François. *L'histoire est-elle encore française?* Paris: Éditions du CNRS, 2011.

SITUATION du théâtre. *Tendances,* Paris, juin 1959.

SKOCPOL, Theda. *États et révolutions sociales:* la révolution en France, en Russie et en Chine. Paris: Fayard, 1985.

SMITH, Bonnie. *The gender of history:* men, women and historical practice. Cambridge (Massachusetts): Harvard University Press, 1998.

SOHN, Anne-Marie. *Chrysalides:* femmes dans la vie privée (XIXe–XXe siècles). Paris: Publications de la Sorbonne, 1996. 2 v.

SOLCHANY, Jean. *Comprendre le nazisme dans l'Allemagne des années zéro (1945-1949).* Paris: PUF, 1997.

SOLCHANY, Jean. *L'Allemagne au XXe siècle*. Paris: PUF, 2003. (Collection Nouvelle Clio).

SOUBIES, Albert. *Almanach des spectacles*. Paris: Librairie des Bibliophilies, 1875-1914.

SOULIÉ, Charles. Des déterminants sociaux des pratiques scientifiques: étude des sujets de recherches des docteurs en sciences sociales en France au début des années 1990. *Regards sociologiques*, n. 31, p. 91-105, 2006.

STEPHENS, John. *The censorship of English drama 1824-1901*. Cambridge: Cambridge University Press, 1980.

STONE, Lawrence. Prosopography. *Daedalus*, v. 100, n. 1, p. 47-79, winter 1971.

SUR L'HISTOIRE du XXe siècle. *Le Débat,* n. 93, p. 12-95, janv.-févr. 1997.

SYME, Ronald. *The Roman Revolution*. Oxford: Oxford University Press, 1939.

TAMAGNE, Florence. *Histoire de l'homosexualité en Europe:* Berlin, Londres, Paris 1919-1939. Paris: Seuil, 2000.

TANNER, Albert. Aristokratie und Bürgertum in der Schweiz im 19. Jahrhundert: Verbürgerlichung der "Herren" und aristokratische Tendenzen im Bürgertum. In: BRÄNDLI, Sebastian et al. *Schweiz im Wandel*: Studien zur neueren Gesellschaftsgeschichte. Basel: Helbing & Lichtenhahn, 1990. p. 209-228.

TARDE, Gabriel. *L'opinion et la foule*. Paris: PUF, 1989.

TEMKINE, Raymonde. *L'entreprise théâtre*. Paris: Cujas, 1967.

THER, Philipp. *In der Mitte der Gesellschaft*: Operntheater in Zentraleuropa 1815-1914. Viena: Oldenbourg, 2006.

THÉRENTY, Marie-Eve. Pour une histoire littéraire de la presse au XIXe siècle. *Revue d'histoire littéraire de la France*, v. 103, p. 625-635, juil.-sept. 2003.

THÉRENTY, Marie-Eve; VAILLANT, Alain. Histoire littéraire et histoire culturelle. In: MARTIN, Laurent; VENAYRE, Sylvain (Org.). *L'histoire culturelle du contemporain.* Paris: Nouveau Monde, 2005. p. 271-290.

THIESSE, Anne-Marie. *La création des identités nationales:* Europe, XVIIIe-XXe siècle. Paris: Éditions du Seuil, 1999.

THIESSE, Anne-Marie. *Le roman du quotidien*. Paris: Seuil, 2000. Publicado originalmente em 1984.

TILLY, Charles. *Contraintes et capital dans la formation de l'Europe 990-1990.* Paris: Aubier, 1992.

TRONCHON, Henri. Préromantisme allemand et français: Herder et Creuzé de Lesser adaptateurs du Romancero del Cid. *Revue d'histoire littéraire de la France,* Paris, 19e Année, p. 489-531, p. 855-883 (*suite*), juillet et octobre 1912.

TUDESQ, André-Jean. *Les grands notables en France (1840-1849):* étude historique d'une psychologie sociale. Paris: PUF, 1964.

TURCOTTE, Siméon-Joseph. *Les gens d'affaires sur la scène française de 1870 à 1914*. Paris: Nizet & Bastard, 1936.

UBERSFELD, Anne. *Le roi et le bouffon*: étude sur le théâtre de Hugo de 1830 à 1839. Paris: José Corti, 1974.

UBERSFELD, Anne. *Le drame romantique*. Paris: Belin, 1993.

VAILLANT, Alain. Pour une histoire de la communication littéraire. *Revue d'histoire littéraire de la France,* v. 103, p. 549-562, juil.-sept. 2003.

VAILLANT, Alain. *L'histoire littéraire*. Paris: Armand Colin, 2010. (Collection U).

VAN BEVER, Adolphe; LÉAUTAUD, Paul. *Poètes d'aujourd'hui 1880-1900:* morceaux choisis accompagnés de notices biographiques et d'un essai de bibliographie. Paris: Société du Mercure de France, 1900.

VAREILLE, Jean-Claude. *Le roman populaire français (1789-1914):* idéologies et pratiques. Limoges: Pulim, 1994.

VERDI, Giuseppe; RICORDI, Giulio. *Carteggio Verdi-Ricordi 1880-1881*. Parma: Instituto di studi verdiani, 1988.

VERMEREN, Pierre. *Misère de l'historiographie du "Maghreb" post--colonial 1962-2012*. Paris: Publications de la Sorbonne, 2012.

VERNEUIL, Yves. *Les agrégés*: histoire d'une exception française. Paris: Belin, 2005.

VESSILLIER, Michèle. *La crise du théâtre privé*. Paris: PUF, 1973.

VIALA, Alain. *Naissance de l'écrivain:* sociologie de la littérature à l'âge classique. Paris: Éditions de Minuit, 1985.

VIDAL-NAQUET, Pierre. *L'Affaire Audin:* (1957-1978). Paris: Éditions de Minuit, 1958.

VIDAL-NAQUET, Pierre. *Les assassins de la mémoire:* un Eichmann de papier et autres essais sur le révisionnisme. Paris: La Découverte, 1987.

VILAR, Pierre. Histoire marxiste, histoire en construction: essai de dialogue avec Althusser. *Annales ESC*, v. 28, n. 1, p. 165-198, 1973.

VINCENT, Julien. *Disestablishing moral science:* John Neville Keynes, cultural authority and religion in Vicctorian England (1860-1900), Ph. D., University of Cambridge, Cambridge (Inglaterra), 2006.

VINCENT, Julien. The commerce of ideas: free trade and protectionism in the international market of economic ideas in Britain and France 1880-1910. In: CHARLE; Christophe; VINCENT, Julien; WINTER, Jay (Ed.). *Anglo-French attitudes*. Manchester: Manchester University Press, 2007. p. 194-213.

VOGUË, Eugène-Melchior. *Le roman russe*. Lausanne: L'Âge d'Homme, 1971. Publicado originalmente em 1886.

VOVELLE, Michel. L'Élite ou le mensonge des mots. *Annales ESC*, v. 29, n. 1, p. 49-72, 1974.

WACQUANT, Loïc. Durkheim et Bourdieu: le socle commun et ses fissures. *Critique*, n. 579/580, p. 646-660, août.-sept. 1995.

WAGNIART, Jean-François. *Le vagabond à la fin du XIXe siècle*. Paris: Belin, 1999.

WEARING, John Peter. *The London stage:* a calendar of plays and players. London: The Scarecrow Press, 1976-1990.

WEBER, Max. *Gesammelte Politische Schriften*. Tübingen: Mohr, 1958.

WEBER, Wolfgang. *Priester der Klio:* Historisch-sozialwissenschaftliche Studien zur Herkunft und Karriere deutscher Historiker und zur Geschichte der Geschichtswissenschaft 1800-1970. Frankfurt: Peter Lang, 1984.

WEBER, William. *The great transformation of musical taste*: concert programming from Haydn to Brahms. Cambridge: Cambridge University Press, 2008.

WEHLER, Hans-Ulrich. *Krisenherde des Kaiserreichs, 1871-1918*: Studien zur deutschen Sozial-und Verfassungsgeschichte. Göttingen: Vandenhoeck & Ruprecht, 1970.

WEHLER, Hans-Ulrich. *Sozialdemokratie und Nationalstaat*: Nationalitätenfragen in Deutschland, 1840-1914. 2. ed. rev. Göttingen: Vandenhoeck & Ruprecht, 1971. A primeira edição é de 1962.

WEHLER, Hans-Ulrich (Org.). *Deutsche Historiker*. Göttingen: Vandenhoeck & Ruprecht, 1971-1982. 9 v.

WEHLER, Hans-Ulrich. *Das Deutsche Kaiserreich 1871-1918*. Göttingen: Vandenhoeck & Ruprecht, 1973.

WEHLER, Hans-Ulrich. *Der Aufstieg amerikanischen Imperialismus:* Studien zur Entwicklung des Imperium Americanum 1865-1900. Göttingen: Vandenhoeck & Ruprecht, 1974.

WEHLER, Hans-Ulrich. *Modernisierungstheorie und Geschichte*. Göttingen: Vandenhoeck & Ruprecht, 1975.

WEHLER, Hans-Ulrich. *Historische Sozialwissenschaft und Geschichtsschreibung*: Studien zu Aufgaben und Traditionen deutscher Geschichtswissenschaft. Göttingen: Vandenhoeck & Ruprecht, 1980.

WEHLER, Hans-Ulrich. *Bismarck und der Imperialismus*. 2. ed. Frankfurt: Suhrkamp, 1985. A primeira edição é de 1969.

WEHLER, Hans-Ulrich. *Deutsche Gesellschaftsgeschichte.* Band 1: Vom Feudalismus des Alten Reiches bis zur Defensiven Modernisierung der Reformära 1700-1815. Munique: C.H. Beck, 1987.

WEHLER, Hans-Ulrich. *Deutsche Gesellschaftsgeschichte.* Band 2: Von der Reformära bis zur industriellen und politischen Deutschen Doppelrevolution 1815-1845/49. Munique: C.H. Beck, 1989.

WEHLER, Hans-Ulrich (Ed.). *Europäischer Adel 1750-1950.* Göttingen: Vandenhoeck & Ruprecht, 1990.

WEHLER, Hans-Ulrich. Bonapartismus oder Charismatische Herrschaft? In: ______. *Die Gegenwart als Geschichte.* Munich: C.H. Beck, 1995a. p. 72-83. Publicado originalmente como artigo em 1988.

WEHLER, Hans-Ulrich. *Deutsche Gesellschaftsgeschichte.* Band 3: Von der Deutschen Doppelrevolution bis zum Beginn des Ersten Weltkrieges 1849-1914. Munique: C.H. Beck, 1995b.

WEHLER, Hans-Ulrich. *Historisches Denken am Ende des 20. Jahrhunderts:* 1945-2000. Göttingen: Wallstein, 2001.

WEHLER, Hans-Ulrich. *Deutsche Gesellschaftsgeschichte.* Band 4: Vom Beginn des Ersten Weltkriegs bis zur Gründung der beiden deutschen Staaten 1914-1949. Munique: Beck, 2003a. 1.173 p.

WEHLER, Hans-Ulrich. *Essais sur l'histoire de la société allemande:* 1870-1914. Paris: Éditions de la MSH, 2003b.

WEHLER, Hans-Ulrich. *Deutsche Gesellschaftsgeschichte.* Band 5: Bundesrepublik und DDR 1949-1990. Bonn: Bundeszentrale für politische Bildung, 2009. 529 p.

WEISZ, George. *The emergence of modern universities in France (1863-1914).* Princeton: Princeton University Press, 1983.

WERNER, Michael; ZIMMERMANN, Bénédicte (Org.). De la comparaison à l'histoire croisée. *Le Genre Humain,* n. 42 (numéro spécial), 2004.

WHITE, Cynthia; WHITE, Harrison. *La carrière des peintres au XIXe siècle*. Paris: Flammarion, 1991.

WILCKE, Joachim. *Das Lessingtheater in Berlin unter Oscar Blumenthal.* Tese de doutorado. Universidade Livre de Berlim, 1958.

WILFERT, Blaise. Cosmopolis et l'homme invisible: les importateurs de littérature étrangère en France, 1885-1914. *Actes de la recherche en sciences sociales*, n. 144, p. 33-46, sept. 2002.

WILFERT, Blaise. *Paris: la France et le reste...:* importations littéraires et nationalisme culturel en France, 1885-1930. 2 v. Tese (Doutorado em História) – Universidade Paris 1, 2003.

WILFERT, Blaise. La place de la littérature étrangère dans le champ littéraire français autour de 1900. *Histoire et Mesure*, v. XXIII, p. 69-100, 2008.

WILFERT, Blaise. Traduction littéraire: approche bibliométrique. In: CHEVREL, Yves; D'HULST, Lieven; LOMBEZ, Christine (Org.). *Histoire des traductions en langue française:* XIXe siècle (1815-1914). Lagrasse: Verdier, 2012. p. 255-344.

WINDELBOTH, Horst. *Das Central-Theater in Berlin 1880-1908.* Tese de doutorado. Universidade Livre de Berlim, 1956.

WINOCK, Michel. Entrevista. *Préfaces,* n. 6, p. 76-79, 1988.

WISCHER, Erika. *Das Wallner-Theater in Berlin.* Tese de doutorado. Universidade Livre de Berlim, 1967.

WÖLFFLIN, Heinrich. *Renaissance et Baroque.* Paris: Livre de Poche, 1967.

YON, Jean-Claude (Org.). *Le théâtre français à l'étranger au XIXe siècle*: histoire d'une suprématie culturelle. Paris: Nouveau Monde, 2008.

YON, Jean-Claude (Org.). *Les spectacles sous le Second Empire.* Paris: Armand Colin, 2010.

YON, Jean-Claude. *Une histoire du théâtre à Paris:* de la Révolution à la Grande Guerre. Paris: Aubier, 2012.

ZALIO, Pierre-Paul. *Grandes familles de Marseille au XXe siècle.* Paris: Belin, 1999.

ZIMMERMANN, Bénédicte. *La constitution du chômage en Allemagne*: entre professions et territoires. Paris: Éditions de la MSH, 2001.

ZOLA, Émile. *Le Naturalisme au théâtre*. Paris: Charpentier, 1881.

ZOLA, Émile. *Germinal.* Textos peparados, anotados e apresentados por James B. Sanders. Longueuil: Éditions du Préambule, 1989. Drama inédito em 5 atos e 12 pinturas. Precedido pelo roteiro da peça, também inédito.

ZOLA, Émile. Préface. In: MITTERAND, Henri (Dir.). *Émile Zola*: oeuvre completes. Paris: Nouveau Monde, 2005. Publicado originalmente no *Le Figaro* de 29 de outubro de 1885.

Este livro foi composto emAdobe Garamond Pro, corpo 12 pt
Offset 75 g/m²
Gráfica da UFRGS

Editora da UFRGS • Ramiro Barcelos, 2500 – Porto Alegre, RS – 90035-003 – Fone/fax (51) 3308-5645 – admeditora@ufrgs.br – www.editora.ufrgs.br • Direção: Alex Niche Teixeira • Editoração: Luciane Delani (coordenadora), Clarissa Felkl Prevedello, Cláudio Marzo da Silva, Cristina Thumé Pacheco e Lucas Ferreira de Andrade • Administração: Aline Vasconcelos da Silveira, Cláudio Oliveira Rios, Fernanda Kautzmann, Gabriela Azevedo, Heloísa Polese Machado, Jaqueline Trombin e Laerte Balbinot Dias • Apoio: Luciane Figueiredo